Weiterführend empfehlen wir:

BGB – Bürgerliches Gesetzbuch
ISBN 978-3-8029-7418-2

HGB, GmbHG, AktG:
Wirtschaftsgesetze kompakt
ISBN 978-3-8029-1900-8

Grundgesetz
mit Kommentierung
ISBN 978-3-8029-7176-1

Aufsichtspflicht, Haftung,
Versicherung von Jugend-
gruppenleitern
ISBN 978-3-8029-7438-0

Gesundheitsschäden
durch Dritte
ISBN 978-3-8029-7407-6

Haftung und Versicherung
von Managern
ISBN 978-3-8029-1546-8

Profi-Handbuch Fundraising
ISBN 978-3-8029-7420-5

Das neue Rechtsdienst-
leistungsgesetz
ISBN 978-3-8029-7409-0

Weitere Titel unter: www.WALHALLA.de

Wir freuen uns über Ihr Interesse an diesem Buch. Gerne stellen wir Ihnen zusätzliche Informationen zu diesem Programmsegment zur Verfügung.

Bitte sprechen Sie uns an:

E-Mail: WALHALLA@WALHALLA.de
http://www.WALHALLA.de

Walhalla Fachverlag · Haus an der Eisernen Brücke · 93042 Regensburg
Telefon (09 41) 56 84-0 · Telefax (09 41) 56 84-111

Engler · Goetz · Hesse · Tacke

Praxisratgeber

Vereinsrecht

Satzungsgestaltung, Umstrukturierung,
Konfliktbewältigung

Arbeitshilfe mit kommentierter
Mustersatzung

2., aktualisierte Auflage

WALHALLA Rechtshilfen

WALHALLA
FACHVERLAG

Bibliografische Information der Deutschen Nationalbibliothek

Die Deutsche Nationalbibliothek verzeichnet diese Publikation in der Deutschen Nationalbibliografie; detaillierte bibliografische Daten sind im Internet über http://dnb.d-nb.de abrufbar.

Zitiervorschlag:
Engler, Goetz, Hesse, Tacke, Praxisratgeber Vereinsrecht
Walhalla Fachverlag, Regensburg 2010

Hinweis: Unsere Werke sind stets bemüht, Sie nach bestem Wissen zu informieren. Die vorliegende Ausgabe beruht auf dem Stand von Januar 2010. Verbindliche Auskünfte holen Sie gegebenenfalls bei Ihrem Rechtsanwalt oder Notar ein.

Produktion: Walhalla Fachverlag, 93042 Regensburg
Umschlaggestaltung: grubergrafik, Augsburg
Druck und Bindung: Westermann Druck Zwickau GmbH
Printed in Germany
ISBN 978-3-8029-3831-3

Schnellübersicht

Die praktische Arbeitshilfe für Vereine

Die Nähe zur täglichen Vereinsarbeit zeichnet diesen Fachratgeber aus; er ist zur Unterstützung aller gedacht, die einen Verein gründen, Verantwortung in einem Verein tragen oder übernehmen möchten. Ausgehend von einer Mustersatzung mit Erläuterungen werden alle wichtigen Fragen angesprochen, die sich typischerweise im Vereinsalltag stellen.

Anstelle einer juristischen Vertiefung wird die praktische Handlungsempfehlung bevorzugt. Diese Empfehlungen basieren vor allem auf Beratungserfahrungen im Paritätischen Wohlfahrtsverband.

Besonderes Augenmerk liegt auf den steuerrechtlichen Bestimmungen für gemeinnützige Vereine – Gemeinnützigkeitsrecht der Abgabenordnung, Spenden und Sponsoring sowie Umsatzsteuer. Die Erläuterungen und Hinweise werden durch die einschlägigen Gesetzestexte, Verwaltungserlasse und Musterformulare im Anhang ergänzt.

Hilfreich sind die Empfehlungen im Umgang mit typischen Praxisfragen des Vereinsalltags, wie Abgaben an die Künstlersozialkasse, die GEMA und die GEZ.

Dr. Ulla Engler
Michael Goetz
Werner Hesse
Gertrud Tacke

Abkürzungen

AEAO	Anwendungserlass zur Abgabenordnung
AO	Abgabenordnung
BFH	Bundesfinanzhof
BGB	Bürgerliches Gesetzbuch
BGW	Berufsgenossenschaft für Gesundheitsdienst und Wohlfahrtspflege
BStBl.	Bundessteuerblatt
EGSCE	Gesetz zur Einführung der Europäischen Genossenschaft und zur Änderung des Genossenschaftsrechts
ErbStG	Erbschaftsteuergesetz
EStDV	Einkommensteuer-Durchführungsverordnung
EStG	Einkommensteuergesetz
EStR	Einkommensteuerrichtlinien
GenG	Genossenschaftsgesetz
GewStG	Gewerbesteuergesetz
GG	Grundgesetz
GmbH	Gesellschaft mit beschränkter Haftung
GmbHG	Gesetz betreffend die Gesellschaften mit beschränkter Haftung
GoB	Grundsätze ordnungsmäßiger Buchführung
GrStG	Grundsteuergesetz
GrStR	Grundsteuerrichtlinien
HGB	Handelsgesetzbuch
i.S.d.	im Sinne des
i.V.m.	in Verbindung mit
KStG	Körperschaftsteuergesetz
MoMiG	Gesetz zur Modernisierung des GmbH-Rechts und zur Bekämpfung von Missbräuchen
SGB VII	Sozialgesetzbuch Siebtes Buch: Gesetzliche Unfallversicherung

SGB VIII	Sozialgesetzbuch Achtes Buch: Kinder- und Jugendhilfe
SGB XI	Sozialgesetzbuch Elftes Buch: Die neue Pflegeversicherung
UmwG	Umwandlungsgesetz
UrhG	Urheberrechtsgesetz
USt	Umsatzsteuer
UStG	Umsatzsteuergesetz
UStDV	Umsatzsteuer- Durchführungsverordnung
VereinsG	Gesetz zur Regelung des öffentlichen Vereinsrechts
VereinsG-DVO	Vereinsgesetz-Durchführungsverordnung
z.B.	zum Beispiel

Gründung eines Vereins

I

Wahl der Rechtsform

I

Vor der Gründung eines eingetragenen Vereins ist zu klären, ob dies die geeignete Rechtsform für das geplante Vorhaben ist. Bei der Wahl der Rechtsform ist darauf zu achten, dass grundsätzlich nur eingetragenen Vereinen, Gesellschaften mit beschränkter Haftung, Aktiengesellschaften, Genossenschaften und rechtsfähigen Stiftungen eine Mitgliedschaft in einem der sechs Spitzenverbände der Freien Wohlfahrtspflege offensteht. Sollten später Änderungen in der Rechtsstruktur erforderlich werden, so können die Instrumente des Umwandlungsrechts genutzt werden.

Hier soll zunächst ein kurzer Abriss über mögliche Organisationsformen in der sozialen Arbeit gegeben werden.

Nichtrechtsfähiger und rechtsfähiger Verein

Der nichtrechtsfähige Verein entspricht strukturell dem rechtsfähigen. Auf nichtrechtsfähige Idealvereine wird heute durchgängig Vereinsrecht angewandt, sofern es nicht gerade auf die Rechtsfähigkeit ankommt. Rechtsfähigkeit erlangt ein Verein durch die Eintragung ins Vereinsregister.

Der Verein erhält damit die rechtliche Stellung einer juristischen Person. Daraus resultiert der wesentlichste Unterschied des nichtrechtsfähigen Vereins zum eingetragenen Verein, der ausschlaggebend für die Wahl der Form sein kann: die Haftungsfrage.

Personen, wie etwa Vorstandsmitglieder, die im Namen des nichtrechtsfähigen Vereins rechtsgeschäftlich nach außen handeln, haften grundsätzlich persönlich und in unbeschränkter Höhe. Diese Haftung kann weder durch die Satzung ausgeschlossen noch durch diese beschränkt werden. Ein solcher Ausschluss ist bestenfalls mit dem Geschäftspartner zu vereinbaren. Inzwischen ist dieser Grundsatz jedoch dahingehend eingeschränkt, dass bei einem nichtrechtsfähigen Idealverein Mitglieder für die Erfüllung rechtsgeschäftlicher Verbindlichkeiten nur mit dem Vereinsvermögen und nicht persönlich haften. Verfolgt der Verein allerdings wirtschaftliche Ziele, haften die Mitglieder auch persönlich. Mit einer Eintragung als Idealverein steht mit Wirkung gegen Dritte fest, dass keine wirtschaftlichen Ziele verfolgt werden und somit eine persönliche Haftung der Mitglieder ausgeschlossen ist.

Regionalgruppen

Die Mitglieder zahlreicher bundesweit tätiger Verbände arbeiten in Regionalgruppen zusammen. Sind diese nicht als eingetragene Vereine konstituiert, handelt es sich um unselbstständige Untergliederungen des betreffenden Vereins. In diesem Fall haftet das gesamte Vereinsvermögen für die Verbindlichkeiten einer Regionalgruppe. Ebenso wenig ist die Regionalgruppe befugt, eigenständig Spendenbescheinigungen auszustellen. Die finanziellen Aktivitäten der Regionalgruppen müssen in die Jahresabschlüsse des Vereins einbezogen werden.

Ab einer nur im Einzelfall näher zu bestimmenden Selbstständigkeit der Regionalgruppe – wie eigene Satzung, Vorstand und Ähnliches – kann die Regionalgruppe als nichtrechtsfähiger Verein angesehen werden.

Gesellschaft mit beschränkter Haftung (GmbH)

Die zweithäufigste Erscheinungsform nach dem Verein in der Sozialarbeit ist die GmbH, deren Rechtsgrundlagen hauptsächlich im GmbH-Gesetz enthalten sind. Mit dem Gesetz zur Modernisierung des GmbH-Rechts und zur Bekämpfung von Missbräuchen (MoMiG), welches zum 1. November 2008 in Kraft trat, erfolgten Änderungen des GmbH-Rechts.

Die GmbH wird von mindestens einem Gesellschafter getragen. Dieser kann eine natürliche oder eine juristische Person sein. Die GmbH wird mit einem Stammkapital von mindestens 25.000 Euro ausgestattet. Einlagen können auch in Sachwerten geleistet werden. Die GmbH erlangt Rechtsfähigkeit mit Eintragung ins Handelsregister (Amtsgericht), der Gesellschaftsvertrag muss notariell beurkundet werden.

Die Gesellschafter treffen in der Gesellschafterversammlung die Grundentscheidungen. Ihr Stimmrecht bemisst sich nach ihrem Kapitalanteil. Im Gesellschaftsvertrag kann jedoch auch eine andere Gewichtung erfolgen. Für die laufenden Geschäfte muss ein Geschäftsführer bestellt werden. Seine Befugnisse, aber auch

I

seine persönliche Haftung für Fehlverhalten sind größer als die eines Vereinsvorstands. Die GmbH wird deshalb in der Regel als Gesellschaftsform für große Einrichtungen gewählt, in denen wirtschaftlich bedeutende Entscheidungen schnell getroffen werden müssen.

Die Gesellschafter haften nur in Höhe der Kapitalanteile. Allerdings können Darlehen der Gesellschafter an eine mit zu wenig Kapital ausgestattete GmbH wie Stammeinlagen behandelt werden, so dass sie im Fall einer Insolvenz den anderen GmbH-Gläubigern zugutekommen. Die Buchführungs- und Bilanzierungspflichten sind strenger als die des Vereins und reichen bis zu bestimmten Veröffentlichungspflichten im elektronischen Bundesanzeiger.

Das MoMiG hat die Möglichkeit geschaffen, dass einfache Standardgründungen von Gesellschaften, die höchstens drei Gesellschafter und einen Geschäftsführer haben, auch in einem vereinfachten Verfahren erfolgen können. Für die Gründung im vereinfachten Verfahren ist ein dem Gesetz beigefügtes Musterprotokoll zu verwenden. Dieses vereint Satzung, Geschäftsführerbestellung und Gesellschafterlisten in einem Dokument. Zu berücksichtigen ist jedoch, dass das Musterprotokoll nicht auf die Gründung gemeinnütziger GmbH zugeschnitten ist und Änderungen nicht zulässig sind, so dass auch keine vereinfachte Gründung einer gemeinnützigen GmbH möglich ist.

Auch die in § 5a GmbHG geregelte Unternehmergesellschaft wurde durch das MoMiG eingeführt. Die Unternehmergesellschaft ist eine „Mini-GmbH", die mit einem Stammkapital von einem Euro gegründet werden kann. Sie muss die Bezeichnung „Unternehmergesellschaft (haftungsbeschränkt)" oder „UG (haftungsbeschränkt)" führen. Gemäß § 5a Abs. 3 GmbHG ist eine gesetzliche Rücklage zu bilden, in die ein Viertel des um einen Verlustvortrag aus dem Vorjahr geminderten Jahresabschlusses einzustellen ist. Diese Rücklage darf nur verwandt werden:

- für eine Kapitalerhöhung aus Gesellschaftsmitteln

- zum Ausgleich eines Jahresfehlbetrags, soweit er nicht durch einen Gewinnvortrag aus dem Vorjahr gedeckt ist

- zum Ausgleich eines Verlustvortrags aus dem Vorjahr, soweit er nicht durch einen Jahresüberschuss gedeckt ist

§ 5a Abs. 5 GmbHG bestimmt, dass für den Fall, dass die Gesellschaft ihr Stammkapital auf mindestens 25.000 Euro erhöht, die Thesaurierungspflicht entfällt und die Unternehmergesellschaft zu einer „normalen" GmbH wird.

Die GmbH und die in § 5a GmbHG geregelte Mini-GmbH können unter denselben Voraussetzungen wie ein Verein steuerbegünstigt tätig sein. Die Gründung einer Mini-GmbH steht folglich der Erlangung des Gemeinnützigkeitsstatus nicht entgegen.

Genossenschaft

Im sozialen Bereich sind vermehrt Genossenschaften anzutreffen. Dies ist auf das Gesetz zur Einführung der europäischen Genossenschaft und zur Änderung des Genossenschaftsrechts (EGSCE) zurückzuführen, das zum 18. August 2006 in Kraft getreten ist.

Bis zu diesem Zeitpunkt legte das Genossenschaftsgesetz (GenG) fest, dass eine Genossenschaft dem „Erwerb und der Wirtschaft" ihrer Mitglieder dient. Diese Formulierung führte oftmals dazu, dass Finanzverwaltungen Genossenschaften die Anerkennung der Gemeinnützigkeit mit der Begründung verweigerten, gemeinnützige Körperschaften hätten nach der Abgabenordnung die „Allgemeinheit" zu fördern und nicht nur ihre Mitglieder.

Mit der Erweiterung des Förderzwecks in § 1 GenG ab August 2006 wurde die Rechtsform der Genossenschaft auch für soziale und kulturelle Zwecke geöffnet. Genossenschaften können nunmehr auch gemeinnützig sein.

Die Genossenschaft muss immer einem Prüfungsverband angehören. Zur Feststellung der wirtschaftlichen Verhältnisse und der Ordnungsmäßigkeit der Geschäftsführung muss bei Genossenschaften mindestens in jedem zweiten Geschäftsjahr eine Jahresabschlussprüfung erfolgen, bei Genossenschaften, deren Bilanzsumme zwei Millionen Euro übersteigt, sogar in jedem Geschäftsjahr.

Wichtig: Übersteigen bei einer Genossenschaft die Bilanzsumme eine Million Euro und die Umsatzerlöse zwei Millionen Euro, so

I

muss eine besondere Jahresabschlussprüfung (unter Einbeziehung der Buchführung und des Lageberichts) erfolgen.

Die Grundstruktur ist mit gewissen Annäherungen an die GmbH derjenigen des Vereins vergleichbar.

Rechtsfähige Stiftung

Die rechtsfähige Stiftung kann als privatrechtliche oder als öffentlich-rechtliche Stiftung gegründet werden. Die Rechtsgrundlagen der hier bedeutsamen privatrechtlichen Stiftung sind in § 80 ff. BGB sowie in den Stiftungsgesetzen der Länder geregelt. Die Errichtung der privatrechtlichen Stiftung setzt zum einen ein Stiftungsgeschäft voraus, das heißt eine oder mehrere natürliche oder juristische Personen verfassen eine Satzung oder eine natürliche Person bestimmt in einem Testament oder Erbvertrag die Errichtung der Stiftung. Zum anderen bedarf es der staatlichen Anerkennung durch die Stiftungsbehörde des Landes, in dem die Stiftung ihren Sitz haben soll.

Auf Stiftungen ist in weiten Teilen Vereinsrecht anwendbar. Es besteht daher ein großer Gestaltungsspielraum. Allerdings gibt es keine Mitglieder und somit keine Mitgliederversammlung. Entscheidendes Organ ist der Vorstand, der der Kontrolle durch die Stiftungsaufsicht und gegebenenfalls eines Beirats oder eines Kuratoriums unterliegt. Der Vorstand wird in der Regel durch den/die Stifter oder diesen nahestehende Institutionen eingesetzt.

Grundlegendes Merkmal ist das Erfordernis eines Stiftungskapitals, das die nachhaltige Verfolgung der Stiftungszwecke aus dem Vermögensertrag sicherstellt.

Die Stiftung kann unter denselben Voraussetzungen wie ein Verein steuerbegünstigt tätig sein.

Nichtrechtsfähige Stiftung

Bei der nichtrechtsfähigen Stiftung handelt es sich nicht um eine Stiftung im vorgenannten Sinne, sondern um ein Treuhandvermögen, das von einer natürlichen oder juristischen Person im Sinne des Stifters verwaltet wird. Die nichtrechtsfähige Stiftung bietet sich an, wenn einem Träger von Sozialarbeit zur Verfolgung eines speziellen Zwecks Vermögen geschenkt oder vererbt worden ist.

Gesellschaft bürgerlichen Rechts

Die sogenannte BGB-Gesellschaft ist ein Zusammenschluss natürlicher oder juristischer Personen, ohne dass dieser Zusammenschluss eine eigene Rechtspersönlichkeit darstellt. Grundlage ist ein (formloser, nicht notwendigerweise schriftlicher) Vertrag. Das Gesellschaftsvermögen ist gemeinschaftlich. Die Gesellschafter haften persönlich in vollem Umfang für die Verbindlichkeiten der Gesellschaft. Die BGB-Gesellschaft endet mit dem Ausscheiden eines Gesellschafters.

Häufig können Wohngemeinschaften oder auch Kollektive als BGB-Gesellschaften bezeichnet werden. Die persönliche Haftung des Einzelnen reicht in diesen Fällen nur so weit, wie Verbindlichkeiten im Rahmen des vereinbarten Zwecks eingegangen wurden.

Da die BGB-Gesellschaft keine Rechtspersönlichkeit ist, unterliegt sie auch nicht der Körperschaftsteuerpflicht. Steuersubjekt ist der einzelne Gesellschafter. Handelt es sich um eine natürliche Person, kann diese nicht wegen Verfolgung gemeinnütziger Zwecke steuerbefreit sein.

Voraussetzungen der Gründung

Gründungsmitglieder

Zur Gründung eines Vereins müssen mindestens sieben Personen zusammenkommen, die sowohl natürliche als auch juristische Personen sein können. Auch nicht geschäftsfähige Personen können einen Verein gründen, sie müssen jedoch durch ihre gesetzlichen Vertreter (Eltern, Vormund) vertreten sein. Juristische Personen (z.B. Verein, GmbH, öffentlich-rechtliche Körperschaft) wirken durch ihre gesetzlichen Vertreter oder Bevollmächtigten an der Vereinsgründung mit. BGB-Gesellschaften sind weder natürliche noch juristische Personen und können deshalb weder einen Verein gründen noch Vereinsmitglieder sein, jedoch

I

können sich Personenhandelsgesellschaften (OHG, KG) und nicht eingetragene Vereine an einer Vereinsgründung beteiligen.

Gründungsversammlung

Bei Vorbereitung und Ablauf einer Gründungsversammlung sind keine besonderen Formalitäten zu beachten. Sie diskutiert und beschließt eine Satzung, die von mindestens sieben natürlichen oder juristischen Personen unterzeichnet sein muss. Die Satzung muss mindestens enthalten:

- Name, Sitz und Zweck des Vereins

- Bestimmungen über den Ein- und Austritt der Mitglieder

- Entscheidung, ob und welche Beiträge von den Mitgliedern zu leisten sind

- Regelungen über die Bildung und Zusammensetzung des Vorstands, die Voraussetzungen, unter denen die Mitgliederversammlung zu berufen ist, sowie die Form der Berufung

- Regelungen über die Beurkundung der Beschlüsse der Mitgliederversammlung, dass der Verein in das Vereinsregister eingetragen werden soll

- Tag der Errichtung der Gründungssatzung

Wahl des Vorstands

Nach der Verabschiedung der Gründungssatzung wird der Vorstand gewählt, so dass erste Beschlüsse über die Vereinstätigkeit gefasst werden können.

Eintrag ins Vereinsregister

Der Verein wird in das Vereinsregister des Amtsgerichts eingetragen, das örtlich für den Vereinssitz zuständig ist. Die Eintragung wird durch ein Schreiben beantragt, dem die Gründungssatzung und ein Protokoll der Gründungsversammlung im Original und eine Abschrift beizufügen sind. Das Anschreiben muss von allen vertretungsberechtigten Vorstandsmitgliedern unter den Augen eines Notars unterzeichnet werden, der die Abgabe der Unterschrift beglaubigt. Bei einigen Amtsgerichten ist es ausreichend, wenn nicht alle, sondern nur einzelne Vorstandsmitglieder in vertretungsberechtigter Zahl die Anmeldung des Vereins unterzeichnen.

Achtung: Sofern sich der Verein bei der Verfolgung seiner ideellen Zwecke wirtschaftlich betätigt, kann es bei der Eintragung zu Problemen kommen. Der Verein ist nicht eintragungsfähig, wenn sein Zweck auf einen wirtschaftlichen Geschäftsbetrieb ausgerichtet ist.

Steht die Verfolgung des in der Satzung festgelegten nichtwirtschaftlichen Zwecks gegenüber der wirtschaftlichen Betätigung eindeutig im Vordergrund, so ist der Verein eintragungsfähig. Es empfiehlt sich daher grundsätzlich, eine Satzung einzureichen, aus der sich zum einen die wesentlichen Tätigkeiten des Vereins ergeben, der aber zum anderen die übergeordnete nicht wirtschaftliche Zielsetzung zu entnehmen ist. Eine entsprechende Formulierung findet sich in der Mustersatzung (vgl. Kapitel II).

Der Rechtspfleger

Zuständig für die Eintragung ist der Rechtspfleger. Falls er in der Satzung oder in der Anmeldung noch Mängel feststellt, die einer Eintragung entgegenstehen, wirkt er auf eine Mängelbehebung hin. Dies kann formlos geschehen. Der Rechtspfleger kann aber auch ein sogenanntes Zwischenverfahren einleiten, indem er eine Zwischenverfügung erlässt mit der Aufforderung, die beanstandeten Mängel innerhalb einer bestimmten Frist zu beheben. Wurden die Mängel nach Ablauf der Frist nicht beseitigt, kann das Anmeldungsgesuch zurückgewiesen werden. Der Rechtspfleger hat auch die Möglichkeit, ohne ein solches Zwischenverfahren das Gesuch zurückzuweisen, ist aber in jedem Fall verpflichtet, zuvor auf eine Aufklärung hinzuwirken.

Gegen eine Zwischenverfügung können die Anmelder Erinnerung beim Rechtspfleger einlegen. Ist dieser nicht bereit, seine Auffassung zu ändern, muss er den Vorgang dem zuständigen Richter zur Entscheidung vorlegen. Schafft auch dieser keine Abhilfe, entscheidet das Landgericht.

Gegen die Zurückweisung der Anmeldung durch Beschluss des Rechtspflegers findet die sofortige Beschwerde statt. Sie ist innerhalb von zwei Wochen nach Bekanntgabe der Verfügung beim Registergericht einzulegen. Der Richter kann der Beschwerde abhelfen und die Eintragung ins Vereinsregister verfügen. Tut er dies nicht, legt er sie dem Landgericht zur Entscheidung vor. Gegen die ablehnende Entscheidung des Landgerichts ist eine sofortige weitere Beschwerde möglich. Über diese entscheidet das Oberlandesgericht.

Tätigwerden des Vereins

Bereits vor der Eintragung kann der Verein tätig werden. Er ist zunächst ein nichtrechtsfähiger Verein, auf den jedoch das Recht des eingetragenen Vereins weitgehend entsprechend angewandt wird.

Anerkennung der Gemeinnützigkeit

Um unnötige Zeitverzögerungen zu vermeiden, sollte gleichzeitig mit der Anmeldung ins Vereinsregister ein Antrag auf Anerkennung der Gemeinnützigkeit gestellt werden. Dies erfolgt durch ein formloses Schreiben an das örtlich zuständige Finanzamt unter Beifügung der Vereinssatzung.

Das Finanzamt prüft die Übereinstimmung der Satzung mit dem Gemeinnützigkeitsrecht. Es erteilt daraufhin eine Bescheinigung über die vorläufige Freistellung von der Körperschaftsteuer, die den Verein berechtigt, Steuervergünstigungen in Anspruch zu nehmen und Spendenbescheinigungen auszustellen (vgl. Kapitel III). Diese Bescheinigung ist kein Freibrief für jedwede Steuerbegünstigung. Sie kann rückwirkend aufgehoben werden, wenn sich aus einer Überprüfung ergibt, dass die tatsächliche Geschäftsführung des Vereins nicht den Anforderungen des Gemeinnützigkeitsrechts entsprochen hat.

Vereinsstrukturen

Vor der Vereinsgründung sollten sich die Gründerinnen und Gründer genügend Zeit nehmen, Überlegungen zur Vereinsstruktur anzustellen. Das BGB sieht lediglich vor, dass es eine Mitgliederversammlung und einen Vorstand gibt, dass die Mitgliederversammlung die Grundsatzkompetenzen hat und der Vorstand den Verein im Rechtsverkehr vertritt.

Größe des Vorstands, Wahlmodus, konkrete Aufgaben, Sitzungsrhythmus und Beschlussfassung, Zahl der (gemeinsam) vertretungsberechtigten Vorstandsmitglieder sind nicht vorgegeben, sondern müssen nach den konkreten Arbeitsbedingungen und Aufgabenstellungen individuell festgelegt werden. Hier kann eine Mustersatzung keine Vorgaben machen.

Praxis-Tipp:
Greifen Sie auf Erfahrungen anderer Vereine mit ähnlicher Aufgabenstellung zurück.

Zu den Fragen, die Vereinsgründerinnen und -gründer untereinander klären müssen, gehört auch, ob hauptamtliche Mitarbeiterinnen und Mitarbeiter Vereinsmitglieder sein und in den Vorstand gewählt werden können. Rechtlich bestehen hierbei grundsätzlich keine Bedenken. Allerdings kann die Gemeinnützigkeit gefährdet sein, wenn der größere Teil der Mitglieder Einkünfte beim Verein erzielt. Auch Zuwendungsgeber nehmen daran zuweilen Anstoß.

Diese Frage sollte nicht nur rechtlich, sondern auch unter Berücksichtigung tatsächlicher Auswirkungen diskutiert werden:

- Was bedeutet es, wenn ein arbeitsrechtlich untergeordneter Mitarbeiter in seiner Funktion als Vorstandsmitglied dem Geschäftsführer oder der Geschäftsführerin Anweisungen erteilt?

- Wie wirken sich der Informationsvorsprung und der größere Einfluss der Hauptamtlichen im Vorstand gegenüber den Ehrenamtlichen im Vorstand und den nur hauptamtlich tätigen Mitarbeiterinnen und Mitarbeiter in der täglichen Arbeit aus?

Nicht zu unterschätzen ist der Aspekt der Interessenkollision. Mit einer „Das-wird-schon-gutgehen"-Mentalität hat so mancher Idealist die Vereinsexistenz gefährdet, wenn ihm nicht auch

I

kritische Fragen gestellt wurden. Diese kritischen Fragen müssen allerdings nicht zwingend von einem ehrenamtlichen Vorstand kommen. Denkbar sind vergleichbare Aufsichtskompetenzen für Beiräte, Klienten, Mandanten, Rechnungsprüfer und Nutzer des Vereins. Auch die Einbindung eines Vereins in Dachverbände mit Prüfkompetenzen und/oder Garantenfunktion kann die schwach ausgestaltete vereinsinterne Aufsicht ausgleichen.

Diese Überlegungen müssen auch bei selbstverwalteten Vereinsstrukturen angestellt werden, bei denen die Mitarbeiter bis in den Vorstand hinein Verantwortung tragen. Solche Strukturen entstehen häufig dann, wenn die Initiative für das Projekt von sozial engagierten Menschen ausgeht, die als Mitarbeiter die Aufgaben selbst in die Hand nehmen und sich ganz in den Dienst ihres sozialen Anliegens stellen wollen. Ähnlich verhält es sich, wenn das pädagogische oder fachliche Konzept eine Selbstverwaltung der Mitarbeiter erforderlich macht. So ist es beispielsweise in der anthroposophischen Sozialarbeit üblich und meist in der Satzung auch vorgesehen, dass das Mitarbeiterkollegium gemeinsam für die inhaltliche Ausgestaltung und Entwicklung der Arbeit verantwortlich ist. Der Vorstand bearbeitet insbesondere rechtliche und wirtschaftliche Fragen.

Dem Wunsch hauptamtlicher Mitarbeiterinnen und Mitarbeiter nach Mitgestaltung konzeptioneller, personeller und finanzieller Bedingungen kann vielfach durch entsprechende Anhörungs- und Beteiligungsrechte Folge geleistet werden, ohne dass es dazu des passiven Wahlrechts für den Vorstand bedarf.

Umwandlungsrecht

Nach Aufnahme ihrer Tätigkeit werden Vereine möglicherweise aus wirtschaftlichen oder anderen Gründen die Notwendigkeit erkennen, Strukturveränderungen vorzunehmen. Solche Veränderungen können innerhalb der Vereinsstrukturen vorgenommen werden. Es kann aber auch notwendig werden, darüber hinausgehend rechtliche Umwandlungen vorzunehmen, vor allem durch den Zusammenschluss mit einem anderen Verein oder einer anderen Körperschaft.

Aus wirtschaftlichen Gründen kann die Ausgliederung und Verselbstständigung einer vereinseigenen Einrichtung in eine Betriebsgesellschaft sinnvoll sein. In Ausnahmefällen werden die Vereinsmitglieder gelegentlich auch einen Rechtsformwechsel in Erwägung ziehen und den Verein beispielsweise in eine GmbH umwandeln wollen.

Solche Umwandlungen ermöglicht das Umwandlungsgesetz (UmwG). Die dort geregelten Verfahren sind streng formalisiert, kostenintensiv und können nur unter Beteiligung eines Notars durchgeführt werden. Andererseits ermöglicht das Umwandlungsgesetz Vereinen, Umwandlungen vorzunehmen, ohne allzu große Beeinträchtigungen für ihre Rechtsbeziehungen zu Dritten befürchten zu müssen.

Verschmelzungen und Ausgliederungen sind auch außerhalb des Umwandlungsrechts möglich. Eine „Verschmelzung" kann beispielsweise auch in der Weise erfolgen, dass sich ein Verein auflöst und seine Mitglieder sich einem anderen anschließen.

Soll keine bestehende Einrichtung ausgegliedert, sondern für eine neu zu gründende Einrichtung gleichzeitig eine BetriebsGesellschaft gegründet werden, geschieht das dadurch, dass der Verein eine GmbH gründet und diese anschließend die Einrichtung eröffnet. Ein Rechtsformwechsel kann lediglich nach Umwandlungsgesetz vorgenommen werden.

Angesichts der vielfältigen Möglichkeiten einer Umwandlung sollte der Rat des Dachverbands, eines Anwalts oder eines Notars eingeholt werden.

Organe des eingetragenen Vereins

Notwendige Organe

Notwendige Organe des eingetragenen Vereins sind der Vorstand (§ 26 BGB) und die Mitgliederversammlung (§ 32 BGB). Über deren Aufgaben und Arbeitsweise muss die Satzung Regelungen enthalten.

Handlungen der Organe werden dem Verein nach § 31 BGB unmittelbar zugerechnet.

Weitere Organe

Die Satzung kann weitere Organe des Vereins vorsehen, zum Beispiel Beirat, Kuratorium, Ausschuss, Ältestenrat, Mitarbeiterkonferenz usw. Hierfür enthält das Vereinsrecht keine besonderen rechtlichen Vorgaben. Die Regelungen können daher frei gestaltet werden.

Soll ein Verein weitere Organe haben, wird dringend empfohlen, die Regelungen in Anlehnung an die §§ 7 und 8 der Mustersatzung über Vorstand und Mitgliederversammlung mit folgenden Inhalten auszugestalten:

- Zahl und Berufung der Organmitglieder
- Einberufung und Durchführung der Organsitzungen
- Leitung des Organs und der Sitzungen
- Beschlussfassung und Protokollierung
- Aufgaben und Befugnisse im Zusammenspiel/in Abgrenzung mit/zu den anderen Organen

Besondere Vertreter

§ 30 BGB nennt neben Vorstand und Mitgliederversammlung ausdrücklich ein weiteres Organ, das aber nicht zwingend einzurichten ist, den besonderen Vertreter.

Der besondere Vertreter dient der Entlastung des Vorstands für bestimmte oder alle laufenden Geschäfte. Da er in dem ihm zugewiesenen Verantwortungsbereich volle Vertretungsmacht nach außen hat, kann eine Bestellung, insbesondere bei Vereinen mit umfangreicher Geschäftätigkeit, sinnvoll sein. Der besondere Vertreter ist trotz umfassender Vertretungsmacht im Innenverhältnis an Weisungen des Vorstands gebunden.

Ein besonderer Vertreter kann nur bestellt werden, wenn die Satzung dies vorsieht. Eine solche Satzungsbestimmung muss enthalten:

- Möglichkeit, dass ein besonderer Vertreter (oder mehrere) bestellt werden kann
- Angabe, durch wen er bestellt wird (z.B. Vorstand oder Mitgliederversammlung)
- Nennung des Geschäftskreises, für den er bestellt wird

Beispiel für eine Satzungsregelung:

„Der Vorstand führt die Geschäfte des Vereins. Für bestimmte Sachgebiete, z.B. Aus- und Fortbildung, Leitung der Einrichtung ... kann die Mitgliederversammlung (alternativ: der Vorstand) einen besonderen Vertreter gemäß § 30 BGB bestellen. Es kann sich hierbei auch um einen hauptamtlichen Mitarbeiter handeln."

Häufigster Anwendungsfall ist die Bestellung des Geschäftsführers zum besonderen Vertreter:

„Die Führung der laufenden Geschäfte kann der Vorstand einem Geschäftsführer oder einer Geschäftsführerin übertragen, der/die insoweit als besondere(r) Vertreter(in) nach § 30 BGB den Verband vertreten kann."

Manche Registergerichte erkennen diese Formulierung allerdings nicht an, weil ihnen der Aufgabenkreis zu unbestimmt ist.

Der besondere Vertreter wird namentlich in das Vereinsregister eingetragen. Die Anmeldung erfolgt durch den Vorstand.

Vereinsordnungen

Die Satzung ist das Grundgesetz des Vereins. Als solches sollte sie möglichst kurz, klar und übersichtlich sein.

Erwünschte Detailregelungen können in Vereinsordnungen außerhalb der Satzung verlagert werden. In der Satzung heißt es dann nur: „Das Nähere regelt eine von der Mitgliederversammlung zu verabschiedende Geschäftsordnung."

Aufgrund der nicht unbeträchtlichen Bedeutung von Vereinsordnungen sollte die Mitgliederversammlung die Kompetenz zu ihrer Verabschiedung haben. Denkbar ist aber auch die Zuständigkeit des Vorstands, wenn es um seine innere Organisation geht (Einladungen, Beschlussfassung usw.).

Typische Themenbereiche für Vereinsordnungen sind:

- Aufnahme von Mitgliedern
- Ausschluss von Mitgliedern
- Mitgliedsbeiträge
- Schiedsverfahren
- Wahl des Vorstands
- Arbeitsweise des Vorstands, der Geschäftsführung und anderer Gremien

Gestaltungshinweise für Vereinsordnungen

- Die Ermächtigungsgrundlage und die Zuständigkeit sollten in die Satzung aufgenommen werden.

- Der Inhalt der Vereinsordnung darf die Satzung nur ausfüllen. Sie kann nicht mittels Vereinsordnung außer Kraft gesetzt werden.

- Der zu behandelnde Gegenstand ist klar strukturiert und möglichst abschließend zu regeln. Dabei ist darauf zu achten, dass die Vereinsordnung nicht um aktuelle Probleme herum formuliert wird, sondern eine generelle Regelung geschaffen wird, die dem Wandel des Vereinslebens standhält. Oft tritt genau die Situation ein, die bei Abfassung der Vereinsordnung nicht bedacht wurde.

- Bei Verabschiedung mehrerer Vereinsordnungen ist zu beachten, dass diese sich nicht widersprechen. Die Orientierung an Erfahrungen anderer Vereine kann auch hier hilfreich sein.

- Bei der Formulierung von Schiedsordnungen ist die Einholung juristischen Sachverstandes unbedingt erforderlich.

Mustersatzung, Musterprotokoll, Musterbriefe

II

Vorbemerkung zur Mustersatzung

Die nachfolgende Mustersatzung enthält die Bestimmungen, die von der Abgabenordnung (§ 60 AO und Anlage 1 zur AO) zur Erlangung der Gemeinnützigkeit zwingend vorgeschrieben und vom Vereinsrecht (§§ 21 bis 79 BGB) gefordert sind. Darüber hinaus sind die Regelungen so gestaltet, dass sie ein transparentes und demokratisches Vereinsleben gewährleisten.

Formulierungen, die in Fettdruck erscheinen, sind nach Maßgabe der jeweiligen Begründung zwingend vorgegeben und sollten deshalb nicht – auch nicht zum Zweck der sprachlichen Verbesserung – geändert werden.

Es handelt sich um Empfehlungen. Bei der Gestaltung der Satzung ist darauf zu achten, dass sie keine Widersprüche enthält.

Wichtig: Auch wenn einem Verein bereits eine vorläufige Bescheinigung über die Gemeinnützigkeit ausgestellt wurde, empfehlen wir dringend die Übernahme der Gemeinnützigkeitsbestimmungen dieser Mustersatzung, um die Gemeinnützigkeit dauerhaft zu sichern. Die vorläufige Bescheinigung ist befristet und frei widerruflich.

Hilfreich ist nicht nur der Text der Mustersatzung, sondern auch die jeweils gegenüberliegend abgedruckten erläuternden Fußnoten.

Mustersatzung
Eingetragene Vereine

Satzung des ... e.V.

§ 1 Name, Sitz, Eintragung, Geschäftsjahr[1]

(1) Der Verein trägt den **Namen** ....

(2) Er hat den **Sitz** in ....

(3) Er ist in das Vereinsregister beim Amtsgericht in .... **einge-tragen.**[2]

(4) Geschäftsjahr ist das Kalenderjahr.

§ 2 Vereinszweck[3]

(1) **Der Verein verfolgt ausschließlich und unmittelbar gemein-nützige/mildtätige**[4] **Zwecke im Sinne des Abschnitts „Steuerbe-günstigte Zwecke" der Abgabenordnung.**

Zweck des Vereins ist ....[5]

(2) Er bezweckt insbesondere ....[6]

(3) **Der Satzungszweck wird insbesondere verwirklicht durch:** ....[7]

§ 3 Selbstlosigkeit[8]

(1) **Der Verein ist selbstlos tätig; er verfolgt nicht in erster Linie eigenwirtschaftliche Zwecke.**

(2) **Mittel des Vereins dürfen nur für die satzungsmäßigen Zwecke verwendet werden.**

Die Mitglieder erhalten keine Zuwendungen aus Mitteln des Vereins.

(3) **Es darf keine Person durch Ausgaben, die dem Zweck des Vereins fremd sind, oder durch unverhältnismäßig hohe Ver-gütungen begünstigt werden.**

§ 4 Mitgliedschaft[9]

(1) **Mitglied** des Vereins kann jede natürliche[10] Person werden, die seine Ziele unterstützt (§ 2).[11]

(2) Über den Antrag auf **Aufnahme** in den Verein entscheidet der Vorstand.[12]

(3) Die Mitgliedschaft endet durch Austritt, Ausschluss oder Tod.[13]

1 Gemäß § 57 BGB müssen sich aus der Satzung Name, Sitz und Eintragung ergeben.

2 Ist der Verein noch nicht eingetragen, kann es auch heißen: „Er wird in das Vereinsregister beim Amtsgericht in … eingetragen."

3 Die Angabe des Vereinszwecks ist durch § 57 BGB vorgeschrieben.

4 Bei Erfüllung mildtätiger Zwecke gilt die Gebührenermäßigung des § 144 Kostenordnung (KostO) (vgl. Kapitel IV).

II

5 Hier ist – möglichst in Anlehnung an die Bestimmungen der §§ 52, 53 Abgabenordnung (AO) – in allgemeiner Formulierung der Zweck des Vereins anzugeben, beispielsweise Förderung der Jugend- und Altenhilfe, Unterstützung hilfsbedürftiger Personen, Betreuung Straffälliger und ihrer Angehörigen, sozialpädagogische und wirtschaftliche Betreuung Jugendlicher, Betreuung pflegebedürftiger Menschen.

6 Hier sollte die konkrete Zielrichtung möglichst umfassend dargestellt werden. Wirtschaftliche Zielsetzungen dürfen allenfalls eine untergeordnete Rolle spielen. Sie müssen dem ideellen Hauptzweck funktional untergeordnet sein. Ein Verein mit überwiegender wirtschaftlicher Zielsetzung ist nicht eintragungsfähig (vgl. § 21 BGB, Kapitel IV).

7 Zum Beispiel Errichtung und Unterhaltung eines Krankenhauses, Pflege-, Kinder- oder Jugendheims, eines Kindergartens oder einer Erziehungsberatungsstelle.

8 Ein gemeinnütziger Verein muss nach § 55 AO selbstlos tätig sein. Wir empfehlen dringend die wörtliche Übernahme der Formulierungen, da sie § 60 AO und Anlage 1 hierzu entsprechen. Vor der Anerkennung der Gemeinnützigkeit des Vereins durch das Finanzamt dürfen keine Spendenbescheinigungen ausgestellt werden (vgl. Kapitel III).

9 Regelungen über den Eintritt und Austritt der Mitglieder müssen nach § 58 Nr. 1 BGB in die Satzung aufgenommen werden.

10 Gegebenenfalls ergänzen: „und jede juristische".

11 Gegebenenfalls hinsichtlich fördernder und Ehrenmitglieder ergänzen, wodurch sich diese in Rechten und Pflichten von den ordentlichen Mitgliedern unterscheiden sollen (insbesondere Stimmrecht, Beitragspflicht).
Zum Thema minderjährige Vereinsmitglieder vgl. Kapitel III.

12 Mögliche Alternativen: die Mitgliederversammlung, der Vorsitzende. Gegebenenfalls ergänzen: „Gegen die Ablehnung des Aufnahmeantrags kann innerhalb einer Frist von … Wochen nach Mitteilung der Ablehnung an den Antragsteller die nächste Mitgliederversammlung angerufen werden."

13 Können auch juristische Personen Mitglieder sein, ist zu ergänzen: „beziehungsweise bei juristischen Personen durch deren Auflösung".

(4) Der **Austritt** eines Mitglieds ist nur zum ....[14] möglich. Er erfolgt durch schriftliche Erklärung gegenüber dem Vorstand[15] unter Einhaltung einer Frist von ....[16]

II

(5) Wenn ein Mitglied gegen die Ziele und Interessen des Vereins schwer verstoßen hat oder trotz Mahnung mit dem Beitrag für ....[17] im Rückstand bleibt, so kann es durch den Vorstand[18] mit sofortiger Wirkung ausgeschlossen werden.

Dem Mitglied muss vor der Beschlussfassung **Gelegenheit zur Rechtfertigung beziehungsweise Stellungnahme** gegeben werden.[19]

(6) Gegen den Ausschließungsbeschluss kann innerhalb einer Frist von ....[20] nach Mitteilung des Ausschlusses die nächste Mitgliederversammlung angerufen werden, die abschließend entscheidet.

§ 5 Beiträge[21]

Die Mitglieder zahlen Beiträge nach Maßgabe eines Beschlusses der Mitgliederversammlung. Zur Festlegung der Beitragshöhe und -fälligkeit ist eine ....[22] Mehrheit der in der Mitgliederversammlung anwesenden stimmberechtigten Vereinsmitglieder erforderlich.

§ 6 Organe des Vereins[23]

Organe des Vereins sind:

- der Vorstand

- die Mitgliederversammlung

§ 7 Der Vorstand

(1) **Der Vorstand besteht aus** ....[24]

(2) **Vorstand im Sinne des § 26 BGB sind:** ....[25] Er vertritt den Verein gerichtlich und außergerichtlich. Je zwei Vorstandsmitglieder sind gemeinsam vertretungsberechtigt.[26]

(3) Der Vorstand wird von der Mitgliederversammlung für die Dauer von ....[27] Jahren gewählt.[28]

14 Hier ist ein Zeitpunkt einzusetzen, beispielsweise Ende des Geschäftsjahrs, Quartalsende, Monatsende. Es kann aber auch eine fristlose Kündigung des Mitgliedschaftsverhältnisses vorgesehen werden. Der Austritt darf gemäß § 39 BGB nicht unzulässig erschwert werden. So ist zum Beispiel eine Satzungsbestimmung, dass der Austritt mit eingeschriebenem Brief zu erfolgen hat, nicht mit § 39 BGB vereinbar.

15 Es genügt hier die Abgabe der Erklärung gegenüber einem Vorstandsmitglied, § 28 Abs. 2 BGB. Diese Vorschrift ist nicht abdingbar.

16 Hier ist eine Frist in Wochen oder Monaten einzusetzen. Ist eine fristlose Kündigung vorgesehen, entfällt der Text „unter Einhaltung einer Frist von …".

17 Hier ist ein Zeitraum in Monaten oder Jahren einzusetzen.

18 Alternative: „die Mitgliederversammlung".

19 Ist ein Ausschluss aus dem Verein vorgesehen, zählt die Anhörung zur ordnungsgemäßen Sachverhaltsklärung.

20 Frist nicht kürzer als ein Monat; maßgebend ist jeweils der Posteingang.

21 Eine Regelung über Beiträge muss wegen § 58 Nr. 2 BGB in die Satzung aufgenommen werden. Die Bezifferung in der Satzung wird nicht empfohlen, da dann bei jeder Beitragsänderung eine Satzungsänderung erforderlich würde.

22 Zum Beispiel: „einfache", „2/3-".

23 Die notwendigen Organe eines Vereins sind Mitgliederversammlung und Vorstand. In der Satzung können auch weitere Organe vorgesehen werden, wie besonderer Vertreter gemäß § 30 BGB, Beirat, Ältestenrat, Mitarbeiterkonferenz, vgl. Kapitel IV.
Als Organ werden vereinsrechtlich nur solche Gremien bezeichnet, die Entscheidungsbefugnisse und einen eigenen Wirkungskreis haben.

24 Zum Beispiel: „dem Vorsitzenden und einem stellvertretenden Vorsitzenden", „dem 1. und 2. Vorsitzenden und bis zu … Beisitzern" oder „bis zu … Personen".
Wir empfehlen, eine ungerade Zahl von Vorstandsmitgliedern festzulegen, um in Vorstandssitzungen Mehrheitsentscheidungen zu ermöglichen.

25 Im Unterschied zum Gesamtvorstand nach Abs. 1 sind hier die Vorstandsmitglieder gemeint, die den Verein nach außen vertreten dürfen und im Vereinsregister eingetragen werden, beispielsweise „Der 1. und der 2. Vorsitzende sowie der Schriftführer".

26 Das „4-Augen-Prinzip" sichert die interne Kontrolle.

27 Im Allgemeinen zwei oder drei Jahre, jedenfalls eine zeitlich begrenzte Amtsdauer. Falls nur Vereinsmitglieder in den Vorstand gewählt werden sollen, muss das hier festgelegt werden.

28 Regelungen über die Bildung des Vorstands schreibt § 58 Nr. 3 BGB vor. Zur Absicherung gegen Interessenkollisionen empfehlen wir folgenden Zusatz: „Hauptamtliche Mitarbeiter des Vereins haben kein passives Wahlrecht."

(4) Die Wiederwahl der Vorstandsmitglieder ist möglich.[29] Der Vorsitzende[30] wird von der Mitgliederversammlung in einem besonderen Wahlgang bestimmt.[31]

II

(5) Die jeweils amtierenden Vorstandsmitglieder bleiben nach Ablauf ihrer Amtszeit so lange im Amt, bis ihre Nachfolger gewählt sind.[32]

(6) Dem Vorstand obliegt die Führung der laufenden Geschäfte des Vereins.[33] Er hat insbesondere folgende Aufgaben: ....[34]

(7) Der Vorstand kann für die Geschäfte der laufenden Verwaltung einen Geschäftsführer bestellen. Dieser ist berechtigt, an den Sitzungen des Vorstands mit beratender Stimme teilzunehmen.[35]

(8) Vorstandssitzungen finden jährlich mindestens ....[36] statt. Die Einladung zu Vorstandssitzungen erfolgt durch ....[37] schriftlich unter Einhaltung einer Einladungsfrist von mindestens ....[38] Vorstandssitzungen sind beschlussfähig, wenn ....[39]

(9) Der Vorstand fasst seine Beschlüsse mit............[40] Mehrheit.

(10) Beschlüsse des Vorstands können bei Eilbedürftigkeit auch schriftlich oder fernmündlich gefasst werden, wenn alle Vorstandsmitglieder ihre Zustimmung zu dem Verfahren schriftlich oder fernmündlich erklären. Schriftlich oder fernmündlich gefasste Vorstandsbeschlüsse sind schriftlich niederzulegen und von............[41] zu unterzeichnen.

(11) Die Vorstandsmitglieder erhalten eine im Verhältnis zu ihren Aufgaben angemessene Entschädigung, die von der Mitgliederversammlung festgelegt wird.[42]

§ 8 Mitgliederversammlung

(1) Die Mitgliederversammlung ist einmal jährlich **einzuberufen**.[43]

(2) Eine außerordentliche Mitgliederversammlung ist einzuberufen, wenn es das Vereinsinteresse erfordert oder die Einberufung von ....[44] der Vereinsmitglieder schriftlich und unter Angabe des Zwecks und der Gründe verlangt wird.

29 Die Wiederwahl kann auch ausgeschlossen oder begrenzt werden.

30 Alternative: „Der Vorsitzende und ..." (z.B. 2. Vorsitzende, Kassierer, Schriftführer).

31 Alternative: „Der Vorsitzende wird vom Vorstand aus seiner Mitte gewählt."

32 Diese Bestimmung sollte unbedingt in die Satzung aufgenommen werden, um den Verein bei einer Verzögerung der Neuwahl handlungsfähig zu erhalten.

33 Diese Formulierung entspricht dem abänderbaren gesetzlichen Leitbild, vgl. §§ 27 Abs. 3, 40 BGB.

34 Hier sind die Geschäfte und Tätigkeiten zu nennen, die dem Vorstand ohne Mitwirkung der Mitgliederversammlung überlassen werden sollen, zum Beispiel Ausführung der Beschlüsse der Mitgliederversammlung, Abschluss und Kündigung von Arbeitsverträgen.

Durch die Satzung kann festgelegt werden, dass für einzelne Bereiche besondere Vertreter gemäß § 30 BGB bestellt werden können. Beim Fehlen einer entsprechenden Satzungsbestimmung ist die Bestellung unzulässig und daher unwirksam.

35 Wird die Führung der laufenden Geschäfte einem hauptamtlichen Geschäftsführer übertragen, sollten seine Aufgaben und Vollmachten in einer schriftlichen Dienstanweisung festgehalten werden. Auch bei Bestellung eines Geschäftsführers bleibt der Vorstand für die ordnungsmäßige Vereinsführung verantwortlich.

36 Hier ist eine Mindestzahl einzusetzen und gegebenenfalls zu ergänzen: „sowie nach Bedarf".

37 Zum Beispiel: „den Vorsitzenden, bei dessen Verhinderung durch den stellvertretenden Vorsitzenden".

38 Hier ist eine Angabe in Tagen oder Wochen einzusetzen und eventuell zu ergänzen: „sowie Beifügung der Tagesordnung".

39 Zum Beispiel: „satzungsgemäß eingeladen wurde und mindestens ... Vorstandsmitglieder – darunter der Vorsitzende oder der stellvertretende Vorsitzende – anwesend sind."

40 Empfehlung: „einfacher".

41 Zum Beispiel: „dem Vorsitzenden".

42 Vgl. hierzu ausführlich Kapitel III „Zahlungen an Ehrenamtliche und Vorstände".

43 Regelungen über die Einberufung einer Mitgliederversammlung sind nach § 58 Nr. 4 BGB notwendig. Bei überregional tätigen, mitgliederstarken Vereinen könnte auch vorgesehen werden, dass die Mitgliederversammlung mindestens alle zwei Jahre einberufen werden muss.

44 Im Allgemeinen 10 bis 30 Prozent, der Prozentsatz muss jedenfalls unter 50 liegen. Vergleiche die nicht abänderbaren Regelungen der §§ 36, 37 BGB.

(3) Die **Einberufung** der Mitgliederversammlung[45] erfolgt **schriftlich durch** ....[46] unter Wahrung einer **Einladungsfrist** von mindestens ....[47] Wochen bei gleichzeitiger Bekanntgabe der Tagesordnung.[48]

II Die Frist beginnt mit dem auf die Absendung des Einladungsschreibens folgenden Tag. Es gilt das Datum des Poststempels. Das Einladungsschreiben gilt dem Mitglied als zugegangen, wenn es an die letzte vom Mitglied dem Verein schriftlich bekannt gegebene Adresse gerichtet ist.

(4) Die Mitgliederversammlung als das oberste Beschluss fassende Vereinsorgan ist grundsätzlich für alle Aufgaben zuständig, sofern bestimmte Aufgaben gemäß dieser Satzung nicht einem anderen Vereinsorgan übertragen wurden.[49]

Ihr sind insbesondere die Jahresrechnung und der Jahresbericht zur Genehmigung schriftlich vorzulegen. Sie bestellt zwei Rechnungsprüfer, die weder dem Vorstand noch einem vom Vorstand berufenen Gremium angehören und auch nicht Angestellte des Vereins sein dürfen, um die Buchführung einschließlich Jahresabschluss zu prüfen und über das Ergebnis vor der Mitgliederversammlung zu berichten.

Die Mitgliederversammlung entscheidet insbesondere über:

a) Wahl, Abwahl und Entlastung des Vorstands

b) Aufgaben des Vereins

c) An- und Verkauf sowie Belastung von Grundbesitz

d) Beteiligung an Gesellschaften

e) Aufnahme von Darlehen ab Euro ....

f) Mitgliedsbeiträge (siehe § 5)

g) Satzungsänderungen

h) Auflösung des Vereins

(5) Jede satzungsmäßig einberufene Mitgliederversammlung wird als beschlussfähig anerkannt ohne Rücksicht auf die Zahl der erschienenen Vereinsmitglieder. Jedes Mitglied hat 1 Stimme. Das Stimmrecht ist nicht übertragbar.[50]

(6) Die Mitgliederversammlung fasst ihre Beschlüsse mit einfacher Mehrheit.[51] Bei Stimmengleichheit gilt ein Antrag als abgelehnt.[52]

45 Die Satzung muss gemäß § 58 Nr. 4 BGB eine Vorschrift über die Einberufung und deren Form enthalten (empfehlenswert ist Schriftform).

46 Zum Beispiel: „den Vorsitzenden, bei dessen Verhinderung durch den stellvertretenden Vorsitzenden".

47 Mindestens „zwei Wochen", damit sich alle Vereinsmitglieder ausreichend lange auf die Beschlussfassungspunkte vorbereiten können.

48 Eine Ergänzung der Tagesordnung durch die Vereinsmitglieder um neue Beschlussfassungspunkte erfordert eine entsprechende Satzungsbestimmung und eine Bestimmung darüber, innerhalb welcher Frist die Ergänzung beim Vorstand schriftlich beantragt werden muss. Bei der Fristbestimmung ist darauf zu achten, dass auch die nachträglichen oder neuen Tagesordnungspunkte allen Vereinsmitgliedern noch bis spätestens zwei Wochen vor dem Sitzungstermin zugesendet werden können, damit die Mitglieder über eine Teilnahme entscheiden und sich vorbereiten können. Andernfalls können Beschlüsse als überraschend angefochten werden.

49 Diese Formulierung entspricht dem abänderbaren gesetzlichen Leitbild des § 32 Abs. 1 Satz 1 BGB. Generell sollte jedoch die Aufsichtsfunktion der Mitgliederversammlung nicht außer Kraft gesetzt werden.

50 Stattdessen könnte auch bestimmt werden, dass zur Ausübung des Stimmrechts ein anderes Vereinsmitglied beziehungsweise, sofern dem Verein juristische Personen angehören, ein Vertreter der juristischen Person schriftlich und für jede Mitgliederversammlung gesondert bevollmächtigt werden kann. Es sollte außerdem ergänzt werden, dass nicht mehr als eine, zwei oder drei Fremdstimmen vertreten werden können.

51 Einfache Mehrheit ist gegeben, wenn die gültigen Ja-Stimmen die gültigen Nein-Stimmen überwiegen. Ungültige Stimmen und Enthaltungen beeinflussen das Ergebnis nicht.

52 Bei Stimmengleichheit ist kein Stichentscheid erforderlich, da der Antrag keine Mehrheit erhalten hat und damit nicht angenommen ist.

§ 9 Änderung des Zwecks und Satzungsänderung

(1) Für die Änderung des Vereinszwecks und für andere Satzungsänderungen ist eine ... [53] Mehrheit der erschienenen[54] Vereinsmitglieder erforderlich. Über Satzungsänderungen kann in der Mitgliederversammlung nur abgestimmt werden, wenn auf diesen Tagesordnungspunkt bereits in der Einladung zur Mitgliederversammlung hingewiesen wurde und der Einladung sowohl der bisherige als auch der vorgesehene neue Satzungstext beigefügt worden waren.[55]

(2) Satzungsänderungen, die von Aufsichts-, Gerichts- oder Finanzbehörden aus formalen Gründen verlangt werden, kann der Vorstand von sich aus vornehmen. Diese Satzungsänderungen müssen allen Vereinsmitgliedern alsbald schriftlich mitgeteilt werden.

§ 10 Beurkundung von Beschlüssen[56]

Die in Vorstandssitzungen und in Mitgliederversammlungen gefassten Beschlüsse sind schriftlich **niederzulegen** und von ....[57] zu **unterzeichnen**.

§ 11 Auflösung des Vereins und Vermögensbindung

(1) Für den Beschluss, den Verein aufzulösen, ist eine 3/4-Mehrheit[58] der in der Mitgliederversammlung anwesenden Mitglieder erforderlich. Der Beschluss kann nur nach rechtzeitiger Ankündigung in der Einladung zur Mitgliederversammlung gefasst werden.

(2) **Bei Auflösung oder Aufhebung des Vereins oder bei Wegfall steuerbegünstigter Zwecke[59] fällt das Vermögen des Vereins an ... ,[60] der es ausschließlich und unmittelbar für gemeinnützige beziehungsweise mildtätige Zwecke zu verwenden hat.**

(Ort, Datum)   (Unterschriften)[61]

53 Zum Beispiel: „³/₄-" (vgl. §§ 33, 40 BGB).

54 Es sollte davon abgesehen werden, eine Mehrheit aller Mitglieder anzusetzen. Erfahrungsgemäß scheitern notwendige Beschlussfassungen oft daran, dass die gewünschte Mitgliederzahl nicht erscheint und der Verein damit handlungsunfähig ist.

55 Die Mitglieder müssen bereits durch die Einladung erfahren, welche Satzungsänderung beabsichtigt ist, um sich entsprechend vorbereiten zu können. In der Mitgliederversammlung muss nicht der vorgeschlagene Text beschlossen werden. Diskussionen können auch zu Veränderungen führen. Es dürfen aber keine völlig neuen Gegenstände beschlossen werden.

56 Die Notwendigkeit einer Regelung ergibt sich aus § 58 Nr. 4 BGB.

57 Zum Beispiel: „dem jeweiligen Versammlungsleiter und dem Protokollführer der Sitzung".

58 Hier kann auch eine andere, der Bedeutung des Beschlusses angemessene Mehrheit gewählt werden.

59 Die Vermögensbindung wird von § 61 AO vorgeschrieben.

60 Hier ist eine bestimmte Organisation konkret zu benennen.

61 Die Gründungssatzung eines Vereins muss von mindestens sieben Mitgliedern unterzeichnet sein (§ 59 Abs. 3 BGB).

II

Musterprotokoll
Gründungsversammlung eines Vereins

Protokoll

II

Zeit:

Ort:

Teilnehmer: siehe beigefügte Anwesenheitsliste

Herr/Frau X eröffnete die Versammlung. Er/Sie begrüßte die Erschienenen und gab den Zweck der Zusammenkunft, die Gründung eines Vereins zur .... unter dem Namen .... bekannt. Die Anwesenden erklärten auf seine/ihre Frage, dass sie mit der Gründung des Vereins einverstanden sind. Dann wurde auf seinen/ihren Vorschlag Herr/Frau Y durch Zuruf und mit seiner/ihrer Zustimmung einstimmig zum/zur Schriftführer/in bestellt.

Herr/Frau Y gab folgende Tagesordnung bekannt:

1. Beratung und Feststellung der Vereinssatzung
2. Wahl der Vorstandsmitglieder
3. Festsetzung des Mitgliedsbeitrags
4. Verschiedenes

1. Tagesordnungspunkt

Herr/Frau Y machte den Wortlaut der für den zu gründenden Verein ausgearbeiteten Satzung bekannt und stellte diese Satzung zur Diskussion. Alle Teilnehmer der Versammlung billigten den Wortlaut der Satzung. Einstimmig wurde von allen Anwesenden beschlossen, dem Verein die Satzung zu geben, die dieser Niederschrift als Anlage beigefügt ist, und ihm als Gründungsmitglieder anzugehören.

2. Tagesordnungspunkt

Anschließend wurde die Wahl der Vorstandsmitglieder durch Handzeichen/in geheimer Abstimmung durchgeführt. Die Abstimmung ergab folgendes Ergebnis:

Vorsitzender: Herr/Frau Z
Beruf:
Anschrift:
Ja-Stimmen:
Nein-Stimmen:
Enthaltungen:
2. Vorsitzender: wie oben
Schriftführer: wie oben
usw.
Die Gewählten nehmen die Wahl an.

3. Tagesordnungspunkt
Die Versammlung beschloss einstimmig, den Mitgliedsbeitrag
.... auf .... Euro jährlich festzulegen. Der Jahresbeitrag
ist am .... fällig.

4. Tagesordnungspunkt
Nachdem niemand mehr das Wort wünschte, schloss Herr/Frau Y
die Versammlung mit einem Dank an die Erschienenen.

....
(Ort, Datum)

....
(Herr/Frau Y, ProtokollführerIn)

Musterbrief
Anmeldung beim Vereinsregister

Verein X   ...., den ....

II

An das

Amtsgericht

– Vereinsregister –

(für den Ort des Vereinssitzes zuständiges Amtsgericht)

Eintragung in das Vereinsregister und Anmeldung des Vorstands

Sehr geehrte Damen und Herren,

zur Eintragung in das Vereinsregister melden wir an

1. den am .... gegründeten Verein X,

2. die ersten Vorstandsmitglieder

.... (Name, Beruf, Adresse).

(Angemeldet werden nur die nach § 26 BGB vertretungsberechtigten Vorstandsmitglieder.)

Beigefügt sind das Protokoll der Gründungsversammlung in Original und Abschrift sowie die Satzung in Original und zwei Abschriften.

Mit freundlichen Grüßen

....

(Die Unterschriften müssen vor einem Notar vollzogen und von diesem beglaubigt werden. Die Unterzeichnung durch Vorstandsmitglieder in der von der Satzung vorgegebenen vertretungsberechtigten Zahl genügt. Einige Amtsgerichte verlangen für die Ersteintragung allerdings die Unterzeichnung durch alle in irgendeiner Weise vertretungsberechtigten Vorstandsmitglieder. Die örtliche Gerichtspraxis kann beim Notar oder beim zuständigen Rechtspfleger des Amtsgerichts erfragt werden.)

II

Hinweis:

Die Notare erheben Gebühren, die sich am Vereinsvermögen orientieren. Die Eintragung gemeinnütziger Vereine durch das Gericht erfolgt in einigen Bundesländern gebührenfrei. Hierüber klären Notar oder Gericht auf Anfrage auf. Die Gebührenfreiheit enthebt aber nicht vom Auslagenersatz, zum Beispiel für die Veröffentlichung im Bundesanzeiger. (Beachten Sie auch Kapitel IV „Gebührenbefreiungen".)

Musterbrief
Antrag auf Steuerbegünstigungen

Verein X ...., den ....

II

An das

Finanzamt

– Abt. Körperschaften –

(für den Ort des Vereinssitzes zuständiges Finanzamt mit Körperschaftsteuerstelle)

Antrag auf Steuerbegünstigung gemäß § 51 ff. AO

Sehr geehrte Damen und Herren,

in der Anlage übersenden wir eine Abschrift unserer Satzung vom ....

§ 2 der Satzung bringt zum Ausdruck, dass ausschließlich und unmittelbar gemeinnützige Zwecke im Sinne der §§ 51 bis 68 Abgabenordnung verfolgt werden. Wir beantragen die steuerliche Anerkennung der begünstigten Zwecke sowie die Berechtigung zur Ausstellung von Spendenbescheinigungen.

Mit freundlichen Grüßen

....

(Unterschrift durch Vorstandsmitglieder in vertretungsberechtigter Zahl)

Hinweis:

Die steuerliche Anerkennung kann und sollte parallel zur Eintragung im Vereinsregister beantragt werden, um Zeitverzögerungen zu vermeiden.

Das Finanzamt stellt nach Prüfung der Satzung zunächst eine vorläufige Bescheinigung aus, in der es sich die endgültige Entscheidung nach Überprüfung der Vereinsgeschäftsführung vorbehält. Die Gemeinnützigkeitsanerkennung kann nur erhalten bleiben, wenn die Vereinsgeschäftsführung den Vorgaben des Gemeinnützigkeitsrechts und der Satzung entspricht.

II

Bestätigungen, die die Steuerabzugsfähigkeit von Spenden feststellen, dürfen vom Verein erst nach Erhalt der vorläufigen Freistellungsbescheinigung ausgestellt werden, wenn in dieser eine Spendenbescheinigungskompetenz vorgesehen ist (vgl. Kapitel IV „Spenden").

Sofern der Verein auch mildtätig im Sinne des § 53 AO ist, sollte er sich dies wegen der Gebührenermäßigung nach § 144 Abs. 2 KostO ausdrücklich bestätigen lassen.

Führung eines Vereins

III

Minderjährige Vereinsmitglieder

Minderjährig ist, wer das 18. Lebensjahr noch nicht vollendet hat.

Bei der Vereinsgründung

Minderjährige dürfen an einer Vereinsgründung nur mit Zustimmung der gesetzlichen Vertreter mitwirken. Die Zustimmung ist nicht erforderlich, wenn der/die Minderjährige durch die Vereinsgründung lediglich einen rechtlichen Vorteil erhält (was aufgrund der Mitgliedspflichten zumeist nicht der Fall sein wird) oder sich die Verpflichtungen im Rahmen der dem/der Minderjährigen zur Verfügung stehenden eigenen Mittel (Taschengeld) halten.

Ausübung der Mitgliedschaftsrechte

Für den Vereinsbeitritt, Austritt, Beteiligungen an Mitgliederversammlungen, Vereinsveranstaltungen und Ähnliches gilt Gleiches. Die gesetzlichen Vertreter können die Zustimmung generell oder im Einzelfall erteilen. Sie kann vorher als Einwilligung oder nachträglich als Genehmigung erfolgen. Generell erteilte Einwilligungen können eingeschränkt oder zurückgenommen werden, solange die entsprechende Handlung des/der Minderjährigen noch nicht erfolgt ist.

> **Praxis-Tipp:**
> Der Verein sollte sich bereits bei Eintritt des/der Minderjährigen eine schriftliche Einwilligung der gesetzlichen Vertreter (Eltern, Vormund) in die Ausübung aller oder bestimmter Mitgliedschaftsrechte vorlegen lassen.

Ausübung des Stimmrechts

Das Stimmrecht kann sowohl von dem/der Minderjährigen als auch vom gesetzlichen Vertreter ausgeübt werden. Soll die Stimmrechtsausübung durch den gesetzlichen Vertreter ausgeschlossen sein, muss dies in der Satzung ausdrücklich festgelegt

III

werden. In diesen Fällen wird angenommen, dass durch die Zustimmung des gesetzlichen Vertreters zum Eintritt in einen Verein mit einer derartigen Satzungsbestimmung gleichzeitig die generelle Einwilligung in die eigenständige Stimmrechtsausübung des/der Minderjährigen gegeben wird.

Ausübung eines Vorstandsamts

Auch eine Minderjährige beziehungsweise ein Minderjähriger kann in den Vorstand gewählt werden. Zur Annahme der Wahl ist aber eine besondere Zustimmung des gesetzlichen Vertreters erforderlich.

III

Ausschluss des/der Minderjährigen

In einem Ausschlussverfahren gegen den/die Minderjährige/n ist regelmäßig auch der gesetzliche Vertreter anzuhören, selbst wenn dieser seine generelle Einwilligung in die Ausübung aller Mitgliedschaftsrechte durch den/die Minderjährige/n erteilt hat.

Haftung des Vereins

Haftung für eingegangene Verbindlichkeiten

Der Verein nimmt durch seine nach § 26 Abs. 2 BGB vertretungsberechtigten Vorstandsmitglieder, dessen besondere Vertreter gemäß § 30 BGB oder die von diesen Organen bevollmächtigten Personen am Rechtsleben teil. Diese schließen für den Verein Verträge, wie Miet-, Kauf-, Arbeits- und Betreuungsverträge usw., ab. Manchmal werden auch einseitig verpflichtende Erklärungen abgegeben. Dieses rechtsgeschäftliche Handeln der wirksam bevollmächtigten Vertreter bindet den Verein unmittelbar (§ 164 BGB). Als juristische Person haftet der Verein dafür mit dem Vereinsvermögen. Eine Durchgriffshaftung auf das Vermögen der Mitglieder findet nicht statt.

Überschreitet ein Vertreter des Vereins seine ihm zustehende oder übertragene Vertretungsmacht oder handelt er ohne Vollmacht, kann dieser vom Vertragspartner gemäß § 179 BGB persönlich für die Erfüllung der eingegangenen Verbindlichkeit in Anspruch genommen werden.

In diesem Zusammenhang ist es von Bedeutung, ob eine Beschränkung der Vertretungsmacht im Vereinsregister eingetragen, das heißt für Außenstehende ersichtlich ist. In einem solchen Fall kann sich ein Gläubiger nicht darauf berufen, er habe gutgläubig auf die unbeschränkte Vertretungsmacht des Vorstands vertraut.

III

Da hier nicht auf alle in den §§ 164 bis 181 BGB geregelten Fragen der Vertretung eingegangen werden kann, soll nur noch ein Hinweis auf § 181 BGB erfolgen: Danach ist es verboten, als Vertreter des Vereins ein Geschäft mit sich selbst abzuschließen, es sei denn, die Satzung erlaubt dies ausdrücklich oder es wird eine bestehende Verbindlichkeit erfüllt.

Haftung für entstandene Schäden gegenüber Dritten

Nach § 31 BGB haftet der Verein für den Schaden, den seine Repräsentanten durch schadenersatzpflichtige Handlungen im Rahmen ihrer Zuständigkeit einem Dritten zufügen.

Schadenersatzpflichtige Handlungen können unter anderem sein:

- unerlaubte Handlungen etwa im Rahmen eines Verkehrsunfalls

- unerlaubte Handlungen im Rahmen von Schuldverhältnissen, zum Beispiel schuldhafte Vertragsverletzung

- falsche Abrechnung gegenüber einem Kostenträger

- falsche Auskunftserteilung

Als Repräsentanten des Vereins kommen in Betracht:

Vorstandsmitglieder

Vorstandsmitglieder im Sinne des § 26 Abs. 2 BGB (die im Vereinsregister eingetragenen vertretungsberechtigten Personen).

Andere verfassungsmäßig berufene Vertreter

Hierzu gehört vor allem der besondere Vertreter gemäß § 30 BGB, dessen Bestellung in der Satzung verankert sein muss. Er ist im Vereinsregister eingetragen (vgl. Kapitel I).

Die Rechtsprechung hat den Begriff des „verfassungsmäßigen berufenen Vertreters" wesentlich ausgeweitet und damit den Personenkreis, für den der Verein nach § 31 BGB haftet, erweitert. So muss die Tätigkeit des Vertreters weder in der Satzung vorgesehen sein, noch braucht der Vertreter rechtsgeschäftliche Vertretungsmacht innezuhaben. Es genügt die Übertragung bedeutsamer, wesensmäßiger Funktionen des Vereins zur selbstständigen, eigenverantwortlichen Erfüllung.

Die Haftung erstreckt sich damit beispielsweise auf die Tätigkeit von Geschäftsführern, leitenden Angestellten und Sachbearbeitern, sofern diesen Aufgaben in selbstständiger verantwortlicher Stellung – mit unter Umständen auch begrenzter Außenwirkung – übertragen worden sind. Dazu gehören auch ehrenamtliche Vereinsfunktionäre, wie etwa ein Vorsitzender eines unselbstständigen Regionalverbandes.

Sonstige Vereinsorgane

Eine Haftung für die Mitgliederversammlung und andere Vereinsorgane, die an sich für den Vereinsinnenbereich zuständig sind, kommt in Betracht, wenn diese Organe durch ein nach außen wirkendes Verhalten bei einem Dritten einen Schaden verursachen.

Dritte im Sinne des § 31 BGB sind in der Regel außerhalb des Vereins stehende Personen. Es können aber auch Vereinsmitglieder, Vereinsangestellte sowie Mitglieder von Vereinsorganen sein.

Der Verein haftet für den oben beschriebenen Personen- und Organkreis im Sinne des § 31 BGB nur, wenn das schädigende Handeln oder Unterlassen sich innerhalb der ihnen zugewiesenen Zuständigkeit oder des Wirkungskreises bewegt hat. Handelt jemand nur bei Gelegenheit der Ausführung seines Amtes – nutzt zum Beispiel der Kassierer seine Stellung zur persönlichen Bereicherung –, so haftet nicht der Verein, da der Kassierer nicht in Ausführung der ihm zustehenden Verrichtung gehandelt hat.

Haftet der Verein aber für seine Organe, so befreit dies die Handelnden grundsätzlich nicht von ihrer persönlichen Verantwortlichkeit. Vor allem bei unerlaubten Handlungen kann eine persönliche Haftung des Handelnden neben der Organhaftung des Vereins gemäß § 31 BGB bestehen. Verein und Handelnder haften dann als Gesamtschuldner.

Der Gläubiger hat in diesem Fall die Wahl, an wen er seine Forderungen stellen will oder ob er beide heranziehen will.

Haftung für sonstige haupt- und ehrenamtliche Mitarbeiter gegenüber Dritten

Für die Handlungen der sonstigen haupt- und ehrenamtlichen Mitarbeiter, die keine verfassungsmäßig berufenen Vertreter sind, haftet der Verein gemäß §§ 278, 831 BGB.

Erfüllungsgehilfe

Bedient sich der Verein im Rahmen eines bestehenden Schuldverhältnisses einer anderen Person zur Erfüllung einer Verbindlichkeit, so muss der Verein für das Verschulden dieses „Erfüllungsgehilfen" in gleichem Umfang haften wie für sein eigenes Verschulden (§ 278 BGB).

Erfüllungsgehilfe ist derjenige, der nach den tatsächlichen Gegebenheiten mit dem Willen des Vereins bei der Erfüllung einer diesem obliegenden Verbindlichkeit als seine Hilfsperson tätig wird.

Erfüllungsgehilfen des Vereins können beispielsweise sein:

- der Geschäftsführer (sofern er nicht als besonderer Vertreter gemäß § 30 BGB bestellt worden ist)

- die zur Abwicklung des Geschäftsverkehrs eingesetzten Mitarbeiter

Beispiel:

Veranstaltet ein Verein ein Fest, das gegen Entrichtung von Eintrittsgeld von jedermann besucht werden kann, sind alle vom Verein mit der Abwicklung der Veranstaltung betrauten Personen Erfüllungsgehilfen im Sinne des § 278 BGB.

Missbraucht der Erfüllungsgehilfe seine Befugnisse oder weicht er von ausdrücklichen Weisungen des Vereins ab, gehört dies im Allgemeinen zu dem vom Verein zu tragenden Personalrisiko.

III

Der Verein kann durch generelle Vereinbarungen mit Vertragspartnern die Haftung für fahrlässiges Verhalten der Erfüllungsgehilfen ausschließen. Vorsätzliches und grob fahrlässiges Verhalten kann von der Haftung nur durch jeweils individuelle Vereinbarung ausgenommen werden. Da Einrichtungen der Wohlfahrtspflege auch eine sittliche Schutzpflicht gegenüber ihren Klienten haben, wäre der Haftungsausschluss für vorsätzliches und grob fahrlässiges Verhalten ihnen gegenüber allerdings unbillig.

Verrichtungsgehilfe

Bestellt der Verein eine Person außerhalb eines bestehenden Schuldverhältnisses zu einer Verrichtung (Verrichtungsgehilfe), so haftet der Verein nach § 831 Abs. 1 BGB, wenn in Ausführung dieser Verrichtung einem Dritten Schaden zugefügt wird („Geschäftsherrenhaftung").

Beispiel:

Der Verein beauftragt einen Gartenbaubetrieb, die Bäume auf dem Gelände einer Wohneinrichtung des Vereins zu schneiden. Der Gartenbaubetrieb sichert die Arbeitsstelle nicht genügend ab. Ein Bewohner der Einrichtung sowie ein vorbeigehender Passant kommen deshalb durch herabfallende Äste zu Schaden. Sicherlich haftet hierfür der Gartenbaubetrieb.

III

Es kann aber auch zu einer „Geschäftsherrenhaftung" des Vereins kommen. Allerdings sieht § 831 Abs. 1 Satz 2 BGB eine sehr weitgehende Entlastungsmöglichkeit für den Geschäftsherrn vor:

Beispielsweise tritt die Ersatzpflicht nicht ein, wenn der Geschäftsherr bei der Auswahl der bestellten Person die im Verkehr erforderliche Sorgfalt beachtet hat.

Im Ergebnis wird in dem beschriebenen Fall der Verein deshalb wohl nicht haften. Anders wäre der Fall zu beurteilen, wenn es sich nicht um einen Gartenbaubetrieb, sondern um eine nicht fachkundige Person handeln würde.

Auch käme eine Haftung des Vereins aus eigenem Verschulden in Betracht, wenn das Einrichtungspersonal zum Beispiel versäumt hätte, sich selbst darum zu kümmern, dass Bewohner nicht in die Nähe der Arbeitsstelle kommen.

Verrichtungsgehilfe des Vereins ist derjenige, dem im außervertraglichen Bereich von einem Vereinsorgan, von dessen Weisungen er im Allgemeinen abhängig ist, eine Tätigkeit übertragen worden ist. Für das Weisungsrecht genügt es, dass das Vereinsorgan die Tätigkeit des Gehilfen jederzeit beschränken, untersagen oder nach Zeit und Umfang bestimmen kann. Ein Anstellungsverhältnis oder ein ähnliches Rechtsverhältnis muss nicht bestehen. Als Verrichtungsgehilfen kommen vor allem haupt- und ehrenamtliche Mitarbeiter des Vereins in Betracht.

Nach § 831 BGB haftet der Verein ohne Rücksicht auf ein Verschulden des Verrichtungsgehilfen. Die Haftung tritt nach § 831 Abs. 1 Satz 2 BGB jedoch nicht ein, wenn der Verein bei der Auswahl der bestellten Person und der Beschaffung von Einrichtungen oder bei der Leitung der Verrichtung die im Verkehr erforderliche Sorgfalt walten ließ oder der Schaden auch bei der Anwendung dieser Sorgfalt entstanden wäre.

An die Sorgfaltspflicht des Vereins dürfen keine übertriebenen Anforderungen gestellt werden. So ist es etwa dem Vorstand eines gemeinnützigen Vereins, der ein Krankenhaus betreibt, nicht zuzumuten, die Aufsicht über den ärztlichen Leiter hinaus auch auf das übrige Personal auszudehnen, da hierfür gerade der Leiter bestimmt wurde.

Bei unerlaubten Handlungen kann auch hier unter Umständen eine persönliche Haftung der Handelnden in Betracht kommen neben der Haftung des Vereins.

Besondere Haftungstatbestände

§ 42 Abs. 2 BGB – Nicht rechtzeitige Antragstellung auf Eröffnung des Insolvenzverfahrens

Sofern das Vereinsvermögen zur Deckung der Verbindlichkeiten nicht ausreicht, ist der Verein überschuldet. Zahlungsunfähigkeit droht, wenn der Verein voraussichtlich nicht in der Lage sein wird, bestehende Zahlungspflichten bei Fälligkeit zu erfüllen. In beiden Fällen hat der Vorstand die Eröffnung des Insolvenzverfahrens zu beantragen (§ 42 Abs. 2 BGB).

Wird die Antragstellung schuldhaft verzögert, haften die verantwortlichen Vorstandsmitglieder persönlich für den aus der Verzögerung entstehenden Schaden. Zudem haften sie für den Teil der Verbindlichkeiten, der angefallen ist, seit der Zustand der Überschuldung erkennbar war (vgl. § 42 BGB, Kapitel IV). Voraussetzung ist ferner, dass den Vorstand ein Verschulden trifft. Hierfür reicht einfache Fahrlässigkeit. Eine Haftungsmilderung ist nicht über eine Satzungsregelung möglich.

§ 34 Abs. 1 i.V.m. §§ 69, 70 AO – Haftung für Steuerverbindlichkeiten

Nach § 34 AO hat der Vorstand als gesetzlicher Vertreter die steuerlichen Pflichten des Vereins zu erfüllen. Dazu gehören vor allem die Buchführung, die Abgabe von Steuererklärungen und die Zahlung der Steuerschulden. Die Erfüllung dieser Pflichten obliegt jedem Vorstandsmitglied. Sie sind nicht durch die Satzung oder eine Vereinbarung abdingbar. Das bedeutet, dass Beschränkungen der Vertretungsbefugnisse die Haftung nicht ausschließen.

Grundsätzlich haftet der Verein zunächst mit dem Vereinsvermögen für die Erfüllung dieser Pflichten. Verletzt allerdings der Vorstand (oder eines seiner Mitglieder) diese Pflichten vorsätzlich oder grob fahrlässig, kommt eine persönliche Haftung des Vorstandsmitglieds in Betracht.

Haftung von Organmitgliedern gegenüber dem Verein

Nach den allgemeinen Regeln des Schuldrechts haftet jedes Organmitglied gegenüber dem Verein für eigenes schuldhaftes Verhalten (z.B. Pflichtverletzung bei der Geschäftsführung). In der Satzung kann allerdings geregelt werden, dass Organmitglieder dem Verein für leichte Fahrlässigkeit nicht haften müssen. Für ehrenamtlich oder nur gegen geringe Entschädigung tätige Vorstandsmitglieder gilt diese Haftungserleichterung generell nach § 31a BGB.

Versicherungsschutz

Private Versicherungen

Zur Absicherung eines Vereins und seiner haupt- und ehrenamtlichen Mitarbeiter und Mitarbeiterinnen sowie der Klienten ist der Abschluss einer Vereinshaftpflichtversicherung zu empfehlen. Über den angemessenen Deckungsschutz sowie weitere notwendige oder zumindest sinnvolle Versicherungen informiert:

UNION-Versicherungsdienst
Klingenbergstraße 4
32758 Detmold
www.union-verdi.de

Als versicherungsunabhängiger Vermittler entwickelt er für viele Bereiche der Wohlfahrtspflege zweckmäßige und preisgünstige Angebote zum Versicherungsschutz.

Gesetzliche Unfallversicherung

Die Berufsgenossenschaft für Gesundheitsdienst und Wohlfahrtspflege (BGW) ist regelmäßig für die im Wohlfahrtsbereich tätigen Organisationen zuständig:

Berufsgenossenschaft für Gesundheitsdienst und Wohlfahrtspflege (BGW)
Pappelallee 35/37
22089 Hamburg
www.bgw-online.de

Dort können die Adressen der im Bundesgebiet bestehenden Bezirksstellen erfragt werden. Die BGW informiert über Beitragspflicht und Leistungen der gesetzlichen Unfallversicherung sowie über die bestehenden Unfallverhütungsvorschriften.

III

Die gesetzliche Unfallversicherung bezieht alle in abhängiger Stellung beruflich tätigen Personen, das heißt alle Arbeitnehmer, in ihren Schutz ein. Sie sind gegen Arbeitsunfälle, einschließlich Wegeunfälle und Berufskrankheiten, versichert (§ 2 Abs. 1 Nr. 1 SGB VII). Für diese Personen entrichten die Einrichtungen, für die sie arbeiten, Beiträge an die Berufsgenossenschaft.

Beitragsfrei versichert sind auch Personen, die „selbstständig oder unentgeltlich, insbesondere ehrenamtlich im Gesundheitswesen oder in der Wohlfahrtspflege tätig sind" (§ 2 Abs. 1 Nr. 9 SGB VII). Darunter sind Personen zu verstehen, die in der Organisation ein nach der Satzung vorgesehenes Ehrenamt wahrnehmen, etwa als Vorstandsmitglied. Aber auch Personen, die aus ideellen Gründen im Verein unentgeltlich mitarbeiten, im Sinne des Satzungszweckes mitwirken, gehören zum versicherten Personenkreis.

Sammelverträge zum Versicherungsschutz für Ehrenamtliche in den Bundesländern

In vielen Bundesländern bestehen inzwischen Sammelverträge zum ergänzenden Versicherungsschutz für freiwillig Tätige. Informationen hierzu sind regelmäßig auf dem jeweiligen Internetportal der Bundesländer zu finden, aber auch unter: www.buerger-engagement.de.

Gebührenbefreiungen

Für die Inanspruchnahme der allgemeinen Verwaltung, der Justiz und der Notare werden zum Teil gesetzlich festgelegte Gebühren erhoben. Für gemeinnützige und/oder mildtätige Vereine gibt es in den meisten Bundesländern Befreiungsvorschriften. Da diese von den staatlichen Stellen nicht immer automatisch berücksichtigt werden, sollte der Verein selbst darauf hinweisen. Weil eine detaillierte Darstellung des Landesrechts aus Platzgründen nicht möglich ist, werden nachstehend die einschlägigen Gesetze genannt. Die aktuellen Fassungen können im Internet mit Hilfe einer Suchmaschine abgerufen werden.

III

Hier werden nur Regelungen aufgeführt, die Gebührenbefreiungen oder -ermäßigungen für gemeinnützige Vereine vorsehen. Teilweise müssen bestimmte weitere Voraussetzungen erfüllt sein. Es empfiehlt sich deshalb, die Regelungen im Internet abzurufen.

Verwaltungsgebühren

- Baden-Württemberg: § 10 Landesgebührengesetz
- Berlin: § 2 Verwaltungsgebührenordnung
- Hamburg: §§ 2 und 3 der Verordnung über Freiheit von Verwaltungsgebühren in bestimmten Fällen
- Mecklenburg-Vorpommern: § 8 Verwaltungskostengesetz
- Rheinland-Pfalz: § 8 Landesgebührengesetz
- Saarland: § 3 des Gesetzes über die Erhebung von Verwaltungs- und Benutzungsgebühren im Saarland
- Schleswig-Holstein: § 8 Verwaltungskostengesetz des Landes Schleswig-Holstein

Justiz

Die Justiz wird zum Beispiel zur Eintragung eines Vereins in das Vereinsregister in Anspruch genommen. Gemäß § 11 Abs. 2 KostO kann das Landesrecht Gebührenbefreiungen vorsehen. Diese umfassen jedoch nicht den Auslagenersatz beispielsweise für Kopien, Bekanntmachungen oder Ähnliches.

- Baden-Württemberg: § 7 Landesjustizkostengesetz
- Brandenburg: § 6 Justizkostengesetz für das Land Brandenburg
- Bremen: § 8 Justizkostengesetz
- Hamburg: § 11 Landesjustizkostengesetz
- Hessen: § 7 Justizkostengesetz

- Niedersachsen: § 1 des Gesetzes über Gebührenbefreiung, Stundung und Erlass von Kosten in der Gerichtsbarkeit
- Nordrhein-Westfalen: § 1 des Gesetzes über Gebührenbefreiung, Stundung und Erlass von Kosten im Bereich der Rechtspflege (Gerichtsgebührenbefreiungsgesetz)
- Rheinland-Pfalz: § 1 Justizgebührenbefreiungsgesetz
- Saarland: § 4 Landesjustizkostengesetz
- Schleswig-Holstein: § 1 des Gesetzes über Gebührenfreiheit, Stundung und Erlass von Kosten im Bereich der Gerichtsbarkeiten
- Thüringen: § 6 Thüringisches Justizkostengesetz

III

Notare

Beim Notar müssen beispielsweise Grundstückskaufverträge beurkundet werden. Hier gibt es keine Gebührenbefreiungen, sondern nur Ermäßigungen nach § 144 KostO. Die Ermäßigung ist unter anderem Vereinen zu gewähren, die sich durch Vorlage des (vorläufigen) Körperschaftsteuerfreistellungsbescheids als mildtätig ausweisen (vgl. § 53 AO).

Die Gebührenermäßigung gilt nicht für Angelegenheiten, die einen steuerpflichtigen wirtschaftlichen Geschäftsbetrieb betreffen. Die Gebühren ermäßigen sich bei einem Geschäftswert

von (Euro)	um (v. H.)
26.000 bis 100.000	30
100.000 bis 260.000	40
260.000 bis 1.000.000	50
über 1.000.000	60

Eine ermäßigte Gebühr darf jedoch die bei einem niedrigeren Geschäftswert zu erhebende Gebühr nicht unterschreiten. Hängt die Tätigkeit mit dem Erwerb eines Grundstücks oder grundstücksgleichen Rechts zusammen, ermäßigen sich die Gebühren nur, wenn dargelegt wird, dass eine auch nur teilweise Weiterveräußerung an einen nicht begünstigten Dritten nicht beabsichtigt ist. Ändert sich diese Absicht innerhalb von drei Jahren nach Beurkundung der Auflassung, entfällt eine bereits gewährte

Ermäßigung. Der Begünstigte ist verpflichtet, den Notar zu unterrichten.

Zahlungen an Ehrenamtliche und Vorstände

Werden Ehrenamtliche für einen gemeinnützigen Verein tätig, so entstehen ihnen häufig Auslagen für Hotelübernachtungen, Bahnfahrkarten oder Ähnliches. Gemäß § 670 BGB haben sie einen Anspruch auf Ersatz ihrer Auslagen. Diese Auslagen müssen im konkreten Einzelfall anhand von Rechnungen oder Quittungen abrechenbar und nachweisbar sein.

Nicht zu den erstattungsfähigen Auslagen zählen die eigene Arbeitsleistung, Zeitaufwand oder entgangener Verdienst sowie eine pauschale Aufwandsentschädigung.

Bei diesen Zahlungen an Ehrenamtliche, die über den reinen Auslagenersatz hinausgehen, handelt es sich um Vergütungen, auch wenn sie als „Aufwandsentschädigung" bezeichnet werden.

Vereinsrechtliche Behandlung

Rechtsgrundlage für den Auslagenersatz ist § 670 BGB. Da eine gesetzliche Vorschrift besteht, ist eine Regelung in der Satzung nicht erforderlich.

Soll über den Auslagenersatz hinaus eine Vergütung an Vereinsvorstände gezahlt werden, so bedarf es nach § 27 Abs. 3 i. V. m. § 664 ff. BGB einer satzungsmäßigen Grundlage. Andernfalls liegt ein Verstoß gegen das Gebot der Selbstlosigkeit aus § 55 Abs. 1 Nr. 1 AO vor und es droht der Verlust der Gemeinnützigkeit (vgl. Mustersatzung in Kapitel II). Von der mit einem Verstoß verbundenen Aberkennung der Gemeinnützigkeit kann jedoch abgesehen werden, wenn die Zahlungen nach dem 10. Oktober 2007 geleistet wurden, sie nicht unangemessen hoch waren und die Mitgliederversammlung des Vereins bis zum 31. Dezember 2010 eine Satzungsänderung beschließt, die eine Bezahlung der Vorstandsmitglieder zulässt. Es muss zudem der Begriff „ehrenamtlich" aus der Satzung gestrichen werden.

Steuerrechtliche Behandlung

Werden vom Verein Vergütungen an ehrenamtlich Tätige gezahlt, müssen diese die Zahlungen versteuern. Unter bestimmten Umständen können die Vergütungen jedoch einkommensteuerfrei sein.

Übungsleiterpauschale gemäß § 3 Nr. 26 EStG

Nach § 3 Nr. 26 EStG sind Einkünfte Ehrenamtlicher einkommensteuerfrei, wenn es sich um sogenannte „Übungsleiterpauschalen" bis zu einer Höhe von 2.100 Euro jährlich handelt.

Vom Anwendungsbereich der Vorschrift erfasst sind nebenberufliche Tätigkeiten, etwa als Übungsleiter, Ausbilder, Erzieher, Betreuer oder die Pflege alter, kranker oder behinderter Menschen. Rettungseinsatz- und Bereitschaftszeiten werden hier im Rahmen einer einheitlichen pflegerischen Tätigkeit berücksichtigt. Nicht erfasst von der Pauschale ist die Tätigkeit von Vereinsvorständen oder rechtlichen Betreuern. Für diese kann § 3 Nr. 26a EStG Anwendung finden.

Die Tätigkeit muss im Dienst oder Auftrag einer nach § 5 Abs. 1 Nr. 9 KStG steuerbegünstigten Organisation erbracht werden, die gemeinnützige, mildtätige oder kirchliche Zwecke fördert.

Die nebenberufliche Tätigkeit darf – bezogen auf das Kalenderjahr – nicht mehr als ein Drittel der Arbeitszeit eines vergleichbaren Vollzeiterwerbs in Anspruch nehmen. Es können daher auch Personen nebenberuflich tätig sein, die keinen Hauptberuf im steuerrechtlichen Sinn ausüben, wie beispielsweise Hausfrauen, Rentner oder Studenten.

Ehrenamtspauschale gemäß § 3 Nr. 26a EStG

Nach § 3 Nr. 26a EStG sind Einkünfte Ehrenamtlicher einkommensteuerfrei, wenn es sich um sogenannte „Ehrenamtspauschalen" bis zu einer Höhe von 500 Euro jährlich handelt.

Der Anwendungsbereich der Ehrenamtspauschale ist wesentlich weiter als der der Übungsleiterpauschale, da § 3 Nr. 26a EStG im Gegensatz zu § 3 Nr. 26 EStG keine Begrenzung auf bestimmte Tätigkeiten im gemeinnützigen Bereich vorsieht. Nicht nur Vorstandsmitglieder können in den Genuss der Ehrenamtspauschale kommen, sondern alle Personen, die nebenberufliche Tätigkeiten im Dienst oder Auftrag einer nach § 5 Abs. 1 Nr. 9 KStG steuerbegünstigten Organisation erbringen, die gemeinnützige, mildtätige oder kirchliche Zwecke fördert. Damit werden auch Reinigungs- oder Bürotätigkeiten sowie die Arbeit rechtlicher Betreuer vom Anwendungsbereich erfasst.

III

Auch hier darf die Ehrenamtspauschale als nebenberufliche Tätigkeit – bezogen auf das Kalenderjahr – nicht mehr als ein Drittel der Arbeitszeit eines vergleichbaren Vollzeiterwerbs in Anspruch nehmen.

Soll die Ehrenamtspauschale Vorstandsmitgliedern zugute kommen, so ist auch hier zu berücksichtigen, dass der Begriff „ehrenamtlich" aus der Satzung gestrichen werden und die Satzung des Vereins eine Vergütung des Vorstandes ausdrücklich erlauben muss.

Parallele Anwendbarkeit von § 3 Nr. 26 und § 3 Nr. 26a EStG

Abschließend ist zu beachten, dass die Übungsleiter- und die Ehrenamtspauschale nicht gleichzeitig für dieselbe Tätigkeit in Anspruch genommen werden können. Jedoch können die Pauschalen für verschiedenartige Tätigkeiten bei demselben Verein geltend gemacht werden. So kann für eine Tätigkeit als Erzieher auf einer Jugendfreizeit die Übungsleiterpauschale und zugleich für die Tätigkeit als Vorstandsmitglied die Ehrenamtspauschale geltend gemacht werden.

Steuern und Steuervergünstigungen

Grundsätzlich unterliegen Vereine allen Steuergesetzen. Die wichtigsten Steuerarten, die beim Verein eine Rolle spielen können, sind die Körperschaftsteuer, die Gewerbesteuer und die Umsatzsteuer.

Die Körperschaftsteuer ist die Einkommensteuer der juristischen Personen, zu denen der eingetragene Verein zählt. Steuergegenstand der Gewerbesteuer ist der Gewerbebetrieb.

Der Umsatzsteuer unterliegen Lieferungen oder sonstige Leistungen gegen Entgelt, die ein Unternehmen im Rahmen seines Unternehmens ausführt.

Von Bedeutung für den Verein können auch die Schenkung- und Erbschaftsteuer sowie die Kraftfahrzeugsteuer sein.

Lotterien eines Vereins können zur Lotteriesteuerpflicht führen.

Wird der Verein Eigentümer von Grundstücken, so können das Grunderwerbsteuergesetz (GrEStG) sowie das Grundsteuergesetz (GrStG) einschlägig sein.

Auch eine Reihe anderer Steuern kann anfallen, wenn der Verein die in den einzelnen Steuergesetzen genannten Tatbestände verwirklicht, die zu einer Besteuerung führen.

Als Arbeitgeber ist der Verein in der Pflicht, für seine Beschäftigten Lohnsteuer abzuführen.

Für Organisationen mit ideeller Zielrichtung sieht das Steuerrecht eine Reihe von Steuervergünstigungen und Steuerbefreiungen vor. Diese Sonderregelungen sind in den einzelnen Steuergesetzen aufgeführt. Die Voraussetzungen, unter denen eine Organisation als „gemeinnützig" anerkannt ist, somit Steuervergünstigungen genießt, sind in den §§ 51 bis 68 AO geregelt.

Eine Sonderstellung nimmt die Umsatzsteuer ein. Sie folgt eigenen Regeln (vgl. Kapitel IV). Andere Steuergesetze (z.B. GrEStG, Kraftfahrzeugsteuergesetz) beziehen sich bei Befreiungen überhaupt nicht auf die §§ 51 bis 68 AO.

Das Bundesministerium der Finanzen hat einen Anwendungserlass zur AO (AEAO) herausgegeben, der für die Finanzämter bindende Auslegungsregelungen zu den einzelnen Vorschriften der AO enthält. Vereinen kann der Erlass als praxisnahe Kommentierung dienen.

Steuerbegünstigt ist die Verfolgung gemeinnütziger, mildtätiger und kirchlicher Zwecke. Eine Körperschaft verfolgt gemeinnützige Zwecke, wenn ihre Tätigkeit darauf gerichtet ist, die Allgemeinheit auf materiellem, geistigem oder sittlichem Gebiet selbstlos zu fördern. Als gemeinnützige Zweckverfolgung gemäß § 52 Abs. 2 AO gilt unter anderem die Förderung der Jugendhilfe, der Altenhilfe, des öffentlichen Gesundheitswesens und des Wohlfahrtswesens. Diese Vorschrift nennt noch eine Reihe anderer als gemeinnützig anerkannter Zwecke. § 53 AO definiert die mildtätige Zweckverfolgung als selbstlose Unterstützung von Personen, die entweder infolge ihres körperlichen, geistigen oder sittlichen Zustandes auf die Hilfe anderer angewiesen sind oder die aufgrund ihrer wirtschaftlichen Verhältnisse hilfsbedürftig sind. Was unter kirchlichen Zwecken zu verstehen ist, erläutert § 54 AO.

III

Selbstlosigkeit: Gebundene und zeitnahe Mittelverwendung

Verfolgt ein Verein gemeinnützige, mildtätige oder kirchliche Zwecke, werden ihm Steuervergünstigungen gewährt, wenn er bei seiner Zweckverfolgung selbstlos handelt (§ 55 AO). Im Unterschied zu gewerblichen Altenheimen oder Pflegediensten darf bei Vereinen, die steuerbegünstigte Zwecke im Sinne der Abgabenordnung verfolgen, die Mehrung eigenen Vermögens oder des Vermögens ihrer Mitglieder nicht im Vordergrund stehen. Steuerbegünstigte Vereine unterliegen gemäß § 55 AO in ihrer Mittelverwendung weitgehenden Einschränkungen. Die Mittel des Vereins dürfen nur für die satzungsgemäßen Zwecke verwendet werden. Die Mitglieder erhalten keine Gewinnanteile und in ihrer Eigenschaft als Mitglieder auch keine sonstigen Zuwendungen. Das steuerbegünstigte Vermögen muss auf Dauer dem steuerbegünstigten Zweck dienen. Bei Auflösung des Vereins oder Verlust seiner Gemeinnützigkeit ist der Verein verpflichtet, sein Vermögen gemeinnützigen Zwecken zuzuführen. Er darf es nicht an seine Mitglieder verteilen. Weicht der Verein in seiner Satzung von diesem Grundsatz der Vermögensbindung ab, so führt dies zu einer Nachversteuerung für einen Zeitraum von zehn Kalenderjahren (§ 61 Abs. 3 AO).

Der Verein muss seine Mittel zeitnah für seine steuerbegünstigten Zwecke verwenden. Nach Auffassung der Finanzverwaltung ist eine zeitnahe Mittelverwendung dann gegeben, wenn die Mittel spätestens in dem auf den Zufluss folgenden Kalender- oder Wirtschaftsjahr verwendet werden.

Ein Verein ist dann steuerbegünstigt, wenn er seine satzungsgemäßen Ziele ausschließlich und unmittelbar verwirklicht (§§ 51, 56 und 57 AO).

Ausnahmen vom Grundsatz der Selbstlosigkeit, Ausschließlichkeit und Unmittelbarkeit

Zu den genannten strengen Anforderungen an die Zweckverfolgung und Mittelverwendung gibt es eine Reihe von Ausnahmen, die entweder in der Abgabenordnung selbst geregelt sind oder sich aus der Praxis der Finanzverwaltung ergeben.

So zählt die Beeinflussung der politischen Meinungsbildung grundsätzlich zwar nicht zu den gemeinnützigen Zwecken im Sinne des § 52 AO, viele sozial tätige Vereine verfolgen aber auch sozialpolitische Ziele, beispielsweise die Verbesserung der gesellschaftlichen Stellung behinderter Menschen. Eine gewisse Beeinflussung der politischen Meinungsbildung schließt die Gemeinnützigkeit nicht aus. Ein Verein darf im Rahmen seines Satzungszwecks zu tagespolitischen Themen Stellung nehmen.

Zusammenschlüsse von gemeinnützigen Vereinen sind gemäß § 57 Abs. 2 AO selbst wieder gemeinnützig, auch wenn sie nicht unmittelbar steuerbegünstigte Zwecke verfolgen.

Gemäß § 55 Abs. 1 AO darf ein Verein „nebenbei" auch eigenwirtschaftliche Zwecke verfolgen. Es ist einem Verein deshalb auch erlaubt, sich Mittel für seine satzungsgemäßen Zwecke durch außerhalb dieser Zwecke liegende wirtschaftliche Betätigungen zu verschaffen. Diese Eigenmittelbeschaffung darf aber nicht in den Vordergrund der Vereinstätigkeit rücken.

Eine Liste wichtiger steuerlich unschädlicher Betätigungen enthält § 58 AO. In dieser Vorschrift wird unter anderem geregelt, dass ein steuerbegünstigter Verein seine Mittel teilweise einer anderen, ebenfalls steuerbegünstigten Körperschaft zur Verwendung für steuerbegünstigte Zwecke zuwenden darf. Ein steuerbegünstigter Verein darf auch Mittel zur Verwirklichung der steuerbegünstigten Zwecke einer anderen Körperschaft beschaffen. Diese Vorschrift erfasst die sogenannten Fördervereine, die selbst nicht unmittelbar gemeinnützige Zwecke verfolgen, sondern andere soziale Einrichtungen oder Organisationen unterstützen.

Die Ziffern 6 und 7 des § 58 AO regeln, welche Rücklagen ein steuerbegünstigter Verein bilden darf. Es ist erlaubt, Rücklagen

III

zu bilden, die dazu dienen, die satzungsgemäßen Zwecke nachhaltig erfüllen zu können. So kann ein sozial tätiger Verein etwa eine zweckgebundene Rücklage zur Errichtung eines neuen Einrichtungsgebäudes oder zur Anschaffung von Fahrzeugen für seinen ambulanten Pflegedienst bilden. In engeren Grenzen sind freie Rücklagen und Rücklagen zum Erwerb von Gesellschaftsrechten zur Erhaltung einer Kapitalbeteiligung erlaubt.

III

Neben diesen gesetzlich geregelten Rücklagen ist anerkannt, dass Betriebsmittelrücklagen, Rücklagen in der Vermögensverwaltung und in wirtschaftlichen Geschäftsbetrieben gebildet werden dürfen (vgl. AEAO Ziff. 3 zu § 55 Abs. 1 Nr. 1 AO).

Formelle Voraussetzung der Steuervergünstigung und Verfahren der Anerkennung

Als formelle Voraussetzung der Steuervergünstigung verlangt § 59 AO, dass sich aus der Satzung ergibt, welchen Zweck der Verein verfolgt, dass dieser Zweck den materiellen Anforderungen der §§ 52 bis 55 AO entspricht und ausschließlich und unmittelbar verfolgt wird. Die tatsächliche Geschäftsführung des Vereins muss den Bestimmungen der Satzung entsprechen. Den Nachweis hierüber hat der Verein gemäß § 63 Abs. 3 AO durch ordnungsgemäße Aufzeichnungen über die Einnahmen und Ausgaben zu führen. Die Satzungszwecke und die Art ihrer Verwirklichung müssen gemäß § 60 AO so genau bestimmt sein, dass aufgrund der Satzung geprüft werden kann, ob die Voraussetzungen für die Steuerbegünstigungen vorliegen. Die Satzung muss den künftigen Verwendungszweck des Vereinsvermögens für den Fall der Vereinsauflösung oder des Wegfalls der Gemeinnützigkeit genau bestimmen (§ 61 AO).

Sind die Voraussetzungen der §§ 51 ff. AO gegeben, ist ein Verein steuerbegünstigt. Es gibt kein formelles Anerkennungsverfahren zur Erlangung der Gemeinnützigkeit. Vielmehr wird die Gemeinnützigkeit von Amts wegen durch das Finanzamt im Veranlagungsverfahren durch einen Freistellungsbescheid festgestellt. Die Veranlagung erfolgt für die Vergangenheit. Ein Verein sollte sich aber bereits bei seiner Gründung an das Finanzamt wenden und eine sogenannte vorläufige Bescheinigung der Anerkennung der Gemeinnützigkeit beantragen. Mit dieser vorläufigen Bescheinigung bestätigt das Finanzamt, dass die Satzung den förmlichen Anforderungen der §§ 60 und 61 AO genügt. Die vorläufige Bescheinigung des Finanzamtes gibt dem Verein keinen Anspruch darauf, im späteren Veranlagungsverfahren vom Finanzamt als steuerbegünstigt behandelt zu werden. Erst im Veranlagungsverfahren, das in der Regel drei Jahre nach Beantragung der vorläufigen Bescheinigung durchgeführt wird, wird festgestellt, ob der Verein tatsächlich steuerbegünstigte Zwecke verfolgt hat. Die vorläufige Bescheinigung ermöglicht dem Verein, als „gemeinnützige Organisation" im Rechtsverkehr aufzutreten. Er kann beispielsweise Zuschüsse und Gebührenermäßigungen in Anspruch nehmen. Spenden an einen solchen Verein sind gemäß § 10b EStG abzugsfähig (vgl. Kapitel IV).

III

Wird im Veranlagungsverfahren die Zuerkennung der Gemeinnützigkeit verweigert, kann der Verein im Einspruchsverfahren und anschließend im finanzgerichtlichen Verfahren Rechtsschutz suchen.

Die verschiedenen Tätigkeitsfelder des Vereins und ihre steuerliche Behandlung

Im Verein sind steuerlich der ideelle Bereich, die Vermögensverwaltung und die wirtschaftliche Betätigung zu unterscheiden. In der wirtschaftlichen Betätigung sind die Zweckbetriebe von den steuerpflichtigen wirtschaftlichen Geschäftsbetrieben abzugrenzen.

Ideeller Bereich

Zum ideellen Bereich zählen alle Einnahmen, die der Verein erzielt, ohne eine Gegenleistung erbringen zu müssen. Hierzu gehören die Mitgliedsbeiträge, Bußgelder und Spenden. Für Einnahmen im ideellen Bereich werden keine Steuern erhoben.

Vermögensverwaltung

Vermögensverwaltung liegt vor, wenn Vermögen genutzt wird, zum Beispiel Kapitalvermögen verzinslich angelegt oder unbewegliches Vermögen langfristig vermietet oder verpachtet wird

(§ 14 AO). Auch die Vermögensverwaltung ist bei steuerbegünstigten Vereinen steuerfrei. Die Abgrenzung der Vermögensverwaltung von der wirtschaftlichen Betätigung kann im Einzelfall schwierig sein.

Zweckbetriebe

III

Zweckbetriebe dienen dazu, die satzungsgemäßen Zwecke des Vereins zu verwirklichen. § 68 AO enthält eine Aufzählung von Zweckbetrieben. So sind u.a. Altenwohn- und Pflegeheime, Mahlzeitendienste, Kindergärten, Jugendherbergen, Werkstätten für Behinderte als Zweckbetrieb anerkannt. Neben diesen ausdrücklich im Gesetz genannten Zweckbetrieben sieht § 66 AO vor, dass grundsätzlich eine Einrichtung der Wohlfahrtspflege ein Zweckbetrieb ist, wenn mindestens zwei Drittel der Leistungen hilfsbedürftigen Personen zugutekommen. Die §§ 68 und 66 AO sind Spezialregelungen zu § 65 AO, der eine allgemeine Zweckbetriebsdefinition enthält. Zweckbetriebe sind von der Körperschaft- und Gewerbesteuer befreit. Für einzelne Zweckbetriebe gibt es weitere Steuervergünstigungen, sofern spezielle Steuern einschlägig sind. So sieht etwa die Lotteriesteuer für Vereinslotterien Steuerbefreiungen vor.

Wirtschaftliche Geschäftsbetriebe

Wirtschaftliche Betätigungen, die keine Zweckbetriebe sind, sind steuerpflichtig. So unterliegen die sogenannten Mittelbeschaffungsbetriebe der Körperschaft- und Gewerbesteuer. Durch solche Betriebe wird nicht unmittelbar der Satzungszweck verwirklicht, sondern werden Mittel erwirtschaftet, die anschließend für den Satzungszweck eingesetzt werden sollen. § 64 Abs. 3 AO enthält aber für steuerbegünstigte Vereine eine weitere Steuervergünstigung hinsichtlich ihrer wirtschaftlichen Geschäftsbetriebe. Nach dieser Vorschrift unterfallen solche Betriebe nicht der Körperschaft- und Gewerbesteuer, wenn die Einnahmen einschließlich Umsatzsteuer insgesamt 35.000 Euro im Jahr nicht übersteigen. Mehrere wirtschaftliche Geschäftsbetriebe werden als ein wirtschaftlicher Geschäftsbetrieb behandelt (§ 64 Abs. 2

AO). Übersteigen die Einnahmen diese Besteuerungsgrenze, unterliegen sie insgesamt der Steuer.

Die Zuordnung klassischer sozialer Tätigkeitsfelder zu den steuerbegünstigten Zweckbetrieben ist unproblematisch. Schwieriger ist die Einordnung neuerer Tätigkeitsfelder in die genannten Tätigkeitsbereiche des Vereins. Die Abgrenzung zwischen Vermögensverwaltung, Zweckbetrieb und steuerpflichtigem wirtschaftlichen Geschäftsbetrieb ist nicht immer eindeutig. So kann beispielsweise ein Arbeitsbeschaffungsprojekt Zweckbetrieb sein, wenn besonders benachteiligte Personengruppen Nutznießer dieses Projektes sind. Solche Beschäftigungsinitiativen können aber auch eine steuerpflichtige gewerbliche Tätigkeit darstellen. Bei umfangreicher Tätigkeit sollte ein Steuerberater mit Erfahrung im Gemeinnützigkeitsrecht hinzugezogen werden.

Weitere Folgen der Gemeinnützigkeit

Neben den steuerlichen Vorteilen, die ein gemeinnütziger Verein genießt, kann er weitere Vorteile in Anspruch nehmen. So sind steuerbegünstigte Körperschaften in einigen Bundesländern von Verwaltungs- und Justizverwaltungsgebühren befreit. Mildtätige Vereine erhalten Ermäßigungen bei Notargebühren. Die Steuerbegünstigung ist Voraussetzung dafür, Bußgelder zu erhalten, die in Strafverfahren verhängt worden sind. Auch Zuwendungen öffentlicher Stellen oder von Stiftungen sind oftmals davon abhängig, dass der Begünstigte gemeinnützige oder mildtätige Zwecke verfolgt.

Steuerbegünstigte Organisationen profitieren auch davon, dass Spenden an sie für den Spender von der Steuer absetzbar sind. Bestimmte nebenberufliche Tätigkeiten für eine steuerbegünstigte Organisation sind einkommensteuerrechtlich privilegiert (§ 3 Nr. 26 und Nr. 26a EStG).

Spenden

Eine wichtige Einnahmequelle für soziale Organisationen sind Spenden. Spenden an eine steuerbegünstigte Körperschaft für steuerbegünstigte Zwecke können zu geringerer steuerlicher

Belastung beim Spender führen. Voraussetzung dafür ist, dass die gesetzlichen Vorschriften beachtet werden. Verstöße führen auch zu Nachteilen beim Spendenempfänger. Spenden zur Verwendung in steuerpflichtigen wirtschaftlichen Geschäftsbetrieben können nicht abgesetzt werden.

Spenden sind Ausgaben, die freiwillig und unentgeltlich für die in § 10b Einkommensteuergesetz (EStG) beziehungsweise § 9 Abs. 1 Nr. 2 Körperschaftsteuergesetz (KStG) genannten Zwecke geleistet werden.

Freiwilligkeit liegt dann vor, wenn eine Leistung ohne rechtliche Verpflichtung erbracht wird.

Unentgeltlich ist eine Leistung, wenn ihr keine Gegenleistung des Spendenempfängers gegenübersteht oder kein unmittelbarer Zusammenhang zwischen Leistung und Gegenleistung besteht. Besteht jedoch eine auch nur teilweise Entgeltlichkeit, etwa wenn sich Leistung und Gegenleistung nicht decken (z.B. bei Aufwendungen für Wohlfahrtsbriefmarken oder Wohlfahrtslose), steht dies nach der Rechtsprechung einem steuerlichen Abzug der Ausgabe als Spende entgegen.

Nicht als Spende abziehbar – auch nicht teilweise – ist beispielsweise das Schulgeld, das Eltern an den Trägerverein einer Privatschule für den Unterricht ihrer Kinder bezahlen, da die Eltern eine Gegenleistung erhalten. Zuwendungen zugunsten von Schulen fallen nur dann unter § 10b EStG, wenn sie unentgeltlich – das heißt ohne Gegenleistung – erfolgen. Schulgeld als Entgelt für Leistungen einer staatlich genehmigten oder nach Landesrecht erlaubten Ersatzschule oder einer nach Landesrecht anerkannten allgemeinbildenden Ergänzungsschule (z.B. Waldorfschule) ist allerdings nach § 10 Abs. 1 Nr. 9 EStG in Höhe von 30 Prozent des Entgelts, höchstens 5.000 Euro, als Sonderausgabe absetzbar. Dabei muss der Entgeltanteil für Beherbergung, Betreuung und Verpflegung abgezogen werden.

Sachspenden

Spenden müssen nicht unbedingt in Form von Geld geleistet werden. Auch Sachspenden können steuerlich abgesetzt werden, da als Ausgaben auch Zuwendungen von Wirtschaftsgütern gelten. Sachspenden sind mit dem gemeinen Wert anzusetzen, zu dem sie im gewöhnlichen Geschäftsverkehr zu veräußern wären (Bruttopreis inkl. Umsatzsteuer). Gehörte die Sachspende jedoch zu einem Betriebsvermögen, erfolgt die Bewertung der Spende gemäß § 6 Abs. 1 Nr. 4 EStG mit dem Buchwert.

Bei neuen Wirtschaftsgütern wird in der Regel die quittierte Einkaufsrechnung als Nachweis für die Wertangabe auf der Spendenbestätigung verlangt. Schwieriger ist die Ermittlung des Werts von Kunstgegenständen und gebrauchten Gegenständen. Angesichts der nur schwer einzuschätzenden Verwertungsmöglichkeiten von Kunstgegenständen ist deren Wert besonders sorgfältig zu ermitteln. In Zweifelsfällen sollte Rücksprache mit dem Körperschaftsteuerfinanzamt gehalten werden.

Bei getragener Kleidung lässt sich ein Marktwert meist nur schwer feststellen. Soweit gebrauchte Kleidung überhaupt einen Marktwert hat, sind für die Schätzung des Werts der Neupreis, der Zeitraum zwischen Anschaffung und Weggabe sowie der tatsächliche Erhaltungszustand die maßgeblichen Faktoren. Diese sind im Einzelnen durch den Steuerpflichtigen nachzuweisen.

Eine verbilligte Überlassung von Waren rechtfertigt keinen Spendenabzug in Höhe des Preisnachlasses. Der Verzicht auf Geltendmachung eines Teils der Forderung kann jedoch eine Spende darstellen.

Nutzungen und Leistungen

Nutzungen und Leistungen sind keine Spenden. So ist etwa die unentgeltliche Nutzungsüberlassung eines Wirtschaftsguts (z.B. die unentgeltliche Überlassung von Räumen, PKW oder anderen Wirtschaftsgütern) nicht als Spende abzugsfähig. Ebenso wenig stellen unentgeltliche ehrenamtliche Arbeitsleistungen eine Ausgabe im Sinne des § 10b EStG beziehungsweise § 9 Abs. 1 Nr. 2 KStG dar.

Der Verzicht auf eine Forderung aufgrund einer entgeltlichen Arbeitsleistung oder PKW-Nutzung kann aber eine Spende sein, denn der Verzicht auf einen Erstattungsanspruch stellt eine Ausgabe dar. Ein solcher Verzicht kann aber nur dann als Spende geltend gemacht werden, wenn der Verein einen Erstattungsanspruch ausdrücklich vorgesehen hat (z.B. in der Satzung, einer Vereinsordnung oder einem Vertrag). Ein solcher Anspruch darf nicht unter der Bedingung eines Verzichts eingeräumt worden sein.

Eine entsprechende Formulierung könnte lauten: „Ehrenamtliche Mitarbeiterinnen und Mitarbeiter haben Anspruch auf Ersatz der Auslagen (insbesondere Reisekosten), die ihnen im Auftrag der Organisation entstehen." Aufgrund der leichteren Abänderbarkeit empfiehlt sich die Aufnahme dieser Regelung in einen Vertrag mit ehrenamtlichen Mitarbeiterinnen und Mitarbeitern, anstatt sie in die Satzung einzufügen.

Spenden im Sinne des § 10b EStG oder § 9 Abs. 1 Nr. 2 KStG, die ein steuerbegünstigter Verein erhält, fallen unter keine Einkunftsart im Sinne des § 8 KStG i.V.m. § 2 Abs. 1 EStG und bleiben daher beim Verein körperschaft-, gewerbe- und vermögensteuerfrei. Ebenfalls unterliegen sie nicht der Umsatzsteuer, da Spenden unentgeltlich gewährt werden und es deshalb mangels Leistungsaustauschs an der sogenannten Steuerbarkeit fehlt.

Zuwendungsbestätigung

Voraussetzung für die Abzugsfähigkeit der Geld- oder Sachspenden in der Steuererklärung des Spenders ist die Ausstellung einer Zuwendungsbestätigung durch den Empfänger, in der bestätigt wird, dass er die Zuwendungen erhalten hat und zweckentsprechend verwenden wird. Die Zuwendungsbestätigung (vgl. nachfolgendes Muster) muss Folgendes beinhalten:

- Name und Anschrift des Spenders
- Betrag oder bei Sachspenden Art und Wert der Sachspende sowie Datum der Zuwendung
- Zugehörigkeit des Empfängers zum begünstigten Personenkreis (gemeinnützigen oder mildtätigen Zwecken dienend)
- Verwendung der Zuwendung (für gemeinnützige oder mildtätige Zwecke)
- Angabe des Finanzamtes, der Steuernummer und des aktuellen Körperschaftsteuerfreistellungsbescheids
- Ort, Datum, Unterschrift des Spendenempfängers

Berechtigt zur Ausstellung von Zuwendungsbestätigungen sind nur die Empfänger, die gemeinnützige oder mildtätige Zwecke verfolgen und eine eigene Zuwendungsbestätigungskompetenz besitzen, die im Rahmen des Körperschaftsteuerfreistellungs-bescheids erteilt wird. Zu den gemeinnützigen Zwecken im Sinne des § 52 Abs. 2 AO zählt in Nr. 9 unter anderem die Förderung des Wohlfahrtswesens, insbesondere der Zwecke der Spitzenverbände der Freien Wohlfahrtspflege einschließlich ihrer Mitgliedsorganisationen. Mitgliedsorganisationen von Wohlfahrtsverbänden sollten darauf achten, dass in ihrem Körperschaftsteuerfreistellungsbescheid auf diese Vorschrift Bezug genommen wird, damit ihre Spendenbescheinigungskompetenz gesichert ist.

III

Zuwendungsbestätigungen werden von der Finanzverwaltung grundsätzlich nicht anerkannt, wenn das Datum des letzten Körperschaftsteuerfreistellungsbescheids länger als fünf Jahre seit dem Tag der Ausstellung der Zuwendungsbestätigungen zurückliegt. Für vorläufige Bescheinigungen über die Spendenabzugsberechtigung beträgt der Zeitraum drei Jahre. Nach § 50 Abs. 1a EStDV kann der Spender den Verein bevollmächtigen, die Zuwendungsbestätigung der Finanzbehörde anstatt in Papierform auf elektronischem Wege zu übermitteln.

Die Finanzverwaltung lässt aus Vereinfachungsgründen Erleichterungen bei der Erteilung von Spendennachweisen zu. Der Einzahlungsbeleg des Spenders (z. B. Zahlkartenabschnitt) von der Post oder einem Kreditinstitut genügt, wenn

- die Spende den Betrag von 200 Euro nicht übersteigt und der steuerbegünstigte Verwendungszweck und die Körperschaftsteuerfreistellung auf dem vom Empfänger hergestellten Einzahlungsbeleg schon aufgedruckt sind (§ 50 Abs. 2 Nr. 2 EStDV) oder

- zur Hilfe in Katastrophenfällen Spenden auf ein Sonderkonto eines Spitzenverbands der Freien Wohlfahrtspflege einschließlich seiner Mitgliedsorganisationen innerhalb eines von den Finanzministerien der Länder festgesetzten Zeitraums geleistet werden (§ 50 Abs. 2 Nr. 1 EStDV).

Führung eines Vereins

Aussteller (Bezeichnung der inländischen juristischen Person des öffentlichen Rechts oder der inländischen öffentlichen Dienststelle)

Bestätigung über Geldzuwendungen

im Sinne des § 10 b des Einkommensteuergesetzes an inländische juristische Personen des öffentlichen Rechts oder inländische öffentliche Dienststellen

Name und Anschrift des Zuwendenden:

Betrag der Zuwendung - in Ziffern -	- in Buchstaben -	Tag der Zuwendung:

Es wird bestätigt, dass die Zuwendung nur zur Förderung (Angabe des begünstigten Zwecks / der begünstigten Zwecke)

verwendet wird.

Die Zuwendung wird

☐ von uns unmittelbar für den angegebenen Zweck verwendet.

☐ entsprechend den Angaben des Zuwendenden an .... weitergeleitet, die/der vom Finanzamt .... StNr. .... mit Freistellungsbescheid bzw. nach der Anlage zum Körperschaftsteuerbescheid vom .... von der Körperschaft- und Gewerbesteuer befreit ist.

☐ entsprechend den Angaben des Zuwendenden an.. weitergeleitet, die/der vom Finanzamt .... StNr. .... mit vorläufiger Bescheinigung (gültig ab: ....) vom .... als steuerbegünstigten Zwecken dienend anerkannt ist.

_____

(Ort, Datum und Unterschrift des Zuwendungsempfängers)

Hinweis:
Wer vorsätzlich oder grob fahrlässig eine unrichtige Zuwendungsbestätigung erstellt oder wer veranlasst, dass Zuwendungen nicht zu den in der Zuwendungsbestätigung angegebenen steuerbegünstigten Zwecken verwendet werden, haftet für die Steuer, die dem Fiskus durch einen etwaigen Abzug der Zuwendungen beim Zuwendenden entgeht (§ 10b Abs. 4 EStG, § 9 Abs. 3 KStG, § 9 Nr. 5 GewStG).

Nur in den Fällen der Weiterleitung an steuerbegünstigte Körperschaften im Sinne von § 5 Abs. 1 Nr. 9 KStG:
Diese Bestätigung wird nicht als Nachweis für die steuerliche Berücksichtigung der Zuwendung anerkannt, wenn das Datum des Freistellungsbescheides länger als 5 Jahre bzw. das Datum der vorläufigen Bescheinigung länger als 3 Jahre seit Ausstellung der Bestätigung zurückliegt (BMF vom 15.12.1994 - BStBl I S. 884).

Aussteller (Bezeichnung und Anschrift der inländischen juristischen Person des öffentlichen Rechts oder der inländischen öffentlichen Dienststelle)

III

Bestätigung über Sachzuwendungen
im Sinne des § 10 b des Einkommensteuergesetzes an inländische juristische Personen des öffentlichen Rechts oder inländische öffentliche Dienststellen

Name und Anschrift des Zuwendenden:

Wert der Zuwendung - in Ziffern -	- in Buchstaben -	Tag der Zuwendung.

Genaue Bezeichnung der Sachzuwendung mit Alter, Zustand, Kaufpreis usw.

☐   Die Sachzuwendung stammt nach den Angaben des Zuwendenden aus dem Betriebsvermögen und ist mit dem Entnahmewert (ggf. mit dem niedrigeren gemeinen Wert) bewertet.

☐   Die Sachzuwendung stammt nach den Angaben des Zuwendenden aus dem Privatvermögen.

☐   Der Zuwendende hat trotz Aufforderung keine Angaben zur Herkunft der Sachzuwendung gemacht.

☐   Geeignete Unterlagen, die zur Wertermittlung gedient haben, z. B. Rechnung, Gutachten, liegen vor.

Es wird bestätigt, dass die Zuwendung nur zur Förderung (Angabe des begünstigten Zwecks / der begünstigten Zwecke)

verwendet wird.

Die Zuwendung wird

☐   von uns unmittelbar für den angegebenen Zweck / die angegebenen Zwecke verwendet.

☐   entsprechend den Angaben des Zuwendenden an .... weitergeleitet, die/der vom Finanzamt .... StNr. .... mit Freistellungsbescheid bzw. nach der Anlage zum Körperschaftsteuerbescheid vom .... von der Körperschaft- und Gewerbesteuer befreit ist.

☐   entsprechend den Angaben des Zuwendenden an.. weitergeleitet, die/der vom Finanzamt .... StNr. ....mit vorläufiger Bescheinigung (gültig ab: ....) vom .... als steuerbegünstigten Zwecken dienend anerkannt ist.

(Ort, Datum und Unterschrift des Zuwendungsempfängers)

Hinweis:
Wer vorsätzlich oder grob fahrlässig eine unrichtige Zuwendungsbestätigung erstellt oder wer veranlasst, dass Zuwendungen nicht zu den in der Zuwendungsbestätigung angegebenen steuerbegünstigten Zwecken verwendet werden, haftet für die Steuer, die dem Fiskus durch einen etwaigen Abzug der Zuwendungen beim Zuwendenden entgeht (§ 10 b Abs. 4 EStG, § 9 Abs. 3 KStG, § 9 Nr. 5 GewStG).

Nur in Fällen der Weiterleitung an steuerbegünstigte Körperschaften im Sinne von § 5 Abs. 1 Nr. 9 KStG:
Diese Bestätigung wird nicht als Nachweis für die steuerliche Berücksichtigung der Zuwendung anerkannt, wenn das Datum des Freistellungsbescheides länger als 5 Jahre bzw. das Datum der vorläufigen Bescheinigung länger als 3 Jahre seit Ausstellung der Bestätigung zurückliegt (BMF vom 15.12.1994 - BStBl. I S. 884).

Wer vorsätzlich oder grob fahrlässig eine unrichtige Bestätigung ausstellt oder veranlasst, dass Zuwendungen nicht zu den in der Bestätigung angegebenen steuerbegünstigten Zwecken verwendet werden, haftet für die entgangene Steuer, und zwar in Höhe von 30 Prozent des zugewendeten Betrags (§ 10b Abs. 4 Satz 3 EStG). Für das Fehlverhalten der haupt- und ehrenamtlichen Mitarbeiter hat in der Regel der Verein einzustehen. Missbräuche, etwa durch die Ausstellung von Gefälligkeitsbescheinigungen, haben einen Entzug der Gemeinnützigkeit zur Folge (vgl. Anwendungserlass zu § 63 AO). Damit soll der Vertrauensschutz des gutgläubigen Spenders bezüglich der Richtigkeit einer Zuwendungsbestätigung gewährleistet werden. Der Spender kann darauf vertrauen, dass die Zuwendungsbestätigung richtig ist und ihm den Spendenabzug ermöglicht, auch wenn die Zuwendung ohne sein Wissen vom Spendenempfänger zu nicht steuerbegünstigten Zwecken verwendet wurde.

Sponsoring

Unter Sponsoring wird rechtlich ein Vertragsverhältnis verstanden, an dem zwei oder mehrere Partner beteiligt sind. Es ist von einer Spende zu unterscheiden. Der Sponsor will mithilfe seines Vertragspartners, zum Beispiel einem gemeinnützigen Verein, erreichen, dass sein am Markt angebotenes Produkt oder seine Dienstleistung bekannter wird. Typischerweise lässt dafür der Sponsor dem Gesponserten eine wirtschaftliche Unterstützung in Form von Geld oder geldwerten Leistungen zukommen.

Die Gegenleistung des Gesponserten besteht darin, dass er zugunsten des Sponsors Werbeverpflichtungen übernimmt und sich damit in die kommunikativen Aktivitäten des Sponsors einbeziehen lässt. Der Gesponserte muss vertragsmäßig eine bestimmte, auf das Sponsoringengagement bezogene Tätigkeit entfalten und dem Sponsor Einrichtungen, Gegenstände oder Nutzungsrechte zur Verfügung stellen. Der Gesponserte kann aber auch beim personenbezogenen Sponsoring verpflichtet sein, dem Sponsor immaterielle Werte, wie etwa das Recht am eigenen Bild, zu überlassen.

Eine besondere Ausprägung des Sponsorings ist die Förderung von sozialen Betätigungen. Unternehmen bedienen sich hierbei der Organisationen und Verbände, die soziale Arbeit altruistisch zum Wohle der Allgemeinheit leisten.

Der Sponsor erhofft sich für sein Unternehmen eine Steigerung seines Ansehens in der Öffentlichkeit und damit einen positiven Reflex aus der „guten Tat". Die gesponserte Organisation kann die Sponsorengelder neben ihren Mitgliedsbeiträgen, Spenden, Leistungsentgelten oder öffentlichen Zuwendungen zur Finanzierung ihrer in der Satzung festgelegten Ziele einsetzen.

III

Unterschied zwischen Spende und Sponsoring

Einnahmen aus dem Sponsoring stellen keine Spenden im Sinne des § 10b EStG dar. Dies ist darin begründet, dass Spenden unentgeltlich erfolgen müssen, das heißt der Spender keine Gegenleistung für seine Zuwendung erhält. Das Sponsoringverhältnis zwischen Sponsor und Empfänger ist jedoch typischerweise auf ein „do-ut-des" gerichtet: Der Sponsor erwartet eine konkrete Gegenleistung, die im Sponsorvertrag auch entsprechend vereinbart wird.

Beispiel:

Ein Autohersteller überlässt einer karitativen Einrichtung Spezialfahrzeuge zum Behindertentransport und versieht die Fahrzeuge mit entsprechenden Werbeaufschriften.

Hier verpflichtet sich die karitative Einrichtung, durch den Einsatz der Fahrzeuge im Rahmen ihrer satzungsmäßigen Tätigkeit indirekt an der Imagekampagne mitzuwirken. Es wird somit eine bestimmte Gegenleistung vereinbart. Damit ist die Zuwendung aus Sicht des Leistenden nicht mehr unentgeltlich.

Sponsoring und Steuern

Zur ertragsteuerlichen Behandlung von Sponsoringeinnahmen hat das Bundesfinanzministerium im sogenannten „Sponsoringerlass" vom 18. Februar 1998 festgestellt, dass diese Einnahmen entweder in der steuerfreien Vermögensverwaltung oder in einem steuerpflichtigen wirtschaftlichen Geschäftsbetrieb erfolgen. Die Abgrenzung ist recht schwierig. Allgemein lässt sich sagen, dass Einnahmen aus einem steuerpflichtigen wirtschaftlichen Geschäftsbetrieb vorliegen, wenn der Gesponserte über die bloße Duldung oder ausdrückliche Gestattung der Nutzung hinaus selbst Werbemaßnahmen für den Sponsor durchführt (vgl. AEAO Ziff. 7 ff. zu § 64 Abs. 1).

III

Zur umsatzsteuerlichen Behandlung von Sponsoringeinnahmen ist festzuhalten, dass es sich bei diesen Zahlungen um ein Entgelt für steuerpflichtige Leistungen der steuerbegünstigten Einrichtung an den Sponsor gemäß § 1 Abs. 1 Nr. 1 UStG handelt. Grundsätzlich unterliegen diese Leistungen dem allgemeinen Umsatzsteuersatz von 19 Prozent. Auf Duldungsleistungen, die ohne besondere Hervorhebung des Sponsors oder Nennung von Werbebotschaften vereinbart werden, ist der ermäßigte Umsatzsteuersatz von sieben Prozent anzuwenden.

Umsatzsteuer

Die Umsatzsteuer ist eine Verbrauchsabgabe. Sie erfasst den Umsatz unabhängig vom Gewinn. Die Erfüllung der Voraussetzungen der §§ 51 bis 68 AO befreit nicht von der Umsatzsteuerpflicht. Sie folgt eigenen Gesetzmäßigkeiten, die an dieser Stelle vereinfacht dargestellt werden.

Die Umsatzsteuerschuld ergibt sich aus der Differenz zwischen eingenommener und bezahlter Umsatzsteuer. Die in eigenen Rechnungen ausgewiesene Umsatzsteuer ist an das Finanzamt abzuführen – jedoch unter Abzug der an Dritte bezahlten Umsatzsteuer (Vorsteuer). Übersteigt die Vorsteuer zum Beispiel im Zusammenhang mit Baukosten oder der Anschaffung größerer Vorräte die Umsatzsteuer, kommt es zu einer Vorsteuererstattung durch das Finanzamt. Die nachfolgende Rechnung soll diesen Vorgang verdeutlichen.

Beispiel:

Das Unternehmen A verkauft Ware zum Nettobetrag von 1.000 Euro an das Unternehmen B, das diese Ware zu einem Nettopreis von 1.200 Euro an das Unternehmen C weiterveräußert.

Rechnung A an B:

1.000 Euro zzgl. 19 % USt 190 Euro = 1.190 Euro

A muss 190 Euro Umsatzsteuer an das Finanzamt abführen.

Rechnung B an C:

1.200 Euro zzgl. 19 % USt 228 Euro = 1.428 Euro

B muss 228 Euro Umsatzsteuer abzüglich 190 Euro bereits an A geleistete Vorsteuer an das Finanzamt abführen, das heißt 38 Euro.

III

In der Praxis wird der Vorsteuerabzug nicht bei jedem einzelnen Umsatz geltend gemacht, sondern jeweils nach Ablauf eines Voranmeldungszeitraums (Kalendermonat, Kalendervierteljahr) in den Voranmeldungen oder Jahreserklärungen für das Finanzamt summarisch von der Umsatzsteuerschuld abgezogen. Die Umsatzsteuerschuld wird vom steuerpflichtigen Umsatz errechnet.

Im Regelfall beträgt die Steuer für jeden steuerpflichtigen Umsatz 19 Prozent der Bemessungsgrundlage. Für bestimmte Waren, wie beispielsweise Lebensmittel, gilt der ermäßigte Steuersatz von sieben Prozent. Der ermäßigte Steuersatz gilt ebenso für die Leistungen der Organisationen, die ausschließlich und unmittelbar gemeinnützige, mildtätige oder kirchliche Zwecke verfolgen, soweit sie nicht steuerbefreit sind nach § 4 UStG und auch nicht im Rahmen eines wirtschaftlichen Geschäftsbetriebs anfallen (vgl. § 12 Abs. 2 Nr. 8a UStG).

Die bei der Durchführung von Satzungsaufgaben von Wohlfahrtsorganisationen erzielten Entgelte sind teilweise steuerbefreit. Für steuerfreie Umsätze ist in der Regel der Vorsteuerabzug ausgeschlossen (§ 15 Abs. 2 UStG). Das bedeutet, dass die auf die Einkäufe von Waren zur Erbringung des Satzungszweckes, zum Beispiel von Lebensmitteln für stationäre Einrichtungen, entfallenden Umsatzsteuerbeträge nicht als Vorsteuer geltend gemacht werden können und damit für den steuerbefreiten Verein Kosten sind.

Ebenso ist der Vorsteuerabzug bei Anwendung des § 19 UStG (Kleinunternehmerregelung) versagt. Der Kleinunternehmer kann sich aber entscheiden, Umsatzsteuer zu entrichten (Umsatzsteueroption nach § 19 Abs. 2 UStG).

III Der Vorsteuerabzug ist für Organisationen der freien Wohlfahrtspflege von Bedeutung, wenn ein sogenannter steuerpflichtiger wirtschaftlicher Geschäftsbetrieb zur Einnahmeerzielung unterhalten wird, zum Beispiel ein Kiosk zum Verkauf von Getränken, Süßwaren etc. Dann ist es erforderlich, die Vorsteuer auf die eingekauften Waren zu erfassen und gegen die an das Finanzamt abzuführende Mehrwertsteuer zu verrechnen. § 23a UStG erlaubt zur Vereinfachung anstelle der einzelnen den Eingangsrechnungen zu entnehmenden Vorsteuern eine pauschale Abrechnung der Vorsteuer in Höhe von sieben Prozent. Dadurch entfallen die Aufzeichnungspflichten zur Erfassung der Vorsteuern. Die Pauschalierung kann von Nachteil sein, wenn die Entwicklung der Höhe der Vorsteuerbelastung in der Zukunft nicht überblickt werden kann und wenn etwa aufgrund von Investitionen höhere Vorsteuerbeträge anfallen, als es dem Satz von sieben Prozent entspricht. Die Pauschalierung ist nicht zulässig, wenn der steuerpflichtige Umsatz im vorangegangenen Kalenderjahr 35.000 Euro überstiegen hat.

Die wichtigsten Umsatzsteuerbefreiungen für gemeinnützige Organisationen

- § 4 Nr. 14 UStG befreit unter anderem ärztliche Heilbehandlungen oder Krankenhausbehandlungen, die von bestimmten Einrichtungen erbracht werden, sowie Leistungen der integrierten Versorgung.

- § 4 Nr. 16 UStG befreit Leistungen, die von im Einzelnen näher definierten Einrichtungen zur Betreuung oder Pflege körperlich, geistig oder seelisch hilfsbedürftiger Personen erbracht werden.

---

noch: Die wichtigsten Umsatzsteuerbefreiungen

- § 4 Nr. 18 UStG befreit die Leistungen der amtlich anerkannten Verbände der freien Wohlfahrtspflege und ihrer Mitgliedsorganisationen, wenn diese Organisationen ausschließlich und unmittelbar gemeinnützigen, mildtätigen oder kirchlichen Zwecken dienen, die Leistungen unmittelbar dem nach der Satzung oder sonstigen Verfassung begünstigten Personenkreis zugutekommen und die Entgelte für die in Betracht kommenden Leistungen hinter den durchschnittlich für gleichartige Leistungen von Erwerbsunternehmen verlangten Entgelten zurückbleiben.

- § 4 Nr. 21 UStG befreit unter bestimmten Voraussetzungen die unmittelbar dem Schul- und Bildungszweck dienenden Leistungen privater Schulen und anderer allgemeinbildender oder berufsbildender Einrichtungen.

- § 4 Nr. 23 UStG befreit die Gewährung von Beherbergung, Beköstigung und der üblichen Naturalleistungen durch Einrichtungen, wenn sie überwiegend Jugendliche für Erziehungs-, Ausbildungs- oder Fortbildungszwecke oder für Zwecke der Säuglingspflege bei sich aufnehmen, soweit die Leistungen an die Jugendlichen oder an die bei ihrer Erziehung, Ausbildung, Fortbildung oder Pflege tätigen Personen ausgeführt werden.

- § 4 Nr. 25 UStG befreit die ambulanten und stationären Leistungen der Jugendhilfe nach § 2 Abs. 2 SGB VIII und die Inobhutnahme nach § 42 SGB VIII, wenn diese Leistungen von Trägern der öffentlichen Jugendhilfe oder anderen Einrichtungen mit sozialem Charakter erbracht werden.

Wichtig: Wer umsatzsteuerpflichtig ist, benötigt den gesamten Text des Umsatzsteuergesetzes, der Umsatzsteuer-Durchführungsverordnung, möglichst auch der Umsatzsteuerrichtlinien.

Rechnungswesen und Buchführung

Das Vereinsrecht ist in den §§ 21 ff. BGB geregelt. Vorschriften zur Rechenschafts- und Buchführungspflicht von Vereinen lassen sich aus § 27 Abs. 3 i.V.m. § 666 sowie § 259 BGB ableiten. Gesetzliche Regeln zur externen Rechnungslegung, Publizität und zur Prüfung der Rechnungslegung fehlen im Vereinsrecht. Weder das Bilanzrichtlinien-Gesetz noch das Publizitäts-Gesetz beziehen sich auf den Verein.

Angesichts der großen Anzahl und Bedeutung von Vereinen in unserer Gesellschaft erscheinen die gegenwärtigen Vereinsvorschriften des BGB sachlich und rechtlich überholt. Um in der Öffentlichkeit nicht in Misskredit zu geraten, empfiehlt es sich, neben den Vereinsmitgliedern auch die Öffentlichkeit regelmäßig zu informieren. Dies trägt zur Vertrauensbildung bei und hat einen nicht zu unterschätzenden Werbeeffekt.

Interne Rechenschaftspflicht

Das Gesetz sieht vor, dass der Vorstand erst nach Ablauf seiner Tätigkeit Rechenschaft ablegen muss. Die Mitgliederversammlung hat er erst auf deren ausdrückliches Verlangen hin zu informieren (§ 27 Abs. 3, § 666 BGB). Gegenüber jeder Mitgliederversammlung ist der Vorstand zur Auskunft verpflichtet. Seine Auskunftspflicht bezieht sich auf alle wesentlichen Vorkommnisse im Berichtszeitraum. Außerhalb der Mitgliederversammlung muss der Vorstand einzelnen Mitgliedern keine Auskunft erteilen.

Die Satzung des Vereins sollte bestimmen, dass der Vorstand der ordentlichen Mitgliederversammlung einen Rechenschafts- und Geschäftsbericht vorzulegen hat. In der Praxis sind mittlerweile viele Vorstände dazu übergegangen, vor der Jahres-Mitgliederversammlung in einem schriftlichen Bericht Erläuterungen zu geben. Damit soll zum einen die Vorstandsbefragung durch die Mitgliederversammlung gelenkt und abgekürzt werden, zum anderen bestimmt der Vorstand dadurch die Art der Darstellung selbst.

Buchführungspflicht

Der Vorstand beziehungsweise das durch die Satzung bestimmte Vorstandsmitglied (Kassenführer, Kassierer, Schatzmeister usw.) hat die Rechenschaftspflicht dadurch zu erfüllen, dass die Einnahmen und Ausgaben ordentlich aufgezeichnet werden und die notwendigen Belege vorhanden sind. § 259 BGB verlangt für die interne Rechnungslegung lediglich eine geordnete Zusammenstellung der Einnahmen und Ausgaben und grenzt sie damit von den handelsrechtlichen Regeln ab.

III

Für Pflegeeinrichtungen im Sinne der Pflegeversicherung (SGB XI) bestehen nach der Pflege-Buchführungsverordnung besondere Buchführungsvorschriften.

Eine gesetzliche Pflicht zur ordnungsmäßigen Buchführung kann sich aus steuerlichen Gründen ergeben. Gemäß § 63 Abs. 3 AO hat die Körperschaft (hier: der Verein) durch ordnungsgemäße Aufzeichnungen über ihre Einnahmen und Ausgaben den Nachweis zu erbringen, dass ihre tatsächliche Geschäftsführung auf die ausschließliche und unmittelbare Erfüllung der steuerbegünstigten Zwecke gerichtet ist. Dabei sind die Vorschriften über die Führung von Büchern und Aufzeichnungen (§ 140 ff. AO) zu beachten.

Die Vorschriften des Handelsrechts einschließlich der entsprechenden Buchführungsvorschriften gelten nur, wenn sich dies aus der Rechtsform der Körperschaft (z.B. GmbH) oder aus ihrer wirtschaftlichen Tätigkeit (Zweckbetrieb, wirtschaftlicher Geschäftsbetrieb) ergibt (vgl. Kapitel IV). Bestehen nach anderen Gesetzen als den Steuergesetzen – bei Vereinen nach § 259 BGB – Vorschriften über Buchführungs- und Aufzeichnungspflichten, so sind diese nach § 140 AO auch für steuerliche Zwecke zu erfüllen. Für größere Vereine empfiehlt sich eine Buchführung nach kaufmännischen Prinzipien (§ 238 ff. HGB), unabhängig davon, ob sie am wirtschaftlichen Geschäftsverkehr teilnehmen. Vereine, für die sich keine Buchführungspflicht aus § 140 AO ergibt, die aber einen Gewerbebetrieb (wirtschaftlicher Geschäftsbetrieb, der kein Zweckbetrieb ist) unterhalten, können gemäß § 141 AO unter bestimmten Bedingungen den §§ 238, 240 bis 242 Abs. 1, §§ 243 bis 245 HGB unterliegen.

Die Buchführung muss so beschaffen sein, dass sie einem sachverständigen Dritten innerhalb angemessener Zeit einen Überblick über die Geschäftsvorfälle und über die Lage des Vereins bietet (§ 145 Abs. 1 Satz 1 AO). Um dies zu ermöglichen, muss sich jeder Geschäftsvorfall praktisch vom Beleg bis zur Bilanz und umgekehrt verfolgen lassen. Dabei hat sich insbesondere in der Buchführungspraxis kleiner Vereine eine zeitnahe, fortlaufende Nummerierung und Abheftung der Belege bewährt, und zwar nach Belegarten getrennt. Auf allen Belegen sollten die folgenden Angaben vermerkt sein:

- Ausstellungsdatum

- Vorgangsbeschreibung

- Wertangaben (möglichst in Euro)

- Zu belastendes und zu erkennendes Konto

- Laufende Belegnummer

- Unterschrift des Belegausstellers

- Prüfungsbestätigung mit Namen und Datum (sachlich und rechnerisch richtig)

- Buchungsdatum

- Buchungsbestätigung des Buchhalters

Die Verbuchung wird im Hauptbuch vermerkt, wobei die Fundstelle des Belegs angegeben wird.

Ein geordnetes Belegwesen kann zur Belegbuchführung ausgebaut werden, indem die Buchungen durch Belege ersetzt werden. Derartige Belegsammlungen können als Hauptbuchersatz fungieren.

Zu einer ordnungsgemäßen Buchführung gehört ferner eine jährliche Bestandsaufnahme oder Inventur.

Die Buchungen und die sonst erforderlichen Aufzeichnungen sind vollständig, richtig, zeitgerecht und geordnet vorzunehmen. Kasseneinnahmen und -ausgaben sollten täglich festgehalten werden. Dabei gelten folgende Grundsätze (§ 146 Abs. 3 AO): Buchungen und Aufzeichnungen sind in einer lebenden Sprache (möglichst deutsch) vorzunehmen.

Werden Abkürzungen, Ziffern, Buchstaben oder Symbole verwendet, muss im Einzelfall deren Bedeutung eindeutig festgelegt sein.

Buchungen oder Aufzeichnungen dürfen nicht in einer Weise verändert werden, dass der ursprüngliche Inhalt nicht mehr festzustellen ist.

Bücher oder Aufzeichnungen können auch die geordnete Ablage von Belegen sein oder auf Datenträgern (z.B. Disketten, Magnetbändern) geführt werden, sofern dies den Grundsätzen ordnungsmäßiger Buchführung (GoB) entspricht.

III

Ein Bestandteil der Buchführungs- und Aufzeichnungspflicht ist die zeitlich befristete Aufbewahrungspflicht von Unterlagen, die in § 147 der AO geregelt ist. Danach ist Folgendes geordnet aufzubewahren:

- Bücher und Aufzeichnungen, Inventare, Jahresabschlüsse, Lageberichte und Eröffnungsbilanz sowie die zu ihrem Verständnis erforderlichen Arbeitsanweisungen und sonstigen Organisationsunterlagen, beispielsweise Kontenpläne (zehn Jahre)

- empfangene Handels- oder Geschäftsbriefe (sechs Jahre)

- Wiedergaben (Kopien, Durchschläge) abgesandter Handels- oder Geschäftsbriefe (sechs Jahre)

- Buchungsbelege (sechs Jahre), sonstige Unterlagen, soweit sie für die Besteuerung (hier: die Entscheidung über die Steuerbefreiung) von Bedeutung sind (sechs Jahre)

Die genannten Aufbewahrungsfristen gelten, sofern nicht in anderen Steuergesetzen kürzere Aufbewahrungsfristen zugelassen sind (§ 147 Abs. 3 AO).

Mit Ausnahme der Jahresabschlüsse und der Eröffnungsbilanz können diese Unterlagen – unter bestimmten Voraussetzungen – auf Bild- oder Datenträgern aufbewahrt werden. Die Aufbewahrungsfrist beginnt mit dem Schluss des Kalenderjahrs, in dem

- die letzte Eintragung in das Buch gemacht,

- die Eröffnungsbilanz, der Jahresabschluss oder der Lagebericht aufgestellt wurde,

- der Handels- oder Geschäftsbrief empfangen oder abgesandt worden ist,
- der Buchungsbeleg entstanden ist,
- die Aufzeichnung vorgenommen ist oder
- die sonstigen Unterlagen entstanden sind (§ 147 Abs. 4 AO).

Externe Rechnungslegung

III

Neben den Vereinsmitgliedern sind es in erster Linie die Spender und die Allgemeinheit, die als Adressaten der Rechnungslegung Interesse daran haben, über die Aufbringung und Verwendung der finanziellen Mittel informiert zu werden.

Als Rechnungslegungsinstrument dient in der Regel die Einnahmen-/Ausgabenrechnung. Bei Vorhandensein eines größeren Vermögens kommen noch Bilanz sowie Gewinn- und Verlustrechnung hinzu. Ein schriftlicher Rechenschafts- und Geschäftsbericht ist zweckmäßig, aber nicht vom Gesetz vorgeschrieben.

Die Jahresrechnung (Einnahmen-/Ausgabenrechnung) sollte unter Anwendung der Grundsätze ordnungsmäßiger Buchführung erstellt werden. Sie sollte einen klaren Einblick in Art und Struktur der Einnahmen und Ausgaben geben und Vergleiche mit Zahlen anderer gemeinnütziger Vereine ermöglichen.

In Anlehnung an den Standard IDW RS HFA 14 des Instituts der Wirtschaftsprüfer zur Rechnungslegung von Vereinen kann eine Einnahme-/Ausgabenrechnung wie folgt aufgebaut werden:

Einnahmen-/Ausgabenrechnung
Einnahmen
Mitgliedsbeiträge
Geldspenden
Sachspenden
Erbschaften, Vermächtnisse
Bußgelder
Öffentliche Zuschüsse
Erlöse aus Sponsoring
Erlöse aus Zweckbetrieben

Einnahmen-/Ausgabenrechnung
Erlöse aus steuerpflichtigen Geschäftsbetrieben
Erlöse aus Vermietung, Verpachtung
Zinserträge
Sonstige Einnahmen
Entnahme aus Rücklagen
Ausgaben
Personalkosten
Kosten der sozialen Sicherung
Mieten und Pachten
Reisekosten
Drucklegungen
EDV
Porto und Telefon
Werbung
Verbandsbeiträge
Öffentliche Abgaben
Sonstige Ausgaben
Einstellung in Rücklagen

III

Nicht immer sind alle vorgenannten Positionen von Bedeutung. Dann kann die Darstellung entsprechend kürzer ausfallen oder Positionen können zusammengefasst werden. Wichtig ist aber, dass Jahr für Jahr dasselbe Schema verwendet wird und nach gleichen Grundsätzen die Zuordnung der Geldflüsse vorgenommen wird, um die Vergleichbarkeit zu gewährleisten.

Das Vereinsrecht schreibt keine Prüfung der jährlichen Rechnungslegung des Vorstands vor, jedoch kann diese durch die Satzung des Vereins angeordnet werden. Bei größeren Vereinen wird die Prüfung oft vom Zuwendungsgeber oder Kostenträger

III

verlangt oder zumindest erwartet. Gegenstand und Umfang der Prüfung sowie die Wahl des internen beziehungsweise externen (unabhängigen) Prüfers bestimmt die Mitgliederversammlung.

Außer der kaufmännischen Buchführung gibt es noch die kameralistische Buchführung, die heute noch in der öffentlichen Verwaltung Anwendung findet. Die Einnahmen und Ausgaben werden hier nicht in Kontenform gegenübergestellt. Stattdessen werden getrennte Einnahmen- und Ausgabenrechnungen in Soll- und Ist-Spalten geführt. Für Vereine ist jedoch die Anwendung der kaufmännischen Buchführung angemessener, da sie zuverlässiger die Ertragslage und wirtschaftliche Situation darstellt.

Soweit erforderlich, sollte der buchmäßige Jahresabschluss durch den Bericht (Rechenschafts- und Geschäftsbericht) erläutert werden. Darüber hinaus soll der Bericht den Verlauf des Geschäftsjahrs sowie die Lage des Vereins darstellen. Den Vereinsmitgliedern dient er als wesentliches Informationsinstrument über die Lage des Vereins und als Grundlage für ihre Beschlüsse in der Jahresmitgliederversammlung. Deshalb muss er unmissverständlich, vollständig und wahr sein, darf nichts verschweigen und sollte auch alle nach Schluss des Vereinsjahrs eingetretenen oder bekannt gewordenen Vorgänge von besonderer Bedeutung berücksichtigen.

Im Einzelnen kann der Geschäftsbericht beispielsweise folgende Angaben enthalten:

- Erläuterung der Einnahmen- und Ausgabenrechnung bezüglich Höhe und Zusammensetzung der einzelnen Einnahmen sowie Ausgaben, Abweichungen vom Vorjahr
- Begründung der Rücklagenbildung
- Ausführungen zur speziellen Kostenstruktur des Vereins und in Bezug auf die geförderten Projekte
- Mitgliederstruktur
- Zusammensetzung der Vereinsgremien
- Beziehungen zu übergeordneten Verbänden und nachgeordneten Vereinen
- Zusammenarbeit mit anderen Organisationen
- Anzahl der Arbeitnehmer und ehrenamtlichen Helfer
- Besondere Vereinsveranstaltungen

- Kurze Beschreibung der laufenden und zukünftigen Projekte
- Angaben zu Schwerpunkt-Projekten des Vereins oder zu regionalen Schwerpunkten des Vereins

GEMA

In vielen Vereinen werden Musikveranstaltungen durchgeführt, aber auch Bild- und Tonträger zur Wiedergabe von Musikwerken oder literarischen Werken eingesetzt. Für die Nutzung geistigen Eigentums ist grundsätzlich eine Vergütung zu zahlen. Das Urhebergesetz (UrhG) und das Urheberrechtswahrnehmungsgesetz schützen die Schöpferinnen und Schöpfer geistiger Werke und setzen deren Rechte fest.

Zur Wahrnehmung ihrer Verwertungsrechte haben sich die Komponisten, Textdichter, Musiker und Musikverleger in der GEMA zusammengeschlossen. Für diese und andere Bereiche geistigen Eigentums nimmt die GEMA den Einzug der Vergütungen wahr. Das Urheberrechtswahrnehmungsgesetz sieht ausdrücklich die Errichtung solcher Verwertungsgesellschaften vor.

Kommt es zu Pflichtverletzungen im Zusammenhang mit Urheberrechten, kann die GEMA Schadensersatzforderungen, die bis zu 100 Prozent der eigentlichen Vergütung ausmachen können, erheben. Die Tarife für die Nutzung werden regelmäßig im Bundesanzeiger veröffentlicht und können bei der GEMA angefordert werden unter: www.gema.de

Statt des festgelegten Einzeltarifes können Pauschalnachlässe auf die Vergütungen in der Regel bis zu 20 Prozent in Rahmenvereinbarungen ausgehandelt werden.

Für die Bereiche stationäre Altenhilfe und Müttergenesung bestehen für die Freie Wohlfahrtspflege Gesamtverträge zwischen den Spitzenverbänden der Freien Wohlfahrtspflege und der GEMA, die entsprechende Nachlässe enthalten. Auch einzelne Fachverbände oder Bundes-/Landesverbände haben Gesamtverträge abgeschlossen.

Grundsätzlich ist nur die öffentliche Musikwiedergabe erlaubnis- und vergütungspflichtig. Die Musikwiedergabe ist nicht öffentlich, wenn der Kreis der zugehörigen Personen nach außen

III

Nutzung eines Musikwerkes

Geschütztes Werk im Sinne UrhG

Ja   **Nein**

öffentliche Nutzung   private Nutzung

- Urheberrecht erloschen
- 70 Jahre nach dem Tod des Urhebers (§ 64) bzw.
- 50 Jahre nach Erscheinen des Bild- oder Tonträgers (§ 85 Abs. 3, § 87 Abs. 3)

§ 15 Abs. 3

Musikwiedergabe in Aufenthaltsräumen für Bewohner von Wohn- und Pflegeheimen kann private Nutzung sein

grundsätzliche Vergütungspflicht

Vergütungsfrei: „soziale" Veranstaltungen im Sinne § 52 Abs. 1 Satz 3

Vergütungen ergeben sich aus:
- Einzeltarifen
- Pauschalvereinbarungen
- Gesamtverträgen

keine Meldepflicht

keine Vergütungspflicht

keine Meldepflicht

keine Vergütungspflicht

bestimmt abgegrenzt ist und diese durch gegenseitige Beziehungen oder durch Beziehungen zum Veranstalter persönlich untereinander verbunden sind.

Wichtig: Die Vergütungspflicht entfällt, wenn es sich um eine Veranstaltung der Jugendhilfe, der Sozialhilfe, der Alten- und Wohlfahrtspflege, der Gefangenenbetreuung oder um eine Schulveranstaltung handelt (vgl. § 52 Abs. 1 Satz 3 UrhG).

III

Von dieser Befreiungsregelung werden nur zeitlich begrenzte Einzelveranstaltungen erfasst, die aus einem bestimmten Anlass stattfinden. Die ständige, zum alltäglichen Geschehen gehörende Musikwiedergabe in den Aufenthaltsräumen sozialer Einrichtungen fällt nicht darunter. Sie kann im Einzelfall aber private Nutzung und deshalb nicht vergütungspflichtig sein. Voraussetzung ist, dass die Veranstaltung nach ihrer sozialen oder erzieherischen Zweckbestimmung nur einem bestimmt abgegrenzten Personenkreis zugänglich ist. Davon ist regelmäßig bei einer Beschränkung der Teilnehmer auf die Betreuten der veranstaltenden Einrichtung (interne Veranstaltung) auszugehen, nicht aber bei einem „Tag der offenen Tür". Die Teilnehmerinnen und Teilnehmer müssen ohne Entgelt zugelassen sein. Schließlich darf die Veranstaltung weder dem Erwerbszweck des Veranstalters noch eines Dritten dienen. Liegt nur eine dieser Voraussetzungen nicht vor, besteht eine Vergütungs- und Erlaubnispflicht.

Nutzerinnen und Nutzer von erlaubnis- und vergütungspflichtigen Werken müssen geplante Einzel- oder Dauerdarbietungen bei der GEMA anmelden.

GEZ

Auch Vereine müssen ihre Fernseh- und Radioempfangsgeräte bei der GEZ – der Gebühreneinzugszentrale der öffentlich-rechtlichen Rundfunkanstalten – anmelden. Eine allgemeine Befreiung für gemeinnützige Vereine gibt es nicht.

Neuerdings müssen auch internetfähige PC angemeldet werden, weil man mit ihrer Hilfe Rundfunk- und Fernsehprogramme empfangen kann. Diese Neuregelung ist umstritten. Bei Drucklegung dieses Fachratgebers gab es verschiedene Gerichtsurteile, die teils der GEZ recht geben, teils die Gebührenpflicht für PC verneinen. Hier kann daher kein abschließender Hinweis gegeben werden.

Was GEZ-pflichtig ist, ergibt sich aus dem Rundfunkgebührenstaatsvertrag, der neben vielen wichtigen Hinweisen im Internet zu finden ist unter: www.gez.de

III

Wichtig: Bestimmte Sozialeinrichtungen sind von der Rundfunkgebühr befreit. Dies gilt aber nur für die Geräte, die für den jeweils betreuten Personenkreis eingesetzt werden, das heißt nicht für Geräte in Büros oder Pausenräumen des Personals.

§ 5 Rundfunkgebührenstaatsvertrag zählt im Einzelnen auf:

- Krankenhäuser, Krankenanstalten, Heilstätten sowie Erholungsheime für Kriegsbeschädigte und Hinterbliebene

- Gutachterstationen, die stationäre Beobachtungen durchführen

- Einrichtungen der beruflichen Rehabilitation sowie Müttergenesungsheime

- Einrichtungen für behinderte Menschen, insbesondere Heime, Ausbildungsstätten und Werkstätten für behinderte Menschen

- Einrichtungen der Jugendhilfe im Sinne des Kinder- und Jugendhilfegesetzes (SGB VIII)

- Einrichtungen für Suchtkranke, der Altenhilfe, für Nichtsesshafte und Durchwandererheime

Die Gebührenbefreiung muss bei der jeweiligen Landesrundfunkanstalt beantragt werden.

Künstlersozialabgabe

Seit 1983 sind selbstständige Künstler und Publizisten in den Schutz der gesetzlichen Sozialversicherung einbezogen. Die Hälfte der Versicherungsbeiträge tragen die Versicherten selbst. Die andere Beitragshälfte wird zu 40 Prozent durch einen Bundeszuschuss und zu 60 Prozent aus der sogenannten Künstlersozial-abgabe der Unternehmen finanziert.

Wichtig: Die Künstlersozialabgabe ist für die Inanspruchnahme selbstständiger künstlerischer oder publizistischer Leistungen zu zahlen.

Der Kreis der abgabepflichtigen Unternehmen umfasst nicht nur gewerbliche Unternehmen, öffentlich-rechtliche Körperschaften und Anstalten, sondern auch gemeinnützige Einrichtungen, wie eingetragene Vereine oder Stiftungen.

Eine Abgabepflicht kann sich unter anderem daraus ergeben, dass für Zwecke des eigenen Unternehmens Werbung und Öffentlichkeitsarbeit betrieben und dabei nicht nur gelegentlich Aufträge an selbstständige Künstler und Publizisten erteilt werden. Die Erstellung von Informationsbroschüren, sogar Geschäftsberichten, aber auch die Gestaltung des Internetauftrittes durch Webdesigner oder Layouter werden dem Bereich Werbung und Öffentlichkeitsarbeit zugerechnet. Eine weite Auslegung erfahren auch die Begriffe Künstler und Publizist.

Das abgabepflichtige Unternehmen trifft eine gesetzliche Meldepflicht. Außerdem sind fortlaufende Aufzeichnungen über an selbstständige Künstler und Publizisten gezahlte Entgelte zu führen.

Detaillierte Informationen zu den abgabepflichtigen Tatbeständen sowie zum Melde- und Abgabeverfahren sind bei der Künstlersozialversicherung (www.kuenstlersozialkasse.de) beziehungsweise der Deutschen Rentenversicherung (www.deutsche-rentenversicherung.de) zu erhalten.

Seit dem 15. Juni 2007 ist die Deutsche Rentenversicherung dafür zuständig, bei den Arbeitgebern die ordnungsgemäße Abführung der Künstlersozialabgabe zu prüfen. Dies erfolgt im Rahmen der turnusmäßig durchzuführenden Betriebsprüfungen durch die Prüfdienste und wird mittelfristig alle Arbeitgeber erfasst haben. Die Künstlersozialkasse bleibt hinsichtlich ihrer Prüfzuständigkeit für Unternehmen ohne Beschäftigte und für Ausgleichsvereinigungen zuständig.

Gesetzliche Grundlagen

IV

Grundgesetz für die Bundesrepublik Deutschland

Vom 23. Mai 1949 (BGBl. I S. 1) [1]

– Auszug –

Artikel 9 (Vereinigungsfreiheit)

(1) Alle Deutschen haben das Recht, Vereine und Gesellschaften zu bilden.

(2) Vereinigungen, deren Zwecke oder deren Tätigkeit den Strafgesetzen zuwiderlaufen oder die sich gegen die verfassungsmäßige Ordnung oder gegen den Gedanken der Völkerverständigung richten, sind verboten.

(3) Das Recht, zur Wahrung und Förderung der Arbeits- und Wirtschaftsbedingungen Vereinigungen zu bilden, ist für jedermann und für alle Berufe gewährleistet. Abreden, die dieses Recht einschränken oder zu behindern suchen, sind nichtig, hierauf gerichtete Maßnahmen sind rechtswidrig. Maßnahmen nach den Artikeln 12a, 35 Abs. 2 und 3, Artikel 87a Abs. 4 und Artikel 91 dürfen sich nicht gegen Arbeitskämpfe richten, die zur Wahrung und Förderung der Arbeits- und Wirtschaftsbedingungen von Vereinigungen im Sinne des Satzes 1 geführt werden.

IV

---

[1] Zuletzt geändert durch das Gesetz zur Änderung des Grundgesetzes (Artikel 91c, 91d, 104b, 109, 109a, 115, 143d) vom 2. Juli 2009 (BGBl. I S. 2248).

Bürgerliches Gesetzbuch (BGB)

in der Fassung der Bekanntmachung
vom 2. Januar 2002 (BGBl. I S. 42, 2909; 2003 BGBl. I S. 738) [1]

– Auszug –

IV

§ 21 Nicht wirtschaftlicher Verein

Ein Verein, dessen Zweck nicht auf einen wirtschaftlichen Geschäftsbetrieb gerichtet ist, erlangt Rechtsfähigkeit durch Eintragung in das Vereinsregister des zuständigen Amtsgerichts.

§ 22 Wirtschaftlicher Verein

Ein Verein, dessen Zweck auf einen wirtschaftlichen Geschäftsbetrieb gerichtet ist, erlangt in Ermangelung besonderer bundesgesetzlicher Vorschriften Rechtsfähigkeit durch staatliche Verleihung. Die Verleihung steht dem Land zu, in dessen Gebiete der Verein seinen Sitz hat.

§ 24 Sitz

Als Sitz eines Vereins gilt, wenn nicht ein anderes bestimmt ist, der Ort, an welchem die Verwaltung geführt wird.

§ 25 Verfassung

Die Verfassung eines rechtsfähigen Vereins wird, soweit sie nicht auf den nachfolgenden Vorschriften beruht, durch die Vereinssatzung bestimmt.

§ 26 Vorstand und Vertretung

(1) Der Verein muss einen Vorstand haben. Der Vorstand vertritt den Verein gerichtlich und außergerichtlich; er hat die Stellung eines gesetzlichen Vertreters. Der Umfang der Vertretungsmacht kann durch die Satzung mit Wirkung gegen Dritte beschränkt werden.

(2) Besteht der Vorstand aus mehreren Personen, so wird der Verein durch die Mehrheit der Vorstandsmitglieder vertreten. Ist eine Willenserklärung gegenüber einem Verein abzugeben, so genügt die Abgabe gegenüber einem Mitglied des Vorstands.

§ 27 Bestellung und Geschäftsführung des Vorstands

(1) Die Bestellung des Vorstands erfolgt durch Beschluss der Mitgliederversammlung.

---

[1] Zuletzt geändert durch das Gesetz zur Änderung des Erb- und Verjährungsrechts vom 24. September 2009 (BGBl. I S. 3142).

(2) Die Bestellung ist jederzeit widerruflich, unbeschadet des Anspruchs auf die vertragsmäßige Vergütung. Die Widerruflichkeit kann durch die Satzung auf den Fall beschränkt werden, dass ein wichtiger Grund für den Widerruf vorliegt; ein solcher Grund ist insbesondere grobe Pflichtverletzung oder Unfähigkeit zur ordnungsmäßigen Geschäftsführung.

(3) Auf die Geschäftsführung des Vorstands finden die für den Auftrag geltenden Vorschriften der §§ 664 bis 670 entsprechende Anwendung.

§ 28 Beschlussfassung des Vorstands

Bei einem Vorstand, der aus mehreren Personen besteht, erfolgt die Beschlussfassung nach den für die Beschlüsse der Mitglieder des Vereins geltenden Vorschriften der §§ 32 und 34.

§ 29 Notbestellung durch Amtsgericht

Soweit die erforderlichen Mitglieder des Vorstands fehlen, sind sie in dringenden Fällen für die Zeit bis zur Behebung des Mangels auf Antrag eines Beteiligten von dem Amtsgericht zu bestellen, das für den Bezirk, in dem der Verein seinen Sitz hat, das Vereinsregister führt.

§ 30 Besondere Vertreter

Durch die Satzung kann bestimmt werden, dass neben dem Vorstand für gewisse Geschäfte besondere Vertreter zu bestellen sind. Die Vertretungsmacht eines solchen Vertreters erstreckt sich im Zweifel auf alle Rechtsgeschäfte, die der ihm zugewiesene Geschäftskreis gewöhnlich mit sich bringt.

§ 31 Haftung des Vereins für Organe

Der Verein ist für den Schaden verantwortlich, den der Vorstand, ein Mitglied des Vorstands oder ein anderer verfassungsmäßig berufener Vertreter durch eine in Ausführung der ihm zustehenden Verrichtungen begangene, zum Schadensersatz verpflichtende Handlung einem Dritten zufügt.

§ 31a Haftung von Vorstandsmitgliedern

(1) Ein Vorstand, der unentgeltlich tätig ist oder für seine Tätigkeit eine Vergütung erhält, die 500 Euro jährlich nicht übersteigt, haftet dem Verein für einen in Wahrnehmung seiner Vorstandspflichten verursachten Schaden nur bei Vorliegen von Vorsatz oder grober Fahrlässigkeit. Satz 1 gilt auch für die Haftung gegenüber den Mitgliedern des Vereins.

(2) Ist ein Vorstand nach Absatz 1 Satz 1 einem anderen zum Ersatz eines in Wahrnehmung seiner Vorstandspflichten verursachten Scha-

dens verpflichtet, so kann er von dem Verein die Befreiung von der Verbindlichkeit verlangen. Satz 1 gilt nicht, wenn der Schaden vorsätzlich oder grob fahrlässig verursacht wurde.

§ 32 Mitgliederversammlung; Beschlussfassung

(1) Die Angelegenheiten des Vereins werden, soweit sie nicht von dem Vorstand oder einem anderen Vereinsorgan zu besorgen sind, durch Beschlussfassung in einer Versammlung der Mitglieder geordnet. Zur Gültigkeit des Beschlusses ist erforderlich, dass der Gegenstand bei der Berufung bezeichnet wird. Bei der Beschlussfassung entscheidet die Mehrheit der abgegebenen Stimmen.

(2) Auch ohne Versammlung der Mitglieder ist ein Beschluss gültig, wenn alle Mitglieder ihre Zustimmung zu dem Beschluss schriftlich erklären.

IV

§ 33 Satzungsänderung

(1) Zu einem Beschluss, der eine Änderung der Satzung enthält, ist eine Mehrheit von drei Vierteln der abgegebenen Stimmen erforderlich. Zur Änderung des Zweckes des Vereins ist die Zustimmung aller Mitglieder erforderlich; die Zustimmung der nicht erschienenen Mitglieder muss schriftlich erfolgen.

(2) Beruht die Rechtsfähigkeit des Vereins auf Verleihung, so ist zu jeder Änderung der Satzung die Genehmigung der zuständigen Behörde erforderlich.

§ 34 Ausschluss vom Stimmrecht

Ein Mitglied ist nicht stimmberechtigt, wenn die Beschlussfassung die Vornahme eines Rechtsgeschäfts mit ihm oder die Einleitung oder Erledigung eines Rechtsstreits zwischen ihm und dem Verein betrifft.

§ 35 Sonderrechte

Sonderrechte eines Mitglieds können nicht ohne dessen Zustimmung durch Beschluss der Mitgliederversammlung beeinträchtigt werden.

§ 36 Berufung der Mitgliederversammlung

Die Mitgliederversammlung ist in den durch die Satzung bestimmten Fällen sowie dann zu berufen, wenn das Interesse des Vereins es erfordert.

§ 37 Berufung auf Verlangen einer Minderheit

(1) Die Mitgliederversammlung ist zu berufen, wenn der durch die Satzung bestimmte Teil oder in Ermangelung einer Bestimmung der

zehnte Teil der Mitglieder die Berufung schriftlich unter Angabe des Zweckes und der Gründe verlangt.

(2) Wird dem Verlangen nicht entsprochen, so kann das Amtsgericht die Mitglieder, die das Verlangen gestellt haben, zur Berufung der Versammlung ermächtigen; es kann Anordnungen über die Führung des Vorsitzes in der Versammlung treffen. Zuständig ist das Amtsgericht, das für den Bezirk, in dem der Verein seinen Sitz hat, das Vereinsregister führt. Auf die Ermächtigung muss bei der Berufung der Versammlung Bezug genommen werden.

§ 38 Mitgliedschaft

IV

Die Mitgliedschaft ist nicht übertragbar und nicht vererblich. Die Ausübung der Mitgliedschaftsrechte kann nicht einem anderen überlassen werden.

§ 39 Austritt aus dem Verein

(1) Die Mitglieder sind zum Austritt aus dem Verein berechtigt.

(2) Durch die Satzung kann bestimmt werden, dass der Austritt nur am Schluss eines Geschäftsjahrs oder erst nach dem Ablauf einer Kündigungsfrist zulässig ist; die Kündigungsfrist kann höchstens zwei Jahre betragen.

§ 40 Nachgiebige Vorschriften

Die Vorschriften des § 26 Absatz 2 Satz 1, des § 27 Absatz 1 und 3, der §§ 28, 31a Abs. 1 Satz 2 sowie der §§ 32, 33 und 38 finden insoweit keine Anwendung als die Satzung ein anderes bestimmt. Von § 34 kann auch für die Beschlussfassung des Vorstands durch die Satzung nicht abgewichen werden.

§ 41 Auflösung des Vereins

Der Verein kann durch Beschluss der Mitgliederversammlung aufgelöst werden. Zu dem Beschluss ist eine Mehrheit von drei Vierteln der abgegebenen Stimmen erforderlich, wenn nicht die Satzung ein anderes bestimmt.

§ 42 Insolvenz

(1) Der Verein wird durch die Eröffnung des Insolvenzverfahrens und mit Rechtskraft des Beschlusses, durch den die Eröffnung des Insolvenzverfahrens mangels Masse abgewiesen worden ist, aufgelöst. Wird das Verfahren auf Antrag des Schuldners eingestellt oder nach der Bestätigung eines Insolvenzplans, der den Fortbestand des Vereins vorsieht, aufgehoben, so kann die Mitgliederversammlung die Fortsetzung des Vereins beschließen. Durch die Satzung kann bestimmt werden, dass

der Verein im Falle der Eröffnung des Insolvenzverfahrens als nicht rechtsfähiger Verein fortbesteht; auch in diesem Falle kann unter den Voraussetzungen des Satzes 2 die Fortsetzung als rechtsfähiger Verein beschlossen werden.

(2) Der Vorstand hat im Falle der Zahlungsunfähigkeit oder der Überschuldung die Eröffnung des Insolvenzverfahrens zu beantragen. Wird die Stellung des Antrags verzögert, so sind die Vorstandsmitglieder, denen ein Verschulden zur Last fällt, den Gläubigern für den daraus entstehenden Schaden verantwortlich; sie haften als Gesamtschuldner.

§ 43 Entziehung der Rechtsfähigkeit

IV

Einem Verein, dessen Rechtsfähigkeit auf Verleihung beruht, kann die Rechtsfähigkeit entzogen werden, wenn er einen anderen als den in der Satzung bestimmten Zweck verfolgt.

§ 44 Zuständigkeit und Verfahren

Die Zuständigkeit und das Verfahren für die Entziehung der Rechtsfähigkeit nach § 43 bestimmen sich nach dem Recht des Landes, in dem der Verein seinen Sitz hat.

§ 45 Anfall des Vereinsvermögens

(1) Mit der Auflösung des Vereins oder der Entziehung der Rechtsfähigkeit fällt das Vermögen an die in der Satzung bestimmten Personen.

(2) Durch die Satzung kann vorgeschrieben werden, dass die Anfallberechtigten durch Beschluss der Mitgliederversammlung oder eines anderen Vereinsorgans bestimmt werden. Ist der Zweck des Vereins nicht auf einen wirtschaftlichen Geschäftsbetrieb gerichtet, so kann die Mitgliederversammlung auch ohne eine solche Vorschrift das Vermögen einer öffentlichen Stiftung oder Anstalt zuweisen.

(3) Fehlt es an einer Bestimmung der Anfallberechtigten, so fällt das Vermögen, wenn der Verein nach der Satzung ausschließlich den Interessen seiner Mitglieder diente, an die zur Zeit der Auflösung oder der Entziehung der Rechtsfähigkeit vorhandenen Mitglieder zu gleichen Teilen, anderenfalls an den Fiskus des Landes, in dessen Gebiet der Verein seinen Sitz hatte.

§ 46 Anfall an den Fiskus

Fällt das Vereinsvermögen an den Fiskus, so finden die Vorschriften über eine dem Fiskus als gesetzlichem Erben anfallende Erbschaft entsprechende Anwendung. Der Fiskus hat das Vermögen tunlichst in einer den Zwecken des Vereins entsprechenden Weise zu verwenden.

Gesetzliche Grundlagen

§ 47 Liquidation

Fällt das Vereinsvermögen nicht an den Fiskus, so muss eine Liquidation stattfinden, sofern nicht über das Vermögen des Vereins das Insolvenzverfahren eröffnet ist.

§ 48 Liquidatoren

(1) Die Liquidation erfolgt durch den Vorstand. Zu Liquidatoren können auch andere Personen bestellt werden; für die Bestellung sind die für die Bestellung des Vorstands geltenden Vorschriften maßgebend.

(2) Die Liquidatoren haben die rechtliche Stellung des Vorstands, soweit sich nicht aus dem Zwecke der Liquidation ein anderes ergibt.

(3) Sind mehrere Liquidatoren vorhanden, so sind sie nur gemeinschaftlich zur Vertretung befugt und können Beschlüsse nur einstimmig fassen, sofern nicht ein anderes bestimmt ist.

§ 49 Aufgaben der Liquidatoren

(1) Die Liquidatoren haben die laufenden Geschäfte zu beendigen, die Forderungen einzuziehen, das übrige Vermögen in Geld umzusetzen, die Gläubiger zu befriedigen und den Überschuss den Anfallberechtigten auszuantworten. Zur Beendigung schwebender Geschäfte können die Liquidatoren auch neue Geschäfte eingehen. Die Einziehung der Forderungen sowie die Umsetzung des übrigen Vermögens in Geld darf unterbleiben, soweit diese Maßregeln nicht zur Befriedigung der Gläubiger oder zur Verteilung des Überschusses unter die Anfallberechtigten erforderlich sind.

(2) Der Verein gilt bis zur Beendigung der Liquidation als fortbestehend, soweit der Zweck der Liquidation es erfordert.

§ 50 Bekanntmachung des Vereins in Liquidation

(1) Die Auflösung des Vereins oder die Entziehung der Rechtsfähigkeit ist durch die Liquidatoren öffentlich bekannt zu machen. In der Bekanntmachung sind die Gläubiger zur Anmeldung ihrer Ansprüche aufzufordern. Die Bekanntmachung erfolgt durch das in der Satzung für Veröffentlichungen bestimmte Blatt. Die Bekanntmachung gilt mit dem Ablauf des zweiten Tages nach der Einrückung oder der ersten Einrückung als bewirkt.

(2) Bekannte Gläubiger sind durch besondere Mitteilung zur Anmeldung aufzufordern.

§ 50a Bekanntmachungsblatt

Hat ein Verein in der Satzung kein Blatt für Bekanntmachungen bestimmt oder hat das bestimmte Bekanntmachungsblatt sein Erscheinen eingestellt, sind Bekanntmachungen des Vereins in dem Blatt zu veröffentlichen, welches für Bekanntmachungen des Amtsgerichts bestimmt ist, in dessen Bezirk der Verein seinen Sitz hat.

§ 51 Sperrjahr

Das Vermögen darf den Anfallberechtigten nicht vor dem Ablauf eines Jahres nach der Bekanntmachung der Auflösung des Vereins oder der Entziehung der Rechtsfähigkeit ausgeantwortet werden.

§ 52 Sicherung für Gläubiger

(1) Meldet sich ein bekannter Gläubiger nicht, so ist der geschuldete Betrag, wenn die Berechtigung zur Hinterlegung vorhanden ist, für den Gläubiger zu hinterlegen.

IV

(2) Ist die Berichtigung einer Verbindlichkeit zur Zeit nicht ausführbar oder ist eine Verbindlichkeit streitig, so darf das Vermögen den Anfallberechtigten nur ausgeantwortet werden, wenn dem Gläubiger Sicherheit geleistet ist.

§ 53 Schadensersatzpflicht der Liquidatoren

Liquidatoren, welche die ihnen nach dem § 42 Abs. 2 und den §§ 50, 51 und 52 obliegenden Verpflichtungen verletzen oder vor der Befriedigung der Gläubiger Vermögen den Anfallberechtigten ausantworten, sind, wenn ihnen ein Verschulden zur Last fällt, den Gläubigern für den daraus entstehenden Schaden verantwortlich; sie haften als Gesamtschuldner.

§ 54 Nicht rechtsfähige Vereine

Auf Vereine, die nicht rechtsfähig sind, finden die Vorschriften über die Gesellschaft Anwendung. Aus einem Rechtsgeschäft, das im Namen eines solchen Vereins einem Dritten gegenüber vorgenommen wird, haftet der Handelnde persönlich; handeln mehrere, so haften sie als Gesamtschuldner.

§ 55 Zuständigkeit für die Registereintragung

Die Eintragung eines Vereins der in § 21 bezeichneten Art in das Vereinsregister hat bei dem Amtsgericht zu geschehen, in dessen Bezirk der Verein seinen Sitz hat.

§ 55a Elektronisches Vereinsregister

(1) Die Landesregierungen können durch Rechtsverordnung bestimmen, dass und in welchem Umfang das Vereinsregister in maschineller Form als automatisierte Datei geführt wird. Hierbei muss gewährleistet sein, dass

Gesetzliche Grundlagen

1. die Grundsätze einer ordnungsgemäßen Datenverarbeitung einge-halten, insbesondere Vorkehrungen gegen einen Datenverlust ge-troffen sowie die erforderlichen Kopien der Datenbestände mindes-tens tagesaktuell gehalten und die originären Datenbestände sowie deren Kopien sicher aufbewahrt werden,

2. die vorzunehmenden Eintragungen alsbald in einen Datenspeicher aufgenommen und auf Dauer inhaltlich unverändert in lesbarer Form wiedergegeben werden können,

3. die nach der Anlage zu § 126 Abs. 1 Satz 2 Nr. 3 der Grundbuch-ordnung gebotenen Maßnahmen getroffen werden.

IV

Die Landesregierungen können durch Rechtsverordnung die Ermächti-gung nach Satz 1 auf die Landesjustizverwaltungen übertragen.

(2) Das maschinell geführte Vereinsregister tritt für eine Seite des Registers an die Stelle des bisherigen Registers, sobald die Eintragun-gen dieser Seite in den für die Vereinsregistereintragungen bestimm-ten Datenspeicher aufgenommen und als Vereinsregister freigegeben worden sind. Die entsprechenden Seiten des bisherigen Vereinsregis-ters sind mit einem Schließungsvermerk zu versehen.

(3) Eine Eintragung wird wirksam, sobald sie in den für die Register-eintragungen bestimmten Datenspeicher aufgenommen ist und auf Dauer inhaltlich unverändert in lesbarer Form wiedergegeben werden kann. Durch eine Bestätigungsanzeige oder in anderer geeigneter Weise ist zu überprüfen, ob diese Voraussetzungen eingetreten sind. Jede Eintragung soll den Tag angeben, an dem sie wirksam geworden ist.

§ 56 Mindestmitgliederzahl des Vereins

Die Eintragung soll nur erfolgen, wenn die Zahl der Mitglieder mindestens sieben beträgt.

§ 57 Mindesterfordernisse an die Vereinssatzung

(1) Die Satzung muss den Zweck, den Namen und den Sitz des Vereins enthalten und ergeben, dass der Verein eingetragen werden soll.

(2) Der Name soll sich von den Namen der an demselben Orte oder in derselben Gemeinde bestehenden eingetragenen Vereine deutlich unterscheiden.

§ 58 Sollinhalt der Vereinssatzung

Die Satzung soll Bestimmungen enthalten:

1. über den Eintritt und Austritt der Mitglieder,

2. darüber, ob und welche Beiträge von den Mitgliedern zu leisten sind,

3. über die Bildung des Vorstands,

4. über die Voraussetzungen unter denen die Mitgliederversammlung zu berufen ist, über die Form der Berufung und über die Beurkundung der Beschlüsse.

§ 59 Anmeldung zur Eintragung

(1) Der Vorstand hat den Verein zur Eintragung anzumelden.

(2) Der Anmeldung sind Abschriften der Satzung und der Urkunden über die Bestellung des Vorstands beizufügen.

(3) Die Satzung soll von mindestens sieben Mitgliedern unterzeichnet sein und die Angabe des Tages der Errichtung enthalten.

§ 60 Zurückweisung der Anmeldung

IV

Die Anmeldung ist, wenn den Erfordernissen der §§ 56 bis 59 nicht genügt ist, von dem Amtsgericht unter Angabe der Gründe zurückzuweisen.

§§ 61 bis 63 (weggefallen)

§ 64 Inhalt der Vereinsregistereintragung

Bei der Eintragung sind der Name und der Sitz des Vereins, der Tag der Errichtung der Satzung, die Mitglieder des Vorstands und ihre Vertretungsmacht anzugeben.

§ 65 Namenszusatz

Mit der Eintragung erhält der Name des Vereins den Zusatz „eingetragener Verein".

§ 66 Bekanntmachung der Eintragung und Aufbewahrung von Dokumenten

(1) Das Amtsgericht hat die Eintragung des Vereins in das Vereinsregister durch Veröffentlichung in dem von der Landesjustizverwaltung bestimmten elektronischen Informations- und Kommunikationssystem bekannt zu machen.

(2) Die mit der Anmeldung eingereichten Dokumente werden vom Amtsgericht aufbewahrt.

§ 67 Änderung des Vorstands

(1) Jede Änderung des Vorstands ist von dem Vorstand zur Eintragung anzumelden. Der Anmeldung ist eine Abschrift der Urkunde über die Änderung beizufügen.

(2) Die Eintragung gerichtlich bestellter Vorstandsmitglieder erfolgt von Amts wegen.

§ 68 Vertrauensschutz durch Vereinsregister

Wird zwischen den bisherigen Mitgliedern des Vorstands und einem Dritten ein Rechtsgeschäft vorgenommen, so kann die Änderung des Vorstands dem Dritten nur entgegengesetzt werden, wenn sie zur Zeit der Vornahme des Rechtsgeschäfts im Vereinsregister eingetragen oder dem Dritten bekannt ist. Ist die Änderung eingetragen, so braucht der Dritte sie nicht gegen sich gelten zu lassen, wenn er sie nicht kennt, seine Unkenntnis auch nicht auf Fahrlässigkeit beruht.

§ 69 Nachweis des Vereinsvorstands

Der Nachweis, dass der Vorstand aus den im Register eingetragenen Personen besteht, wird Behörden gegenüber durch ein Zeugnis des Amtsgerichts über die Eintragung geführt.

§ 70 Vertrauensschutz bei Eintragungen zur Vertretungsmacht

Die Vorschriften des § 68 gelten auch für Bestimmungen, die den Umfang der Vertretungsmacht des Vorstands beschränken oder die Vertretungsmacht des Vorstands abweichend von der Vorschrift des § 26 Absatz 2 Satz 1 regeln.

§ 71 Änderungen der Satzung

(1) Änderungen der Satzung bedürfen zu ihrer Wirksamkeit der Eintragung in das Vereinsregister. Die Änderung ist von dem Vorstand zur Eintragung anzumelden. Der Anmeldung sind eine Abschrift des die Änderung enthaltenden Beschlusses und der Wortlaut der Satzung beizufügen. In dem Wortlaut der Satzung müssen die geänderten Bestimmungen mit dem Beschluss über die Satzungsänderung, die unveränderten Bestimmungen mit dem zuletzt eingereichten vollständigen Wortlaut der Satzung und, wenn die Satzung geändert worden ist, ohne dass ein vollständiger Wortlaut der Satzung eingereicht wurde, auch mit den zuvor eingetragenen Änderungen übereinstimmen.

(2) Die Vorschriften der §§ 60, 64 und des § 66 Abs. 2 finden entsprechende Anwendung.

§ 72 Bescheinigung der Mitgliederzahl

Der Vorstand hat dem Amtsgericht auf dessen Verlangen jederzeit eine schriftliche Bescheinigung über die Zahl der Vereinsmitglieder einzureichen.

§ 73 Unterschreiten der Mindestmitgliederzahl

Sinkt die Zahl der Vereinsmitglieder unter drei herab, so hat das Amtsgericht auf Antrag des Vorstands und, wenn der Antrag nicht

IV

binnen drei Monaten gestellt wird, von Amts wegen nach Anhörung des Vorstands dem Verein die Rechtsfähigkeit zu entziehen.

§ 74 Auflösung

(1) Die Auflösung des Vereins sowie die Entziehung der Rechtsfähigkeit ist in das Vereinsregister einzutragen.

(2) Wird der Verein durch Beschluss der Mitgliederversammlung oder durch den Ablauf der für die Dauer des Vereins bestimmten Zeit aufgelöst, so hat der Vorstand die Auflösung zur Eintragung anzumelden. Der Anmeldung ist im ersteren Falle eine Abschrift des Auflösungsbeschlusses beizufügen.

§ 75 Eintragungen bei Insolvenz

(1) Die Eröffnung des Insolvenzverfahrens und der Beschluss, durch den die Eröffnung des Insolvenzverfahrens mangels Masse rechtskräftig abgewiesen worden ist, sowie die Auflösung des Vereins nach § 42 Absatz 2 Satz 1 sind von Amts wegen einzutragen. Von Amts wegen sind auch einzutragen

1. die Aufhebung des Eröffnungsbeschlusses,
2. die Bestellung eines vorläufigen Insolvenzverwalters, wenn zusätzlich dem Schuldner ein allgemeines Verfügungsverbot auferlegt oder angeordnet wird, dass Verfügungen des Schuldners nur mit Zustimmung des vorläufigen Insolvenzverwalters wirksam sind, und die Aufhebung einer derartigen Sicherungsmaßnahme,
3. die Anordnung der Eigenverwaltung durch den Schuldner und deren Aufhebung sowie die Anordnung der Zustimmungsbedürftigkeit bestimmter Rechtsgeschäfte des Schuldners,
4. die Einstellung und die Aufhebung des Verfahrens und
5. die Überwachung der Erfüllung eines Insolvenzplans und die Aufhebung der Überwachung.

(2) Wird der Verein durch Beschluss der Mitgliederversammlung nach § 42 Absatz 1 Satz 2 fortgesetzt, so hat der Vorstand die Fortsetzung zur Eintragung anzumelden. Der Anmeldung ist eine Abschrift des Beschlusses beizufügen.

§ 76 Eintragungen bei Liquidation

(1) Bei der Liquidation des Vereins sind die Liquidatoren und ihre Vertretungsmacht in das Vereinsregister einzutragen. Das Gleiche gilt für die Beendigung des Vereins nach der Liquidation.

(2) Die Anmeldung der Liquidatoren hat durch den Vorstand zu erfolgen. Bei der Anmeldung ist der Umfang der Vertretungsmacht der Liquidatoren anzugeben. Änderungen der Liquidatoren oder ihrer Vertretungsmacht sowie die Beendigung des Vereins sind von den

IV

Liquidatoren anzumelden. Der Anmeldung der durch Beschluss der Mitgliederversammlung bestellten Liquidatoren ist eine Abschrift des Bestellungsbeschlusses, der Anmeldung der Vertretungsmacht, die abweichend von § 48 Absatz 3 bestimmt wurde, ist eine Abschrift der diese Bestimmung enthaltenden Urkunde beizufügen.

(3) Die Eintragung gerichtlich bestellter Liquidatoren geschieht von Amts wegen.

§ 77 Anmeldepflichtige und Form der Anmeldungen

Die Anmeldungen zum Vereinsregister sind von Mitgliedern des Vorstands sowie von den Liquidatoren, die insoweit zur Vertretung des Vereins berechtigt sind, mittels öffentlich beglaubigter Erklärung abzugeben. Die Erklärung kann in Urschrift oder in öffentlich beglaubigter Abschrift beim Gericht eingereicht werden.

§ 78 Festsetzung von Zwangsgeld

(1) Das Amtsgericht kann die Mitglieder des Vorstands zur Befolgung der Vorschriften des § 67 Abs. 1, des § 71 Abs. 1, des § 72, des § 74 Abs. 2, des § 75 Absatz 2 und des § 76 durch Festsetzung von Zwangsgeld anhalten.

(2) In gleicher Weise können die Liquidatoren zur Befolgung der Vorschriften des § 76 angehalten werden.

§ 79 Einsicht in das Vereinsregister

(1) Die Einsicht des Vereinsregisters sowie der von dem Verein bei dem Amtsgericht eingereichten Dokumente ist jedem gestattet. Von den Eintragungen kann eine Abschrift verlangt werden; die Abschrift ist auf Verlangen zu beglaubigen. Wird das Vereinsregister maschinell geführt, tritt an die Stelle der Abschrift ein Ausdruck, an die der beglaubigten Abschrift ein amtlicher Ausdruck.

(2) Die Einrichtung eines automatisierten Verfahrens, das die Übermittlung von Daten aus maschinell geführten Vereinsregistern durch Abruf ermöglicht, ist zulässig, wenn sichergestellt ist, dass

1. der Abruf von Daten die zulässige Einsicht nach Absatz 1 nicht überschreitet und

2. die Zulässigkeit der Abrufe auf der Grundlage einer Protokollierung kontrolliert werden kann.

Die Länder können für das Verfahren ein länderübergreifendes elektronisches Informations- und Kommunikationssystem bestimmen.

(3) Der Nutzer ist darauf hinzuweisen, dass er die übermittelten Daten nur zu Informationszwecken verwenden darf. Die zuständige Stelle hat (z. B. durch Stichproben) zu prüfen, ob sich Anhaltspunkte dafür

IV

ergeben, dass die nach Satz 1 zulässige Einsicht überschritten oder übermittelte Daten missbraucht werden.

(4) Die zuständige Stelle kann einen Nutzer, der die Funktionsfähigkeit der Abrufeinrichtung gefährdet, die nach Absatz 3 Satz 1 zulässige Einsicht überschreitet oder übermittelte Daten missbraucht, von der Teilnahme am automatisierten Abrufverfahren ausschließen; dasselbe gilt bei drohender Überschreitung oder drohendem Missbrauch.

(5) Zuständige Stelle ist die Landesjustizverwaltung. Örtlich zuständig ist die Landesjustizverwaltung, in deren Zuständigkeitsbereich das betreffende Amtsgericht liegt. Die Zuständigkeit kann durch Rechtsverordnung der Landesregierung abweichend geregelt werden. Sie kann diese Ermächtigung durch Rechtsverordnung auf die Landesjustizverwaltung übertragen. Die Länder können auch die Übertragung der Zuständigkeit auf die zuständige Stelle eines anderen Landes vereinbaren.

IV

§ 164 Wirkung der Erklärung des Vertreters

(1) Eine Willenserklärung, die jemand innerhalb der ihm zustehenden Vertretungsmacht im Namen des Vertretenen abgibt, wirkt unmittelbar für und gegen den Vertretenen. Es macht keinen Unterschied, ob die Erklärung ausdrücklich im Namen des Vertretenen erfolgt oder ob die Umstände ergeben, dass sie in dessen Namen erfolgen soll.

(2) Tritt der Wille, in fremdem Namen zu handeln, nicht erkennbar hervor, so kommt der Mangel des Willens, im eigenen Namen zu handeln, nicht in Betracht.

(3) Die Vorschriften des Absatzes 1 finden entsprechende Anwendung, wenn eine gegenüber einem anderen abzugebende Willenserklärung dessen Vertreter gegenüber erfolgt.

§ 179 Haftung des Vertreters ohne Vertretungsmacht

(1) Wer als Vertreter einen Vertrag geschlossen hat, ist, sofern er nicht seine Vertretungsmacht nachweist, dem anderen Teil nach dessen Wahl zur Erfüllung oder zum Schadensersatz verpflichtet, wenn der Vertretene die Genehmigung des Vertrags verweigert.

(2) Hat der Vertreter den Mangel der Vertretungsmacht nicht gekannt, so ist er nur zum Ersatz desjenigen Schadens verpflichtet, welchen der andere Teil dadurch erleidet, dass er auf die Vertretungsmacht vertraut, jedoch nicht über den Betrag des Interesses hinaus, welches der andere Teil an der Wirksamkeit des Vertrags hat.

(3) Der Vertreter haftet nicht, wenn der andere Teil den Mangel der Vertretungsmacht kannte oder kennen musste. Der Vertreter haftet auch dann nicht, wenn er in der Geschäftsfähigkeit beschränkt war, es

sei denn, dass er mit Zustimmung seines gesetzlichen Vertreters gehandelt hat.

§ 181 Insichgeschäft

Ein Vertreter kann, soweit nicht ein anderes ihm gestattet ist, im Namen des Vertretenen mit sich im eigenen Namen oder als Vertreter eines Dritten ein Rechtsgeschäft nicht vornehmen, es sei denn, dass das Rechtsgeschäft ausschließlich in der Erfüllung einer Verbindlichkeit besteht.

IV

§ 259 Umfang der Rechenschaftspflicht

(1) Wer verpflichtet ist, über eine mit Einnahmen oder Ausgaben verbundene Verwaltung Rechenschaft abzulegen, hat dem Berechtigten eine die geordnete Zusammenstellung der Einnahmen oder der Ausgaben enthaltende Rechnung mitzuteilen, und, soweit Belege erteilt zu werden pflegen, Belege vorzulegen.

(2) Besteht Grund zu der Annahme, dass die in der Rechnung enthaltenen Angaben über die Einnahmen nicht mit der erforderlichen Sorgfalt gemacht worden sind, so hat der Verpflichtete auf Verlangen zu Protokoll an Eides statt zu versichern, dass er nach bestem Wissen die Einnahmen so vollständig angegeben habe, als er dazu imstande sei.

(3) In Angelegenheiten von geringer Bedeutung besteht eine Verpflichtung zur Abgabe der eidesstattlichen Versicherung nicht.

§ 278 Verantwortlichkeit des Schuldners für Dritte

Der Schuldner hat ein Verschulden seines gesetzlichen Vertreters und der Personen, deren er sich zur Erfüllung seiner Verbindlichkeit bedient, in gleichem Umfang zu vertreten wie eigenes Verschulden. Die Vorschrift des § 276 Abs. 3 findet keine Anwendung.

§ 666 Auskunfts- und Rechenschaftspflicht

Der Beauftragte ist verpflichtet, dem Auftraggeber die erforderlichen Nachrichten zu geben, auf Verlangen über den Stand des Geschäfts Auskunft zu erteilen und nach der Ausführung des Auftrags Rechenschaft abzulegen.

§ 670 Ersatz von Aufwendungen

Macht der Beauftragte zum Zwecke der Ausführung des Auftrags Aufwendungen, die er den Umständen nach für erforderlich halten darf, so ist der Auftraggeber zum Ersatz verpflichtet.

§ 831 Haftung für den Verrichtungsgehilfen

(1) Wer einen anderen zu einer Verrichtung bestellt, ist zum Ersatz des Schadens verpflichtet, den der andere in Ausführung der Verrichtung einem Dritten widerrechtlich zufügt. Die Ersatzpflicht tritt nicht ein, wenn der Geschäftsherr bei der Auswahl der bestellten Person und, sofern er Vorrichtungen oder Gerätschaften zu beschaffen oder die Ausführung der Verrichtung zu leiten hat, bei der Beschaffung oder der Leitung die im Verkehr erforderliche Sorgfalt beobachtet oder wenn der Schaden auch bei Anwendung dieser Sorgfalt entstanden sein würde.

(2) Die gleiche Verantwortlichkeit trifft denjenigen, welcher für den Geschäftsherrn die Besorgung eines der im Absatz 1 Satz 2 bezeichneten Geschäfte durch Vertrag übernimmt.

IV

Handelsgesetzbuch
(HGB)

Vom 10. Mai 1897 (RGBl. S. 219) [1]

– Auszug –

§ 238 Buchführungspflicht

(1) Jeder Kaufmann ist verpflichtet, Bücher zu führen und in diesen seine Handelsgeschäfte und die Lage seines Vermögens nach den Grundsätzen ordnungsmäßiger Buchführung ersichtlich zu machen. Die Buchführung muß so beschaffen sein, daß sie einem sachverständigen Dritten innerhalb angemessener Zeit einen Überblick über die Geschäftsvorfälle und über die Lage des Unternehmens vermitteln kann. Die Geschäftsvorfälle müssen sich in ihrer Entstehung und Abwicklung verfolgen lassen.

(2) Der Kaufmann ist verpflichtet, eine mit der Urschrift übereinstimmende Wiedergabe der abgesandten Handelsbriefe (Kopie, Abdruck, Abschrift oder sonstige Wiedergabe des Wortlauts auf einem Schrift-, Bild- oder anderen Datenträger) zurückzubehalten.

§ 239 Führung der Handelsbücher

(1) Bei der Führung der Handelsbücher und bei den sonst erforderlichen Aufzeichnungen hat sich der Kaufmann einer lebenden Sprache zu bedienen. Werden Abkürzungen, Ziffern, Buchstaben oder Symbole verwendet, muß im Einzelfall deren Bedeutung eindeutig festliegen.

(2) Die Eintragungen in Büchern und die sonst erforderlichen Aufzeichnungen müssen vollständig, richtig, zeitgerecht und geordnet vorgenommen werden.

(3) Eine Eintragung oder eine Aufzeichnung darf nicht in einer Weise verändert werden, daß der ursprüngliche Inhalt nicht mehr feststellbar ist. Auch solche Veränderungen dürfen nicht vorgenommen werden, deren Beschaffenheit es ungewiß läßt, ob sie ursprünglich oder erst später gemacht worden sind.

(4) Die Handelsbücher und die sonst erforderlichen Aufzeichnungen können auch in der geordneten Ablage von Belegen bestehen oder auf Datenträgern geführt werden, soweit diese Formen der Buchführung einschließlich des dabei angewandten Verfahrens den Grundsätzen ordnungsmäßiger Buchführung entsprechen. Bei der Führung der Handelsbücher und der sonst erforderlichen Aufzeichnungen auf Datenträgern muß insbesondere sichergestellt sein, daß die Daten wäh-

---

[1] Zuletzt geändert durch das Gesetz zur Umsetzung der aufsichtsrechtlichen Vorschriften der Zahlungsdienstrichtlinie (Zahlungsdiensteumsetzungsgesetz) vom 25. Juni 2009 (BGBl. I S. 1506).

rend der Dauer der Aufbewahrungsfrist verfügbar sind und jederzeit innerhalb angemessener Frist lesbar gemacht werden können. Absätze 1 bis 3 gelten sinngemäß.

§ 240 Inventar

(1) Jeder Kaufmann hat zu Beginn seines Handelsgewerbes seine Grundstücke, seine Forderungen und Schulden, den Betrag seines baren Geldes sowie seine sonstigen Vermögensgegenstände genau zu verzeichnen und dabei den Wert der einzelnen Vermögensgegenstände und Schulden anzugeben.

(2) Er hat demnächst für den Schluß eines jeden Geschäftsjahres ein solches Inventar aufzustellen. Die Dauer des Geschäftsjahrs darf zwölf Monate nicht überschreiten. Die Aufstellung des Inventars ist innerhalb der einem ordnungsmäßigen Geschäftsgang entsprechenden Zeit zu bewirken.

IV

(3) Vermögensgegenstände des Sachanlagevermögens sowie Roh-, Hilfs- und Betriebsstoffe können, wenn sie regelmäßig ersetzt werden und ihr Gesamtwert für das Unternehmen von nachrangiger Bedeutung ist, mit einer gleichbleibenden Menge und einem gleichbleibenden Wert angesetzt werden, sofern ihr Bestand in seiner Größe, seinem Wert und seiner Zusammensetzung nur geringen Veränderungen unterliegt. Jedoch ist in der Regel alle drei Jahre eine körperliche Bestandsaufnahme durchzuführen.

(4) Gleichartige Vermögensgegenstände des Vorratsvermögens sowie andere gleichartige oder annähernd gleichwertige bewegliche Vermögensgegenstände und Schulden können jeweils zu einer Gruppe zusammengefaßt und mit dem gewogenen Durchschnittswert angesetzt werden.

§ 241 Inventurvereinfachungsverfahren

(1) Bei der Aufstellung des Inventars darf der Bestand der Vermögensgegenstände nach Art, Menge und Wert auch mit Hilfe anerkannter mathematisch-statistischer Methoden auf Grund von Stichproben ermittelt werden. Das Verfahren muß den Grundsätzen ordnungsmäßiger Buchführung entsprechen. Der Aussagewert des auf diese Weise aufgestellten Inventars muß dem Aussagewert eines auf Grund einer körperlichen Bestandsaufnahme aufgestellten Inventars gleichkommen.

(2) Bei der Aufstellung des Inventars für den Schluß eines Geschäftsjahres bedarf es einer körperlichen Bestandsaufnahme der Vermögensgegenstände für diesen Zeitpunkt nicht, soweit durch Anwendung eines den Grundsätzen ordnungsmäßiger Buchführung entsprechenden anderen Verfahrens gesichert ist, daß der Bestand der Vermögens-

gegenstände nach Art, Menge und Wert auch ohne die körperliche Bestandsaufnahme für diesen Zeitpunkt festgestellt werden kann.

(3) In dem Inventar für den Schluß eines Geschäftsjahrs brauchen Vermögensgegenstände nicht verzeichnet zu werden, wenn

1. der Kaufmann ihren Bestand auf Grund einer körperlichen Bestandsaufnahme oder auf Grund eines nach Absatz 2 zulässigen anderen Verfahrens nach Art, Menge und Wert in einem besonderen Inventar verzeichnet hat, das für einen Tag innerhalb der letzten drei Monate vor oder der ersten beiden Monate nach dem Schluß des Geschäftsjahrs aufgestellt ist, und

2. auf Grund des besonderen Inventars durch Anwendung eines den Grundsätzen ordnungsmäßiger Buchführung entsprechenden Fortschreibungs- oder Rückrechnungsverfahrens gesichert ist, daß der am Schluß des Geschäftsjahrs vorhandene Bestand der Vermögensgegenstände für diesen Zeitpunkt ordnungsgemäß bewertet werden kann.

§ 241a Befreiung von der Pflicht zur Buchführung und Erstellung eines Inventars

Einzelkaufleute, die an den Abschlussstichtagen von zwei aufeinander folgenden Geschäftsjahren nicht mehr als 500 000 Euro Umsatzerlöse und 50 000 Euro Jahresüberschuss aufweisen, brauchen die §§ 238 bis 241 nicht anzuwenden. Im Fall der Neugründung treten die Rechtsfolgen schon ein, wenn die Werte des Satzes 1 am ersten Abschlussstichtag nach der Neugründung nicht überschritten werden.

§ 242 Pflicht zur Aufstellung

(1) Der Kaufmann hat zu Beginn seines Handelsgewerbes und für den Schluß eines jeden Geschäftsjahrs einen das Verhältnis seines Vermögens und seiner Schulden darstellenden Abschluß (Eröffnungsbilanz, Bilanz) aufzustellen. Auf die Eröffnungsbilanz sind die für den Jahresabschluß geltenden Vorschriften entsprechend anzuwenden, soweit sie sich auf die Bilanz beziehen.

(2) Er hat für den Schluß eines jeden Geschäftsjahrs eine Gegenüberstellung der Aufwendungen und Erträge des Geschäftsjahrs (Gewinn- und Verlustrechnung) aufzustellen.

(3) Die Bilanz und die Gewinn- und Verlustrechnung bilden den Jahresabschluß.

(4) Die Absätze 1 bis 3 sind auf Einzelkaufleute im Sinn des § 241a nicht anzuwenden. Im Fall der Neugründung treten die Rechtsfolgen nach Satz 1 schon ein, wenn die Werte des § 241a Satz 1 am ersten Abschlussstichtag nach der Neugründung nicht überschritten werden.

§ 243 Aufstellungsgrundsatz

(1) Der Jahresabschluß ist nach den Grundsätzen ordnungsmäßiger Buchführung aufzustellen.

(2) Er muß klar und übersichtlich sein.

(3) Der Jahresabschluß ist innerhalb der einem ordnungsmäßigen Geschäftsgang entsprechenden Zeit aufzustellen.

§ 244 Sprache. Währungseinheit

Der Jahresabschluß ist in deutscher Sprache und in Euro aufzustellen.

§ 245 Unterzeichnung

Der Jahresabschluß ist vom Kaufmann unter Angabe des Datums zu unterzeichnen. Sind mehrere persönlich haftende Gesellschafter vorhanden, so haben sie alle zu unterzeichnen.

IV

Gesetz zur Regelung des öffentlichen Vereinsrechts (Vereinsgesetz)

Vom 5. August 1964 (BGBl. I S. 593) [1]

– Auszug –

§ 14 Ausländervereine

(1) Vereine, deren Mitglieder oder Leiter sämtlich oder überwiegend Ausländer sind (Ausländervereine), können über die in Artikel 9 Abs. 2 des Grundgesetzes genannten Gründe hinaus unter den Voraussetzungen des Absatzes 2 verboten werden. Vereine, deren Mitglieder oder Leiter sämtlich oder überwiegend ausländische Staatsangehörige eines Mitgliedstaates der Europäischen Union sind, gelten nicht als Ausländervereine. § 3 Abs. 1 Satz 2 und § 12 Abs. 1 und 2 sind mit der Maßgabe anzuwenden, dass die Beschlagnahme und die Einziehung von Forderungen und Sachen Dritter auch im Falle des Absatzes 2 zulässig sind.

(2) Ausländervereine können verboten werden, soweit ihr Zweck oder ihre Tätigkeit

1. die politische Willensbildung in der Bundesrepublik Deutschland oder das friedliche Zusammenleben von Deutschen und Ausländern oder von verschiedenen Ausländergruppen im Bundesgebiet, die öffentliche Sicherheit oder Ordnung oder sonstige erhebliche Interessen der Bundesrepublik Deutschland beeinträchtigt oder gefährdet,

2. den völkerrechtlichen Verpflichtungen der Bundesrepublik Deutschland zuwiderläuft,

3. Bestrebungen außerhalb des Bundesgebiets fördert, deren Ziele oder Mittel mit den Grundwerten einer die Würde des Menschen achtenden staatlichen Ordnung unvereinbar sind,

4. Gewaltanwendung als Mittel zur Durchsetzung politischer, religiöser oder sonstiger Belange unterstützt, befürwortet oder hervorrufen soll oder

5. Vereinigungen innerhalb oder außerhalb des Bundesgebiets unterstützt, die Anschläge gegen Personen oder Sachen veranlassen, befürworten oder androhen.

(3) Anstelle des Vereinsverbots kann die Verbotsbehörde gegenüber Ausländervereinen Betätigungsverbote erlassen, die sie auch auf bestimmte Handlungen oder bestimmte Personen beschränken kann. Im

---

[1] Zuletzt geändert durch das Gesetz zur Neuregelung der Telekommunikationsüberwachung und anderer verdeckter Ermittlungsmaßnahmen sowie zur Umsetzung der Richtlinie 2006/24/EG vom 21. Dezember 2007 (BGBl. I S. 3198).

übrigen bleiben Ausländervereinen gegenüber die gesetzlichen Vorschriften zur Wahrung der öffentlichen Sicherheit oder Ordnung unberührt.

§ 15 Ausländische Vereine

(1) Für Vereine mit Sitz im Ausland (ausländische Vereine), deren Organisation oder Tätigkeit sich auf den räumlichen Geltungsbereich dieses Gesetzes erstreckt, gilt § 14 entsprechend. Zuständig für das Verbot ist der Bundesminister des Innern.

(2) Ausländische Vereine und die einem ausländischen Verein eingegliederten Teilvereine, deren Mitglieder und Leiter sämtlich oder überwiegend Deutsche oder ausländische Unionsbürger sind, können nur aus den in Artikel 9 Abs. 2 des Grundgesetzes genannten Gründen verboten oder in ein Verbot einbezogen werden.

IV

Verordnung zur Durchführung des Gesetzes zur Regelung des öffentlichen Vereinsrechts (Vereinsgesetz)

Vom 28. Juli 1966 (BGBl. I S. 457) [1]

– Auszug –

IV

§ 19 Anmeldepflicht für Ausländervereine

(1) Ausländervereine, die ihren Sitz im Geltungsbereich des Vereinsgesetzes haben, sind innerhalb von zwei Wochen nach ihrer Gründung bei der für ihren Sitz zuständigen Behörde anzumelden. Zur Anmeldung verpflichtet sind der Vorstand oder, wenn der Verein keinen Vorstand hat, die zur Vertretung berechtigten Mitglieder. Ausländervereine, die bei Inkrafttreten dieser Verordnung bereits bestehen, haben die Anmeldung innerhalb eines Monats nach Inkrafttreten dieser Verordnung vorzunehmen.

(2) Die Anmeldung hat zu enthalten

1. die Satzung oder, wenn der Verein keine Satzung hat, Angaben über Name, Sitz und Zweck des Vereins,

2. Namen und Anschriften der Vorstandsmitglieder oder der zur Vertretung berechtigten Personen,

3. Angaben, in welchen Ländern der Verein Teilorganisationen hat.

Die zur Anmeldung verpflichteten Personen haben der zuständigen Behörde jede Änderung der in Satz 1 genannten Angaben sowie die Auflösung des Vereins innerhalb von zwei Wochen mitzuteilen.

(3) Ausländervereine, deren Zweck auf einen wirtschaftlichen Geschäftsbetrieb gerichtet ist, sind zur Anmeldung nur verpflichtet, wenn sie von der nach Absatz 1 Satz 1 zuständigen Behörde dazu aufgefordert werden.

(4) Anmeldungen und Mitteilungen nach den Absätzen 1 bis 3 sind in deutscher Sprache zu erstatten. Die Behörde erteilt hierüber eine Bescheinigung, für die keine Gebühren und Auslagen erhoben werden.

§ 20 Auskunftspflicht für Ausländervereine

(1) Ausländervereine mit Sitz im Geltungsbereich des Vereinsgesetzes haben der nach § 19 Abs. 1 Satz 1 zuständigen Behörde auf Verlangen Auskunft zu geben

---

[1] Zuletzt geändert durch das Vierunddreißigste Strafrechtsänderungsgesetz – § 129b StGB (34. StrÄndG) vom 22. August 2002 (BGBl. I S. 3390).

1. über ihre Tätigkeit;
2. wenn sie sich politisch betätigen,
    a) über Namen und Anschrift ihrer Mitglieder,
    b) über Herkunft und Verwendung ihrer Mittel.

(2) Die Auskunftspflicht obliegt den in § 19 Abs. 1 Satz 2 bezeichneten Personen.

§ 21 Anmelde- und Auskunftspflicht ausländischer Vereine

(1) Für ausländische Vereine, die im Geltungsbereich des Vereinsgesetzes organisatorische Einrichtungen gründen oder unterhalten, gelten die §§ 19, 20 entsprechend. Die Anmelde- und Auskunftspflicht obliegt auch den Personen, die diese organisatorischen Einrichtungen leiten. Zuständig sind die Behörden der Länder, in denen sich organisatorische Einrichtungen des Vereins befinden. Besteht in einem Land der organisatorische Schwerpunkt, ist nur die Behörde dieses Landes zuständig.

(2) Absatz 1 gilt entsprechend für Ausländervereine, die ihren Sitz in Deutschland, jedoch außerhalb des Geltungsbereichs des Vereinsgesetzes haben.

§ 22 Mitteilung an das Bundesverwaltungsamt

Die zuständigen Behörden teilen die Angaben, die sie auf Grund der §§ 19 bis 21 erhalten, dem Bundesverwaltungsamt mit.

§ 23 Zuwiderhandlungen gegen Anmelde- und Auskunftspflichten

Ordnungswidrig im Sinne des § 21 des Vereinsgesetzes handelt, wer den Anmelde- oder Auskunftspflichten nach den §§ 19 bis 21 zuwiderhandelt.

Abgabenordnung
(AO)

in der Fassung der Bekanntmachung
vom 1. Oktober 2002 (BGBl. I S. 3866; 2003 BGBl. I S. 61) [1]

– Auszug –

Zu einzelnen Paragraphen finden Sie ergänzend den jeweiligen Anwendungserlass zur Abgabenordnung (AEAO).

IV

§ 14 Wirtschaftlicher Geschäftsbetrieb

Ein wirtschaftlicher Geschäftsbetrieb ist eine selbständige nachhaltige Tätigkeit, durch die Einnahmen oder andere wirtschaftliche Vorteile erzielt werden und die über den Rahmen einer Vermögensverwaltung hinausgeht. Die Absicht, Gewinn zu erzielen, ist nicht erforderlich. Eine Vermögensverwaltung liegt in der Regel vor, wenn Vermögen genutzt, zum Beispiel Kapitalvermögen verzinslich angelegt oder unbewegliches Vermögen vermietet oder verpachtet wird.

§ 34 Pflichten der gesetzlichen Vertreter und der Vermögensverwalter

(1) Die gesetzlichen Vertreter natürlicher und juristischer Personen und die Geschäftsführer von nicht rechtsfähigen Personenvereinigungen und Vermögensmassen haben deren steuerliche Pflichten zu erfüllen. Sie haben insbesondere dafür zu sorgen, dass die Steuern aus den Mitteln entrichtet werden, die sie verwalten.

(2) Soweit nicht rechtsfähige Personenvereinigungen ohne Geschäftsführer sind, haben die Mitglieder oder Gesellschafter die Pflichten im Sinne des Absatzes 1 zu erfüllen. Die Finanzbehörde kann sich an jedes Mitglied oder jeden Gesellschafter halten. Für nicht rechtsfähige Vermögensmassen gelten die Sätze 1 und 2 mit der Maßgabe, dass diejenigen, denen das Vermögen zusteht, die steuerlichen Pflichten zu erfüllen haben.

(3) Steht eine Vermögensverwaltung anderen Personen als den Eigentümern des Vermögens oder deren gesetzlichen Vertretern zu, so haben die Vermögensverwalter die in Absatz 1 bezeichneten Pflichten, soweit ihre Verwaltung reicht.

---

[1] Zuletzt geändert durch das Gesetz zur Reform des Kontopfändungsschutzes vom 7. Juli 2009 (BGBl. I S. 1707).

§ 42 Missbrauch von rechtlichen Gestaltungsmöglichkeiten

(1) Durch Missbrauch von Gestaltungsmöglichkeiten des Rechts kann das Steuergesetz nicht umgangen werden. Ist der Tatbestand einer Regelung in einem Einzelsteuergesetz erfüllt, die der Verhinderung von Steuerumgehungen dient, so bestimmen sich die Rechtsfolgen nach jener Vorschrift. Anderenfalls entsteht der Steueranspruch beim Vorliegen eines Missbrauchs im Sinne des Absatzes 2 so, wie er bei einer den wirtschaftlichen Vorgängen angemessenen rechtlichen Gestaltung entsteht.

(2) Ein Missbrauch liegt vor, wenn eine unangemessene rechtliche Gestaltung gewählt wird, die beim Steuerpflichtigen oder einem Dritten im Vergleich zu einer angemessenen Gestaltung zu einem gesetzlich nicht vorgesehenen Steuervorteil führt. Dies gilt nicht, wenn der Steuerpflichtige für die gewählte Gestaltung außersteuerliche Gründe nachweist, die nach dem Gesamtbild der Verhältnisse beachtlich sind.

IV

§ 51 Allgemeines

(1) Gewährt das Gesetz eine Steuervergünstigung, weil eine Körperschaft ausschließlich und unmittelbar gemeinnützige, mildtätige oder kirchliche Zwecke (steuerbegünstigte Zwecke) verfolgt, so gelten die folgenden Vorschriften. Unter Körperschaften sind die Körperschaften, Personenvereinigungen und Vermögensmassen im Sinne des Körperschaftsteuergesetzes zu verstehen. Funktionale Untergliederungen (Abteilungen) von Körperschaften gelten nicht als selbstständige Steuersubjekte.

(2) Werden die steuerbegünstigten Zwecke im Ausland verwirklicht, setzt die Steuervergünstigung voraus, dass natürliche Personen, die ihren Wohnsitz oder ihren gewöhnlichen Aufenthalt im Geltungsbereich dieses Gesetzes haben, gefördert werden oder die Tätigkeit der Körperschaft neben der Verwirklichung der steuerbegünstigten Zwecke auch zum Ansehen der Bundesrepublik Deutschland im Ausland beitragen kann.

(3) Eine Steuervergünstigung setzt zudem voraus, dass die Körperschaft nach ihrer Satzung und bei ihrer tatsächlichen Geschäftsführung keine Bestrebungen im Sinne des § 4 des Bundesverfassungsschutzgesetzes fördert und dem Gedanken der Völkerverständigung nicht zuwiderhandelt. Bei Körperschaften, die im Verfassungsschutzbericht des Bundes oder eines Landes als extremistische Organisation aufgeführt sind, ist widerlegbar davon auszugehen, dass die Voraussetzungen des Satzes 1 nicht erfüllt sind. Die Finanzbehörde teilt Tatsachen, die den Verdacht von Bestrebungen im Sinne des § 4 des Bundesverfassungsschutzgesetzes oder des Zuwiderhandelns gegen den Gedanken der Völkerverständigung begründen, der Verfassungsschutzbehörde mit.

§ 52 Gemeinnützige Zwecke

(1) Eine Körperschaft verfolgt gemeinnützige Zwecke, wenn ihre Tätigkeit darauf gerichtet ist, die Allgemeinheit auf materiellem, geistigem oder sittlichem Gebiet selbstlos zu fördern. Eine Förderung der Allgemeinheit ist nicht gegeben, wenn der Kreis der Personen, dem die Förderung zugute kommt, fest abgeschlossen ist, zum Beispiel Zugehörigkeit zu einer Familie oder zur Belegschaft eines Unternehmens, oder infolge seiner Abgrenzung, insbesondere nach räumlichen oder beruflichen Merkmalen, dauernd nur klein sein kann. Eine Förderung der Allgemeinheit liegt nicht allein deswegen vor, weil eine Körperschaft ihre Mittel einer Körperschaft des öffentlichen Rechts zuführt.

IV

(2) Unter den Voraussetzungen des Absatzes 1 sind als Förderung der Allgemeinheit anzuerkennen:

1. die Förderung von Wissenschaft und Forschung;
2. die Förderung der Religion;
3. die Förderung des öffentlichen Gesundheitswesens und der öffentlichen Gesundheitspflege, insbesondere die Verhütung und Bekämpfung von übertragbaren Krankheiten, auch durch Krankenhäuser im Sinne des § 67, und von Tierseuchen;
4. die Förderung der Jugend- und Altenhilfe;
5. die Förderung von Kunst und Kultur;
6. die Förderung des Denkmalschutzes und der Denkmalpflege;
7. die Förderung der Erziehung, Volks- und Berufsbildung einschließlich der Studentenhilfe;
8. die Förderung des Naturschutzes und der Landschaftspflege im Sinne des Bundesnaturschutzgesetzes und der Naturschutzgesetze der Länder, des Umweltschutzes, des Küstenschutzes und des Hochwasserschutzes;
9. die Förderung des Wohlfahrtswesens, insbesondere der Zwecke der amtlich anerkannten Verbände der freien Wohlfahrtspflege (§ 23 der Umsatzsteuer-Durchführungsverordnung), ihrer Unterverbände und ihrer angeschlossenen Einrichtungen und Anstalten;
10. die Förderung der Hilfe für politisch, rassisch oder religiös Verfolgte, für Flüchtlinge, Vertriebene, Aussiedler, Spätaussiedler, Kriegsopfer, Kriegshinterbliebene, Kriegsbeschädigte und Kriegsgefangene, Zivilbeschädigte und Behinderte sowie Hilfe für Opfer von Straftaten; Förderung des Andenkens an Verfolgte, Kriegs- und Katastrophenopfer; Förderung des Suchdienstes für Vermisste;
11. die Förderung der Rettung aus Lebensgefahr;
12. die Förderung des Feuer-, Arbeits-, Katastrophen- und Zivilschutzes sowie der Unfallverhütung;
13. die Förderung internationaler Gesinnung, der Toleranz auf allen Gebieten der Kultur und des Völkerverständigungsgedankens;

14. die Förderung des Tierschutzes;

15. die Förderung der Entwicklungszusammenarbeit;

16. die Förderung von Verbraucherberatung und Verbraucherschutz;

17. die Förderung der Fürsorge für Strafgefangene und ehemalige Strafgefangene;

18. die Förderung der Gleichberechtigung von Frauen und Männern;

19. die Förderung des Schutzes von Ehe und Familie;

20. die Förderung der Kriminalprävention;

21. die Förderung des Sports (Schach gilt als Sport);

22. die Förderung der Heimatpflege und Heimatkunde;

23. die Förderung der Tierzucht, der Pflanzenzucht, der Kleingärtnerei, des traditionellen Brauchtums einschließlich des Karnevals, der Fastnacht und des Faschings, der Soldaten- und Reservistenbetreuung, des Amateurfunkens, des Modellflugs und des Hundesports;

24. die allgemeine Förderung des demokratischen Staatswesens im Geltungsbereich dieses Gesetzes; hierzu gehören nicht Bestrebungen, die nur bestimmte Einzelinteressen staatsbürgerlicher Art verfolgen oder die auf den kommunalpolitischen Bereich beschränkt sind;

25. die Förderung des bürgerschaftlichen Engagements zugunsten gemeinnütziger, mildtätiger und kirchlicher Zwecke.

Sofern der von der Körperschaft verfolgte Zweck nicht unter Satz 1 fällt, aber die Allgemeinheit auf materiellem, geistigem oder sittlichem Gebiet entsprechend selbstlos gefördert wird, kann dieser Zweck für gemeinnützig erklärt werden. Die obersten Finanzbehörden der Länder haben jeweils eine Finanzbehörde im Sinne des Finanzverwaltungsgesetzes zu bestimmen, die für Entscheidungen nach Satz 2 zuständig ist.

AE zu § 52 AO Gemeinnützige Zwecke

1. Die Gemeinnützigkeit einer Körperschaft setzt voraus, dass ihre Tätigkeit der Allgemeinheit zugute kommt (§ 52 Abs. 1 Satz 1). Dies ist nicht gegeben, wenn der Kreis der geförderten Personen infolge seiner Abgrenzung, insbesondere nach räumlichen oder beruflichen Merkmalen, dauernd nur klein sein kann (§ 52 Abs. 1 Satz 2).

2. Bei § 52 Abs. 2 handelt es sich grundsätzlich um eine abschließende Aufzählung gemeinnütziger Zwecke. Die Allgemeinheit kann allerdings auch durch die Verfolgung von Zwecken, die hinsichtlich der Merkmale, die ihre steuerrechtliche Förderung rechtfertigen, mit den in § 52 Abs. 2 aufgeführten Zwecken identisch sind, gefördert werden.

Mit der Aufnahme der gemeinnützigen Zwecke in § 52 Abs. 2 AO ist keine Einengung der bisher als besonders förderungswürdig anerkannten Zwecke nach Anlage 1 zu § 48 Abs. 2 EStDV in der bis einschließlich 2006 geltenden Fassung verbunden. Textliche Abweichungen in § 52 Abs. 2 Nr. 3, 5, 9, 10, 13 und 15 sind redaktioneller Art.

2.1 Die Förderung von Kunst und Kultur umfasst die Bereiche der Musik, der Literatur, der darstellenden und bildenden Kunst und schließt die Förderung von kulturellen Einrichtungen, wie Theater und Museen, sowie von kulturellen Veranstaltungen, wie Konzerte und Kunstausstellungen, ein. Zur Förderung von Kunst und Kultur gehört auch die Förderung der Pflege und Erhaltung von Kulturwerten. Kulturwerte sind Gegenstände

IV

von künstlerischer und sonstiger kultureller Bedeutung, Kunstsammlungen und künstlerische Nachlässe, Bibliotheken, Archive sowie andere vergleichbare Einrichtungen.

2.2 Die Förderung der Denkmalpflege bezieht sich auf die Erhaltung und Wiederherstellung von Bau- und Bodendenkmälern, die nach den jeweiligen landesrechtlichen Vorschriften anerkannt sind. Die Anerkennung ist durch eine Bescheinigung der zuständigen Stelle nachzuweisen.

2.3 Zur Förderung des Andenkens an Verfolgte, Kriegs- und Katastrophenopfer gehört auch die Errichtung von Ehrenmalen und Gedenkstätten.

Zur Förderung der Tier- bzw. Pflanzenzucht gehört auch die Förderung der Erhaltung vom Aussterben bedrohter Nutztierrassen und Nutzpflanzen.

Die Förderung des Einsatzes für nationale Minderheiten im Sinne des durch Deutschland ratifizierten Rahmenabkommens zum Schutz nationaler Minderheiten und die Förderung des Einsatzes für die gemäß der von Deutschland ratifizierten Charta der Regional- und Minderheitensprachen geschützten Sprachen sind – je nach Betätigung im Einzelnen – Förderung von Kunst und Kultur, Förderung der Heimatpflege und Heimatkunde oder Förderung des traditionellen Brauchtums. Bei den nach der Charta geschützten Sprachen handelt es sich um die Regionalsprache Niederdeutsch sowie die Minderheitensprachen Dänisch, Friesisch, Sorbisch und das Romanes der deutschen Sinti und Roma.

2.4 Unter dem Begriff „bürgerschaftliches Engagement" versteht man eine freiwillige, nicht auf das Erzielen eines persönlichen materiellen Gewinns gerichtete, auf die Förderung der Allgemeinheit hin orientierte, kooperative Tätigkeit. Die Anerkennung der Förderung des bürgerschaftlichen Engagements zugunsten gemeinnütziger, mildtätiger und kirchlicher Zwecke dient der Hervorhebung der Bedeutung, die ehrenamtlicher Einsatz für unsere Gesellschaft hat. Eine Erweiterung der gemeinnützigen Zwecke ist damit nicht verbunden.

2.5 Durch § 52 Abs. 2 Satz 2 wird die Möglichkeit eröffnet, Zwecke auch dann als gemeinnützig anzuerkennen, wenn diese nicht unter den Katalog des § 52 Abs. 2 Satz 1 fallen. Die Anerkennung der Gemeinnützigkeit solcher gesellschaftlicher Zwecke wird bundeseinheitlich abgestimmt.

3. Internetvereine können wegen Förderung der Volksbildung als gemeinnützig anerkannt werden, sofern ihr Zweck nicht der Förderung der (privat betriebenen) Datenkommunikation durch Zurverfügungstellung von Zugängen zu Kommunikationsnetzwerken sowie durch den Aufbau, die Förderung und den Unterhalt entsprechender Netze zur privaten und geschäftlichen Nutzung durch die Mitglieder oder andere Personen dient.

Freiwilligenagenturen können regelmäßig wegen der Förderung der Bildung (§ 52 Abs. 2 Nr. 7) als gemeinnützig behandelt werden, weil das Schwergewicht ihrer Tätigkeit in der Aus- und Weiterbildung der Freiwilligen liegt (BMF-Schreiben vom 15.9.2003, BStBl I, S. 446).

4. Bei Körperschaften, die Privatschulen betreiben oder unterstützen, ist zwischen Ersatzschulen und Ergänzungsschulen zu unterscheiden. Die Förderung der Allgemeinheit ist bei Ersatzschulen stets anzunehmen, weil die zuständigen Landesbehörden die Errichtung und den Betrieb einer Ersatzschule nur dann genehmigen dürfen, wenn eine Sonderung der Schüler nach den Besitzverhältnissen der Eltern nicht gefördert wird (Art. 7 Abs. 4 Satz 3 GG und die Privatschulgesetze der Länder). Bei Ergänzungsschulen kann eine Förderung der Allgemeinheit dann angenommen werden, wenn in der Satzung der Körperschaft festgelegt ist, dass bei mindestens 25 % der Schüler keine Sonderung nach den Besitzverhältnissen der Eltern im Sinne des Art. 7 Abs. 4 Satz 3 GG und der Privatschulgesetze der Länder vorgenommen werden darf.

5. Nachbarschaftshilfevereine, Tauschringe und ähnliche Körperschaften, deren Mitglieder kleinere Dienstleistungen verschiedenster Art gegenüber anderen Vereinsmitgliedern erbringen (z.B. kleinere Reparaturen, Hausputz, Kochen, Kinderbetreuung, Nachhilfeunterricht, häusliche Pflege) sind grundsätzlich nicht gemeinnützig, weil regelmäßig durch die gegenseitige Unterstützung in erster Linie eigenwirtschaftliche Interessen ihrer Mitglieder gefördert werden und damit gegen den Grundsatz der Selbstlosigkeit (§ 55 Abs. 1) verstoßen wird. Solche Körperschaften können jedoch gemeinnützig sein, wenn sich ihre Tätigkeit darauf beschränkt, alte und hilfsbedürftige Menschen in Verrichtungen des täglichen Lebens zu unterstützen und damit die Altenhilfe gefördert bzw. mildtätige Zwecke (§ 53) verfolgt werden. Soweit sich der Zweck der Körperschaften zusätzlich auf die Erteilung von Nachhilfeunterricht und Kinderbetreuung erstreckt, können sie auch wegen Förderung der Jugendhilfe anerkannt werden. Voraussetzung für die Anerkennung der Gemeinnützigkeit solcher Körperschaften ist, dass die aktiven Mitglieder ihre Dienstleistungen als Hilfspersonen der Körperschaft (§ 57 Abs. 1 Satz 2) ausüben. Vereine, deren Zweck die Förderung esoterischer Heilslehren ist, z.b. Reiki-Vereine, können nicht wegen Förderung des öffentlichen Gesundheitswesens oder der öffentlichen Gesundheitspflege als gemeinnützig anerkannt werden.

6. (...)

7. (...)

8. Eine steuerbegünstigte allgemeine Förderung des demokratischen Staatswesens ist nur dann gegeben, wenn sich die Körperschaft umfassend mit den demokratischen Grundprinzipien befasst und diese objektiv und neutral würdigt. Ist hingegen Zweck der Körperschaft die politische Bildung, der es auf der Grundlage der Normen und Vorstellungen einer rechtsstaatlichen Demokratie um die Schaffung und Förderung politischer Wahrnehmungsfähigkeit und politischen Verantwortungsbewusstseins geht, liegt Volksbildung vor. Diese muss nicht nur in theoretischer Unterweisung bestehen, sie kann auch durch den Aufruf zu konkreter Handlung ergänzt werden. Keine politische Bildung ist demgegenüber die einseitige Agitation, die unkritische Indoktrination oder die parteipolitisch motivierte Einflussnahme (BFH-Urteil vom 23.9.1999 – XI R 63/98 – BStBl 2000 II S. 200).

IV

9. (...)

10. (...)

11. (...)

12. (...)

13. (...)

14. Einrichtungen, die mit ihrer Tätigkeit auf die Erholung arbeitender Menschen ausgerichtet sind (z.B. der Betrieb von Freizeiteinrichtungen wie Campingplätze oder Bootsverleihe), können nicht als gemeinnützig anerkannt werden, es sei denn, dass das Gewähren von Erholung einem besonders schutzwürdigen Personenkreis (z.B. Kranken oder der Jugend) zugute kommt oder in einer bestimmten Art und Weise (z.B. auf sportlicher Grundlage) vorgenommen wird (BFH-Urteile vom 22.11.1972 – I R 21/71 – BStBl 1973 II, S. 251, und vom 30.09.1981 – III R 2/80 – BStBl 1982 II, S. 148). Wegen Erholungsheimen wird auf § 68 Nr. 1 Buchstabe a hingewiesen.

15. Politische Zwecke (Beeinflussung der politischen Meinungsbildung, Förderung politischer Parteien u. dergl.) zählen grundsätzlich nicht zu den gemeinnützigen Zwecken i.S.d. § 52.

Eine gewisse Beeinflussung der politischen Meinungsbildung schließt jedoch die Gemeinnützigkeit nicht aus (BFH-Urteil vom 29.08.1984 – I R 203/81 – BStBl II, S. 844). Eine politische Tätigkeit ist danach unschädlich für die Gemeinnützigkeit, wenn eine gemeinnützige Tätigkeit nach den Verhältnissen im Einzelfall zwangsläufig mit einer politischen Zielsetzung verbunden ist und die unmittelbare Einwirkung auf die politischen Parteien und die staatliche Willensbildung gegenüber der Förderung des gemeinnützigen Zwecks weit in den Hintergrund tritt. Eine Körperschaft fördert deshalb auch dann ausschließlich ihren steuerbegünstigten Zweck, wenn sie gelegentlich zu tagespolitischen Themen im Rahmen ihres Satzungszwecks Stellung nimmt. Entscheidend ist, dass die Tagespolitik nicht Mittelpunkt der Tätigkeit der Körperschaft ist oder wird, sondern der Vermittlung der steuerbegünstigten Ziele der Körperschaft dient (BFH-Urteil vom 23.11.1988 – I R 11/88 – BStBl 1989 II S. 391).

Dagegen ist die Gemeinnützigkeit zu versagen, wenn ein politischer Zweck als alleiniger oder überwiegender Zweck in der Satzung einer Körperschaft festgelegt ist oder die Körperschaft tatsächlich ausschließlich oder überwiegend einen politischen Zweck verfolgt.

Gesetzliche Grundlagen

16. Eine Körperschaft i.S.d. § 51 kann nur dann als gemeinnützig anerkannt werden, wenn sie sich bei ihrer Betätigung im Rahmen der verfassungsmäßigen Ordnung hält. Die verfassungsmäßige Ordnung wird schon durch die Nichtbefolgung von polizeilichen Anordnungen durchbrochen (BFH-Urteil vom 29.8.1984 – I R 215/81 – BStBl 1985 II, S. 106). Gewaltfreier Widerstand, z.B. Sitzblockaden, gegen geplante Maßnahmen des Staates verstößt grundsätzlich nicht gegen die verfassungsmäßige Ordnung (vgl. BVerfG-Beschluss vom 10.01.1995 – 1 BvR 718/89, 1 BvR 719/89, 1 BvR 722/89, 1 BvR 723/89 – NJW S. 1141).

§ 53 Mildtätige Zwecke

Eine Körperschaft verfolgt mildtätige Zwecke, wenn ihre Tätigkeit darauf gerichtet ist, Personen selbstlos zu unterstützen,

1. die infolge ihres körperlichen, geistigen oder seelischen Zustands auf die Hilfe anderer angewiesen sind oder

2. deren Bezüge nicht höher sind als das Vierfache des Regelsatzes der Sozialhilfe im Sinne des § 28 des Zwölften Buches Sozialgesetzbuch; beim Alleinstehenden oder Haushaltsvorstand tritt an die Stelle des Vierfachen das Fünffache des Regelsatzes. Dies gilt nicht für Personen, deren Vermögen zur nachhaltigen Verbesserung ihres Unterhalts ausreicht und denen zugemutet werden kann, es dafür zu verwenden. Bei Personen, deren wirtschaftliche Lage aus besonderen Gründen zu einer Notlage geworden ist, dürfen die Bezüge oder das Vermögen die genannten Grenzen übersteigen. Bezüge im Sinne dieser Vorschrift sind

   a) Einkünfte im Sinne des § 2 Abs. 1 des Einkommensteuergesetzes und

   b) andere zur Bestreitung des Unterhalts bestimmte oder geeignete Bezüge,

   die der Alleinstehende oder der Haushaltsvorstand und die sonstigen Haushaltsangehörigen haben. Zu den Bezügen zählen nicht Leistungen der Sozialhilfe, Leistungen zur Sicherung des Lebensunterhalts nach dem Zweiten Buch Sozialgesetzbuch und bis zur Höhe der Leistungen der Sozialhilfe Unterhaltsleistungen an Personen, die ohne die Unterhaltsleistungen sozialhilfeberechtigt wären, oder Anspruch auf Leistungen zur Sicherung des Lebensunterhalts nach dem Zweiten Buch Sozialgesetzbuch hätten. Unterhaltsansprüche sind zu berücksichtigen.

AE zu § 53 AO Mildtätige Zwecke

1. Der Begriff „mildtätige Zwecke" umfasst auch die Unterstützung von Personen, die wegen ihres seelischen Zustands hilfsbedürftig sind. Das hat beispielsweise für die Telefonseelsorge Bedeutung.

2. Völlige Unentgeltlichkeit der mildtätigen Zuwendung wird nicht verlangt. Die mildtätige Zuwendung darf nur nicht des Entgelts wegen erfolgen.

3. Eine Körperschaft, zu deren Satzungszwecken die Unterstützung von hilfsbedürftigen Verwandten der Mitglieder, Gesellschafter, Genossen oder Stifter gehört, kann nicht als steuerbegünstigt anerkannt werden. Bei einer derartigen Körperschaft steht nicht die Förderung mildtätiger Zwecke, sondern die Förderung der Verwandtschaft im Vordergrund. Ihre Tätigkeit ist deshalb nicht, wie es § 53 verlangt, auf die selbstlose Unterstützung hilfsbedürftiger Personen gerichtet. Dem steht bei Stiftungen § 58 Nr. 5 nicht entgegen. Diese Vorschrift ist lediglich eine Ausnahme von dem Gebot der Selbstlosigkeit (§ 55), begründet aber keinen eigenständigen gemeinnützigen Zweck. Bei der tatsächlichen Geschäftsführung ist die Unterstützung von hilfsbedürftigen Angehörigen grundsätzlich nicht schädlich für die Steuerbegünstigung. Die Verwandtschaft darf jedoch kein Kriterium für die Förderleistungen der Körperschaft sein.

4. Hilfen nach § 53 Nr. 1 (Unterstützung von Personen, die infolge ihres körperlichen, geistigen oder seelischen Zustands auf die Hilfe anderer angewiesen sind) dürfen ohne Rücksicht auf die wirtschaftliche Unterstützungsbedürftigkeit gewährt werden. Bei der Beurteilung der Bedürftigkeit i.S.d. § 53 Nr. 1 kommt es nicht darauf an, dass die Hilfsbedürftigkeit dauernd oder für längere Zeit besteht. Hilfeleistungen wie beispielsweise „Essen auf Rädern" können daher steuerbegünstigt durchgeführt werden. Bei Personen, die das 75. Lebensjahr vollendet haben, kann körperliche Hilfsbedürftigkeit ohne weitere Nachprüfung angenommen werden.

5. § 53 Nr. 2 legt die Grenzen der wirtschaftlichen Hilfsbedürftigkeit fest. Danach können ohne Verlust der Steuerbegünstigung Personen unterstützt werden, deren Bezüge das Vierfache, beim Alleinstehenden oder Haushaltsvorstand das Fünffache des Regelsatzes der Sozialhilfe i.S.d. § 28 SGB XII nicht übersteigen. Etwaige Mehrbedarfszuschläge zum Regelsatz sind nicht zu berücksichtigen. Leistungen für die Unterkunft werden nicht gesondert berücksichtigt. Für die Begriffe „Einkünfte" und „Bezüge" sind die Ausführungen in H 33a.1 und H 33a.2 (Anrechnung eigener Einkünfte und Bezüge) EStH sowie in H 32.10 (Anrechnung eigener Bezüge) EStH maßgeblich.

6. Zu den Bezügen i.S.d. § 53 Nr. 2 zählen also neben den Einkünften i.S.d. § 2 Abs. 1 EStG auch alle anderen für die Bestreitung des Unterhalts bestimmten oder geeigneten Bezüge aller Haushaltsangehörigen. Hierunter fallen auch solche Einnahmen, die im Rahmen der steuerlichen Einkunftsermittlung nicht erfasst werden, also sowohl nicht steuerbare als auch für steuerfrei erklärte Einnahmen (BFH-Urteil vom 02.08.1974 – VI R 148/71 – BStBl. 1975 II, S. 139).

Bei der Beurteilung der wirtschaftlichen Hilfsbedürftigkeit von unverheirateten minderjährigen Schwangeren und minderjährigen Müttern, die ihr leibliches Kind bis zur Vollendung seines 6. Lebensjahres betreuen, und die dem Haushalt ihrer Eltern oder eines Elternteils angehören, sind die Bezüge und das Vermögen der Eltern oder des Elternteils nicht zu berücksichtigen. Bei allen Schwangeren oder Müttern, die ihr leibliches Kind bis zur Vollendung seines 6. Lebensjahres betreuen – einschließlich der volljährigen, verheirateten und nicht bei ihren Eltern lebenden Frauen – bleiben ihre Unterhaltsansprüche gegen Verwandte ersten Grades unberücksichtigt.

7. Bei Renten zählt der über den von § 53 Nr. 2 Buchstabe a erfassten Anteil hinausgehende Teil der Rente zu den Bezügen i.S.d. § 53 Nr. 2 Buchstabe b.

8. Bei der Feststellung der Bezüge i. S. des § 53 Nr. 2 Buchstabe b sind aus Vereinfachungsgründen insgesamt 180 Euro im Kalenderjahr abzuziehen, wenn nicht höhere Aufwendungen, die in wirtschaftlichem Zusammenhang mit den entsprechenden Einnahmen stehen, nachgewiesen oder glaubhaft gemacht werden.

9. Erbringt eine Körperschaft ihre Leistungen an wirtschaftlich hilfsbedürftige Personen, muss sie an Hand ihrer Unterlagen nachweisen können, dass die Höhe der Einkünfte und Bezüge sowie das Vermögen der unterstützten Personen die Grenzen des § 53 Nr. 2 nicht übersteigen. Eine Erklärung, in der von der unterstützten Person nur das Unterschreiten der Grenzen des § 53 Nr. 2 mitgeteilt wird, reicht allein nicht aus. Eine Berechnung der maßgeblichen Einkünfte und Bezüge ist stets beizufügen.

§ 54 Kirchliche Zwecke

(1) Eine Körperschaft verfolgt kirchliche Zwecke, wenn ihre Tätigkeit darauf gerichtet ist, eine Religionsgemeinschaft, die Körperschaft des öffentlichen Rechts ist, selbstlos zu fördern.

Gesetzliche Grundlagen

(2) Zu diesen Zwecken gehören insbesondere die Errichtung, Ausschmückung und Unterhaltung von Gotteshäusern und kirchlichen Gemeindehäusern, die Abhaltung von Gottesdiensten, die Ausbildung von Geistlichen, die Erteilung von Religionsunterricht, die Beerdigung und die Pflege des Andenkens der Toten, ferner die Verwaltung des Kirchenvermögens, die Besoldung der Geistlichen, Kirchenbeamten und Kirchendiener, die Alters- und Behindertenversorgung für diese Personen und die Versorgung ihrer Witwen und Waisen.

§ 55 Selbstlosigkeit

(1) Eine Förderung oder Unterstützung geschieht selbstlos, wenn dadurch nicht in erster Linie eigenwirtschaftliche Zwecke – zum Beispiel gewerbliche Zwecke oder sonstige Erwerbszwecke – verfolgt werden und wenn die folgenden Voraussetzungen gegeben sind:

1. Mittel der Körperschaft dürfen nur für die satzungsmäßigen Zwecke verwendet werden. Die Mitglieder oder Gesellschafter (Mitglieder im Sinne dieser Vorschriften) dürfen keine Gewinnanteile und in ihrer Eigenschaft als Mitglieder auch keine sonstigen Zuwendungen aus Mitteln der Körperschaft erhalten. Die Körperschaft darf ihre Mittel weder für die unmittelbare noch für die mittelbare Unterstützung oder Förderung politischer Parteien verwenden.

2. Die Mitglieder dürfen bei ihrem Ausscheiden oder bei Auflösung oder Aufhebung der Körperschaft nicht mehr als ihre eingezahlten Kapitalanteile und den gemeinen Wert ihrer geleisteten Sacheinlagen zurückerhalten.

3. Die Körperschaft darf keine Person durch Ausgaben, die dem Zweck der Körperschaft fremd sind, oder durch unverhältnismäßig hohe Vergütungen begünstigen.

4. Bei Auflösung oder Aufhebung der Körperschaft oder bei Wegfall ihres bisherigen Zwecks darf das Vermögen der Körperschaft, soweit es die eingezahlten Kapitalanteile der Mitglieder und den gemeinen Wert der von den Mitgliedern geleisteten Sacheinlagen übersteigt, nur für steuerbegünstigte Zwecke verwendet werden (Grundsatz der Vermögensbindung). Diese Voraussetzung ist auch erfüllt, wenn das Vermögen einer anderen steuerbegünstigten Körperschaft oder einer Körperschaft des öffentlichen Rechts für steuerbegünstigte Zwecke übertragen werden soll.

5. Die Körperschaft muss ihre Mittel grundsätzlich zeitnah für ihre steuerbegünstigten satzungsmäßigen Zwecke verwenden. Verwendung in diesem Sinne ist auch die Verwendung der Mittel für die Anschaffung oder Herstellung von Vermögensgegenständen, die satzungsmäßigen Zwecken dienen. Eine zeitnahe Mittelverwendung ist gegeben, wenn die Mittel spätestens in dem auf den Zufluss

folgenden Kalender- oder Wirtschaftsjahr für die steuerbegünstigten satzungsmäßigen Zwecke verwendet werden.

(2) Bei der Ermittlung des gemeinen Werts (Absatz 1 Nr. 2 und 4) kommt es auf die Verhältnisse zu dem Zeitpunkt an, in dem die Sacheinlagen geleistet worden sind.

(3) Die Vorschriften, die die Mitglieder der Körperschaft betreffen (Absatz 1 Nr. 1, 2 und 4), gelten bei Stiftungen für die Stifter und ihre Erben, bei Betrieben gewerblicher Art von Körperschaften des öffentlichen Rechts für die Körperschaft sinngemäß, jedoch mit der Maßgabe, dass bei Wirtschaftsgütern, die nach § 6 Absatz 1 Nummer 4 Satz 4 des Einkommensteuergesetzes aus einem Betriebsvermögen zum Buchwert entnommen worden sind, an die Stelle des gemeinen Werts der Buchwert der Entnahme tritt.

IV

AE zu § 55 AO Selbstlosigkeit
Zu § 55 Abs. 1 Nr. 1

1. Eine Körperschaft handelt selbstlos, wenn sie weder selbst noch zugunsten ihrer Mitglieder eigenwirtschaftliche Zwecke verfolgt. Ist die Tätigkeit einer Körperschaft in erster Linie auf Mehrung ihres eigenen Vermögens gerichtet, so handelt sie nicht selbstlos. Eine Körperschaft verfolgt z.B. in erster Linie eigenwirtschaftliche Zwecke, wenn sie ausschließlich durch Darlehen ihrer Gründungsmitglieder finanziert ist und dieses Fremdkapital satzungsgemäß tilgen und verzinsen muss (BFH-Urteile vom 13.12.1978 – I R 39/78 – BStBl 1979 II, S. 482, vom 26.04.1989 – I R 209/85 – BStBl II, S. 670 und vom 28.06.1989 – I R 86/85 – BStBl 1990 II, S. 550).

2. Unterhält eine Körperschaft einen steuerpflichtigen wirtschaftlichen Geschäftsbetrieb, ist zwischen ihrer steuerbegünstigten und dieser wirtschaftlichen Tätigkeit zu gewichten. Die Körperschaft ist nicht steuerbegünstigt, wenn ihr die wirtschaftliche Tätigkeit bei einer Gesamtbetrachtung das Gepräge gibt.

3. Nach § 55 Abs. 1 dürfen sämtliche Mittel der Körperschaft nur für die satzungsmäßigen Zwecke verwendet werden (Ausnahmen siehe § 58). Auch der Gewinn aus Zweckbetrieben und aus dem steuerpflichtigen wirtschaftlichen Geschäftsbetrieb (§ 64 Abs. 2) sowie der Überschuss aus der Vermögensverwaltung dürfen nur für die satzungsmäßigen Zwecke verwendet werden. Dies schließt die Bildung von Rücklagen im wirtschaftlichen Geschäftsbetrieb und im Bereich der Vermögensverwaltung nicht aus. Die Rücklagen müssen bei vernünftiger kaufmännischer Beurteilung wirtschaftlich begründet sein (entsprechend § 14 Abs. 1 Nr. 4 KStG). Für die Bildung einer Rücklage im wirtschaftlichen Geschäftsbetrieb muss ein konkreter Anlass gegeben sein, der auch aus objektiver unternehmerischer Sicht die Bildung der Rücklage rechtfertigt (z.B. eine geplante Betriebsverlegung, Werkserneuerung oder Kapazitätsausweitung). Eine fast vollständige Zuführung des Gewinns zu einer Rücklage im wirtschaftlichen Geschäftsbetrieb ist nur dann unschädlich für die Steuerbegünstigung, wenn die Körperschaft nachweist, dass die betriebliche Mittelverwendung zur Sicherung ihrer Existenz geboten war (BFH-Urteil vom 15.07.1998 – I R 156/94 – BStBl 2002 II, S. 162). Im Bereich der Vermögensverwaltung dürfen außerhalb der Regelung des § 58 Nr. 7 Rücklagen nur für die Durchführung konkreter Reparatur- oder Erhaltungsmaßnahmen an Vermögensgegenständen i.S.d. § 21 EStG gebildet werden. Die Maßnahmen, für deren Durchführung die Rücklage gebildet wird, müssen notwendig sein, um den ordnungsgemäßen Zustand des Vermögensgegenstandes zu erhalten oder wiederherzustellen, und in einem angemessenen Zeitraum durchgeführt werden können (z.B. geplante Erneuerung eines undichten Daches).

4. Es ist grundsätzlich nicht zulässig, Mittel des ideellen Bereichs (insbesondere Mitgliedsbeiträge, Spenden, Zuschüsse, Rücklagen), Gewinne aus Zweckbetrieben, Erträge aus der Vermögensverwaltung und das entsprechende Vermögen für einen steuerpflichtigen wirtschaftlichen Geschäftsbetrieb zu verwenden, z.B. zum Ausgleich eines Verlustes. Für

Gesetzliche Grundlagen

das Vorliegen eines Verlustes ist das Ergebnis des einheitlichen steuerpflichtigen wirtschaftlichen Geschäftsbetriebs (§ 64 Abs. 2) maßgeblich. Eine Verwendung von Mitteln des ideellen Bereichs für den Ausgleich des Verlustes eines einzelnen wirtschaftlichen Geschäftsbetriebs liegt deshalb nicht vor, soweit der Verlust bereits im Entstehungsjahr mit Gewinnen anderer steuerpflichtiger wirtschaftlicher Geschäftsbetriebe verrechnet werden kann. Verbleibt danach ein Verlust, ist keine Verwendung von Mitteln des ideellen Bereichs für dessen Ausgleich anzunehmen, wenn dem ideellen Bereich in den sechs vorangegangenen Jahren Gewinne des einheitlichen steuerpflichtigen wirtschaftlichen Geschäftsbetriebs in mindestens gleicher Höhe zugeführt worden sind. Insoweit ist der Verlustausgleich im Entstehungsjahr als Rückgabe früherer, durch das Gemeinnützigkeitsrecht vorgeschriebener Gewinnabführungen anzusehen.

5. Ein nach ertragsteuerlichen Grundsätzen ermittelter Verlust eines steuerpflichtigen wirtschaftlichen Geschäftsbetriebs ist unschädlich für die Steuerbegünstigung der Körperschaft, wenn er ausschließlich durch die Berücksichtigung von anteiligen Abschreibungen auf gemischt genutzte Wirtschaftsgüter entstanden ist und wenn die folgenden Voraussetzungen erfüllt sind:

- Das Wirtschaftsgut wurde für den ideellen Bereich angeschafft oder hergestellt und wird nur zur besseren Kapazitätsauslastung und Mittelbeschaffung teil- oder zeitweise für den steuerpflichtigen wirtschaftlichen Geschäftsbetrieb genutzt. Die Körperschaft darf nicht schon im Hinblick auf eine zeit- oder teilweise Nutzung für den steuerpflichtigen wirtschaftlichen Geschäftsbetrieb ein größeres Wirtschaftsgut angeschafft oder hergestellt haben, als es für die ideelle Tätigkeit notwendig war.

- Die Körperschaft verlangt für die Leistungen des steuerpflichtigen wirtschaftlichen Geschäftsbetriebs marktübliche Preise.

- Der steuerpflichtige wirtschaftliche Geschäftsbetrieb bildet keinen eigenständigen Sektor eines Gebäudes (z.B. Gaststättenbetrieb in einer Sporthalle).

Diese Grundsätze gelten entsprechend für die Berücksichtigung anderer gemischter Aufwendungen (z.B. zeitweiser Einsatz von Personal des ideellen Bereichs in einem steuerpflichtigen wirtschaftlichen Geschäftsbetrieb) bei der gemeinnützigkeitsrechtlichen Beurteilung von Verlusten.

6. Der Ausgleich des Verlustes eines steuerpflichtigen wirtschaftlichen Geschäftsbetriebs mit Mitteln des ideellen Bereichs ist außerdem unschädlich für die Steuerbegünstigung, wenn

- der Verlust auf einer Fehlkalkulation beruht,

- die Körperschaft innerhalb von 12 Monaten nach Ende des Wirtschaftsjahres, in dem der Verlust entstanden ist, dem ideellen Tätigkeitsbereich wieder Mittel in entsprechender Höhe zuführt und

- die zugeführten Mittel nicht aus Zweckbetrieben, aus dem Bereich der steuerbegünstigten Vermögensverwaltung, aus Beiträgen oder anderen Zuwendungen, die zur Förderung der steuerbegünstigten Zwecke der Körperschaft bestimmt sind, stammen (BFH-Urteil vom 13.11.1996 – I R 152/93 – BStBl 1998 II, S. 711).

Die Zuführungen zu dem ideellen Bereich können demnach aus dem Gewinn des (einheitlichen) steuerpflichtigen wirtschaftlichen Geschäftsbetriebs, der in dem Jahr nach der Entstehung des Verlustes erzielt wird, geleistet werden. Außerdem dürfen für den Ausgleich des Verlustes Umlagen und Zuschüsse, die dafür bestimmt sind, verwendet werden. Derartige Zuwendungen sind jedoch keine steuerbegünstigten Spenden.

7. Eine für die Steuerbegünstigung schädliche Verwendung von Mitteln für den Ausgleich von Verlusten des steuerpflichtigen wirtschaftlichen Geschäftsbetriebs liegt auch dann nicht vor, wenn dem Betrieb die erforderlichen Mittel durch die Aufnahme eines betrieblichen Darlehens zugeführt werden oder bereits in dem Betrieb verwendete ideelle Mittel mittels eines Darlehens, das dem Betrieb zugeordnet wird, innerhalb der Frist von 12 Monaten nach dem Ende des Verlustentstehungsjahres an den ideellen Bereich der Körperschaft zurückgegeben werden. Voraussetzung für die Unschädlichkeit ist, dass Tilgung und Zinsen für das Darlehen ausschließlich aus Mitteln des steuerpflichtigen wirtschaftlichen Geschäftsbetriebs geleistet werden.

Die Belastung von Vermögen des ideellen Bereichs mit einer Sicherheit für ein betriebliches Darlehen (z.B. Grundschuld auf einer Sporthalle) führt grundsätzlich zu keiner anderen Beurteilung. Die Eintragung einer Grundschuld bedeutet noch keine Verwendung des belasteten Vermögens für den steuerpflichtigen wirtschaftlichen Geschäftsbetrieb.

8. Steuerbegünstigte Körperschaften unterhalten steuerpflichtige wirtschaftliche Geschäftsbetriebe regelmäßig nur, um dadurch zusätzliche Mittel für die Verwirklichung der steuerbegünstigten Zwecke zu beschaffen. Es kann deshalb unterstellt werden, dass etwaige Verluste bei Betrieben, die schon längere Zeit bestehen, auf einer Fehlkalkulation beruhen. Bei dem Aufbau eines neuen Betriebs ist eine Verwendung von Mitteln des ideellen Bereichs für den Ausgleich von Verlusten auch dann unschädlich für die Steuerbegünstigung, wenn mit Anlaufverlusten zu rechnen war. Auch in diesem Fall muss die Körperschaft aber i.d.R. innerhalb von drei Jahren nach dem Ende des Entstehungsjahres des Verlustes dem ideellen Bereich wieder Mittel, die gemeinnützigkeitsunschädlich dafür verwendet werden dürfen, zuführen.

9. Die Regelungen in Nrn. 4 bis 8 gelten entsprechend für die Vermögensverwaltung.

10. Mitglieder dürfen keine Zuwendungen aus Mitteln der Körperschaft erhalten. Dies gilt nicht, soweit es sich um Annehmlichkeiten handelt, wie sie im Rahmen der Betreuung von Mitgliedern allgemein üblich und nach allgemeiner Verkehrsauffassung als angemessen anzusehen sind.

11. Keine Zuwendung i.S.d. § 55 Abs. 1 Nr. 1 liegt vor, wenn der Leistung der Körperschaft eine Gegenleistung des Empfängers gegenübersteht (z.B. bei Kauf-, Dienst- und Werkverträgen) und die Werte von Leistung und Gegenleistung nach wirtschaftlichen Grundsätzen gegeneinander abgewogen sind.

12. Ist einer Körperschaft zugewendetes Vermögen mit vor der Übertragung wirksam begründeten Ansprüchen (z.B. Nießbrauch, Grund- oder Rentenschulden, Vermächtnisse aufgrund testamentarischer Bestimmungen des Zuwendenden) belastet, deren Erfüllung durch die Körperschaft keine nach wirtschaftlichen Grundsätzen abgewogene Gegenleistung für die Übertragung des Vermögens darstellt, mindern die Ansprüche das übertragene Vermögen bereits im Zeitpunkt des Übergangs. Wirtschaftlich betrachtet wird der Körperschaft nur das nach der Erfüllung der Ansprüche verbleibende Vermögen zugewendet. Die Erfüllung der Ansprüche aus dem zugewendeten Vermögen ist deshalb keine Zuwendung i.S.d. § 55 Abs. 1 Nr. 1. Dies gilt auch, wenn die Körperschaft die Ansprüche aus ihrem anderen zulässigen Vermögen einschließlich der Rücklage nach § 58 Nr. 7 Buchstabe a erfüllt.

13. Soweit die vorhandenen flüssigen Vermögensmittel nicht für die Erfüllung der Ansprüche ausreichen, darf die Körperschaft dafür auch Erträge verwenden. Ihr müssen jedoch ausreichende Mittel für die Verwirklichung ihrer steuerbegünstigten Zwecke verbleiben. Diese Voraussetzung ist als erfüllt anzusehen, wenn für die Erfüllung der Verbindlichkeiten höchstens ein Drittel des Einkommens der Körperschaft verwendet wird. Die Ein-Drittel-Grenze umfasst bei Rentenverpflichtungen nicht nur die über den Barwert hinausgehenden, sondern die gesamten Zahlungen. Sie bezieht sich auf den Veranlagungszeitraum.

14. § 58 Nr. 5 enthält eine Ausnahmeregelung zu § 55 Abs. 1 Nr. 1 für Stiftungen. Diese ist nur anzuwenden, wenn eine Stiftung Leistungen erbringt, die dem Grunde nach gegen § 55 Abs. 1 Nr. 1 verstoßen, also z.B. freiwillige Zuwendungen an den in § 58 Nr. 5 genannten Personenkreis leistet oder für die Erfüllung von Ansprüchen dieses Personenkreises aus der Übertragung von Vermögen nicht das belastete oder anderes zulässiges Vermögen, sondern Erträge einsetzt. Im Unterschied zu anderen Körperschaften kann eine Stiftung unter den Voraussetzungen des § 58 Nr. 5 auch dann einen Teil ihres Einkommens für die Erfüllung solcher Ansprüche verwenden, wenn ihr dafür ausreichende flüssige Vermögensmittel zur Verfügung stehen. Der Grundsatz, dass der wesentliche Teil des Einkommens für die Verwirklichung der steuerbegünstigten Zwecke verbleiben muss, gilt aber auch für Stiftungen. Daraus folgt, dass eine Stiftung insgesamt höchstens ein Drittel ihres Einkommens für unter § 58 Nr. 5 fallende Leistungen und für die Erfüllung von anderen durch die Übertragung von belastetem Vermögen begründeten Ansprüchen verwenden darf.

15. Die Vergabe von Darlehen aus Mitteln, die zeitnah für die steuerbegünstigten Zwecke zu verwenden sind, ist unschädlich für die Gemeinnützigkeit, wenn die Körperschaft damit selbst unmittelbar ihre steuerbegünstigten satzungsmäßigen Zwecke verwirklicht. Dies kann z.B. der Fall sein, wenn die Körperschaft im Rahmen ihrer jeweiligen steu-

Gesetzliche Grundlagen

erbegünstigten Zwecke Darlehen im Zusammenhang mit einer Schuldnerberatung zur Ablösung von Bankschulden, Darlehen an Nachwuchskünstler für die Anschaffung von Instrumenten oder Stipendien für eine wissenschaftliche Ausbildung teilweise als Darlehen vergibt. Voraussetzung ist, dass sich die Darlehensvergabe von einer gewerbsmäßigen Kreditvergabe dadurch unterscheidet, dass sie zu günstigeren Bedingungen erfolgt als zu den allgemeinen Bedingungen am Kapitalmarkt (z.B. Zinslosigkeit, Zinsverbilligung).

Die Vergabe von Darlehen aus zeitnah für die steuerbegünstigten Zwecke zu verwendenden Mitteln an andere steuerbegünstigte Körperschaften ist im Rahmen des § 58 Nrn. 1 und 2 zulässig (mittelbare Zweckverwirklichung), wenn die andere Körperschaft die darlehensweise erhaltenen Mittel unmittelbar für steuerbegünstigte Zwecke innerhalb der für eine zeitnahe Mittelverwendung vorgeschriebenen Frist verwendet.

Darlehen, die zur unmittelbaren Verwirklichung der steuerbegünstigten Zwecke vergeben werden, sind im Rechnungswesen entsprechend kenntlich zu machen. Es muss sichergestellt und für die Finanzbehörde nachprüfbar sein, dass die Rückflüsse, d.h. Tilgung und Zinsen, wieder zeitnah für die steuerbegünstigten Zwecke verwendet werden.

16. Aus Mitteln, die nicht dem Gebot der zeitnahen Mittelverwendung unterliegen (Vermögen einschließlich der zulässigen Zuführungen und der zulässig gebildeten Rücklagen), darf die Körperschaft Darlehen nach folgender Maßgabe vergeben:

Die Zinsen müssen sich in dem auf dem Kapitalmarkt üblichen Rahmen halten, es sei denn, der Verzicht auf die üblichen Zinsen ist eine nach den Vorschriften des Gemeinnützigkeitsrechts und der Satzung der Körperschaft zulässige Zuwendung (z.B. Darlehen an eine ebenfalls steuerbegünstigte Mitgliedsorganisation oder eine hilfsbedürftige Person). Bei Darlehen an Arbeitnehmer aus dem Vermögen kann der (teilweise) Verzicht auf eine übliche Verzinsung als Bestandteil des Arbeitslohns angesehen werden, wenn dieser insgesamt, also einschließlich des Zinsvorteils, angemessen ist und der Zinsverzicht auch von der Körperschaft als Arbeitslohn behandelt wird (z.B. Abführung von Lohnsteuer und Sozialversicherungsbeiträgen).

Maßnahmen, für die eine Rücklage nach § 58 Nr. 6 gebildet worden ist, dürfen sich durch die Gewährung von Darlehen nicht verzögern.

17. Die Vergabe von Darlehen ist als solche kein steuerbegünstigter Zweck. Sie darf deshalb nicht Satzungszweck einer steuerbegünstigten Körperschaft sein. Es ist jedoch unschädlich für die Steuerbegünstigung, wenn die Vergabe von zinsgünstigen oder zinslosen Darlehen nicht als Zweck, sondern als Mittel zur Verwirklichung des steuerbegünstigten Zwecks in der Satzung der Körperschaft aufgeführt ist.

18. Eine Körperschaft kann nicht als steuerbegünstigt behandelt werden, wenn ihre Ausgaben für die allgemeine Verwaltung einschließlich der Werbung um Spenden einen angemessenen Rahmen übersteigen (§ 55 Abs. 1 Nrn. 1 und 3). Dieser Rahmen ist in jedem Fall überschritten, wenn eine Körperschaft, die sich weitgehend durch Geldspenden finanziert, diese – nach einer Aufbauphase – überwiegend zur Bestreitung von Ausgaben für Verwaltung und Spendenwerbung statt für die Verwirklichung der steuerbegünstigten satzungsmäßigen Zwecke verwendet (BFH-Beschluss vom 23.09.1998 – I B 82/98 – BStBl 2000 II, S. 320). Die Verwaltungsausgaben einschließlich Spendenwerbung sind bei der Ermittlung der Anteile ins Verhältnis zu den gesamten vereinnahmten Mitteln (Spenden, Mitgliedsbeiträge, Zuschüsse, Gewinne aus wirtschaftlichen Geschäftsbetrieben usw.) zu setzen.

Für die Frage der Angemessenheit der Verwaltungsausgaben kommt es entscheidend auf die Umstände des jeweiligen Einzelfalls an. Eine für die Steuerbegünstigung schädliche Mittelverwendung kann deshalb auch schon dann vorliegen, wenn der prozentuale Anteil der Verwaltungsausgaben einschließlich der Spendenwerbung deutlich geringer als 50 % ist.

19. Während der Gründungs- oder Aufbauphase einer Körperschaft kann auch eine überwiegende Verwendung der Mittel für Verwaltungsausgaben und Spendenwerbung unschädlich für die Steuerbegünstigung sein. Die Dauer der Gründungs- oder Aufbauphase, während der dies möglich ist, hängt von den Verhältnissen des Einzelfalls ab.

Der in dem BFH-Beschluss vom 23.09.1998 – I B 82/98 – BStBl 2000 II, S. 320 zugestandene Zeitraum von 4 Jahren für die Aufbauphase, in der höhere anteilige Ausgaben für Verwaltung und Spendenwerbung zulässig sind, ist durch die Besonderheiten des entschiedenen Falles begründet (insbesondere 2. Aufbauphase nach Aberkennung der Steuerbegünstigung). Er ist deshalb als Obergrenze zu verstehen. I.d.R. ist von einer kürzeren Aufbauphase auszugehen.

20. Die Steuerbegünstigung ist auch dann zu versagen, wenn das Verhältnis der Verwaltungsausgaben zu den Ausgaben für die steuerbegünstigten Zwecke zwar insgesamt nicht zu beanstanden, eine einzelne Verwaltungsausgabe (z.b. das Gehalt des Geschäftsführers oder der Aufwand für die Mitglieder- und Spendenwerbung) aber nicht angemessen ist (§ 55 Abs. 1 Nr. 3).

21. Bei den Kosten für die Beschäftigung eines Geschäftsführers handelt es sich grundsätzlich um Verwaltungsausgaben. Eine Zuordnung dieser Kosten zu der steuerbegünstigten Tätigkeit ist nur insoweit möglich, als der Geschäftsführer unmittelbar bei steuerbegünstigten Projekten mitarbeitet. Entsprechendes gilt für die Zuordnung von Reisekosten.

Zu § 55 Abs. 1 Nrn. 2 und 4

22. Die in § 55 Abs. 1 Nrn. 2 und 4 genannten Sacheinlagen sind Einlagen i.S.d. Handelsrechts, für die dem Mitglied Gesellschaftsrechte eingeräumt worden sind. Insoweit sind also nur Kapitalgesellschaften, nicht aber Vereine angesprochen. Unentgeltlich zur Verfügung gestellte Vermögensgegenstände, für die keine Gesellschaftsrechte eingeräumt sind (Leihgaben, Sachspenden), fallen nicht unter § 55 Abs. 1 Nrn. 2 und 4. Soweit Kapitalanteile und Sacheinlagen von der Vermögensbindung ausgenommen werden, kann von dem Gesellschafter nicht die Spendenbegünstigung des § 10b EStG (§ 9 Abs. 1 Nr. 2 KStG) in Anspruch genommen werden.

Zu § 55 Abs. 1 Nr. 4

23. Eine wesentliche Voraussetzung für die Annahme der Selbstlosigkeit bildet der Grundsatz der Vermögensbindung für steuerbegünstigte Zwecke im Falle der Beendigung des Bestehens der Körperschaft oder des Wegfalles des bisherigen Zwecks (§ 55 Abs. 1 Nr. 4).

Hiermit soll verhindert werden, dass Vermögen, das sich aufgrund der Steuervergünstigungen gebildet hat, später zu nicht begünstigten Zwecken verwendet wird. Die satzungsmäßigen Anforderungen an die Vermögensbindung sind in den §§ 61 und 62 geregelt.

24. Eine Körperschaft ist nur dann steuerbegünstigt i.S.d. § 55 Abs. 1 Nr. 4 Satz 2, wenn sie nach § 5 Abs. 1 Nr. 9 KStG von der Körperschaftsteuer befreit ist. Dies kann nur eine Körperschaft sein, die unbeschränkt steuerpflichtig ist (§ 5 Abs. 2 Nr. 2 KStG). Eine satzungsmäßige Vermögensbindung auf eine nicht unbeschränkt steuerpflichtige ausländische Körperschaft genügt deshalb nicht den Anforderungen (vgl. zu § 61 Nr. 1).

Zu § 55 Abs. 1 Nr. 5

25. Die Körperschaft muss ihre Mittel grundsätzlich zeitnah für ihre steuerbegünstigten satzungsmäßigen Zwecke verwenden. Verwendung in diesem Sinne ist auch die Verwendung der Mittel für die Anschaffung oder Herstellung von Vermögensgegenständen, die satzungsmäßigen Zwecken dienen (z.B. Bau eines Altenheims, Kauf von Sportgeräten oder medizinischen Geräten).

Die Bildung von Rücklagen ist nur unter den Voraussetzungen des § 58 Nrn. 6 und 7 zulässig. Davon unberührt bleiben Rücklagen in einem steuerpflichtigen wirtschaftlichen Geschäftsbetrieb und Rücklagen im Bereich der Vermögensverwaltung (vgl. Nr. 3). Die Verwendung von Mitteln, die zeitnah für die steuerbegünstigten Zwecke zu verwenden sind, für die Ausstattung einer Körperschaft mit Vermögen ist ein Verstoß gegen das Gebot der zeitnahen Mittelverwendung, es sei denn, die Mittel werden von der empfangenden Körperschaft zeitnah für satzungsmäßige Zwecke verwendet, z.B. für die Errichtung eines Altenheims.

26. Eine zeitnahe Mittelverwendung ist gegeben, wenn die Mittel spätestens in dem auf den Zufluss folgenden Kalender- oder Wirtschaftsjahr für die steuerbegünstigten satzungsmäßigen Zwecke verwendet werden. Am Ende des Kalender- oder Wirtschaftsjahres noch vorhandene Mittel müssen in der Bilanz oder Vermögensaufstellung der Körperschaft zulässigerweise dem Vermögen oder einer zulässigen Rücklage zugeordnet oder als im zurückliegenden Jahr zugeflossene Mittel, die im folgenden Jahr für die steuerbegünstigten Zwecke zu verwenden sind, ausgewiesen sein. Soweit Mittel nicht schon im Jahr des

Zuflusses für die steuerbegünstigten Zwecke verwendet oder zulässigerweise dem Vermögen zugeführt werden, ist ihre zeitnahe Verwendung nachzuweisen, zweckmäßigerweise durch eine Nebenrechnung (Mittelverwendungsrechnung).

27. Nicht dem Gebot der zeitnahen Mittelverwendung unterliegt das Vermögen der Körperschaften, auch soweit es durch Umschichtungen innerhalb des Bereichs der Vermögensverwaltung entstanden ist (z.B. Verkauf eines zum Vermögen gehörenden Grundstücks einschließlich des den Buchwert übersteigenden Teils des Preises). Außerdem kann eine Körperschaft die in § 58 Nrn. 11 und 12 bezeichneten Mittel ohne für die Gemeinnützigkeit schädliche Folgen ihrem Vermögen zuführen.

Zu § 55 Abs. 2

28. Wertsteigerungen bleiben für steuerbegünstigte Zwecke gebunden. Bei der Rückgabe des Wirtschaftsguts selbst hat der Empfänger die Differenz in Geld auszugleichen.

Zu § 55 Abs. 3

IV

29. Die Regelung, nach der sich die Vermögensbindung nicht auf die eingezahlten Kapitalanteile der Mitglieder und den gemeinen Wert der von den Mitgliedern geleisteten Sacheinlagen erstreckt, gilt bei Stiftungen für die Stifter und ihre Erben sinngemäß (§ 55 Abs. 3 erster Halbsatz). Es ist also zulässig, das Stiftungskapital und die Zustiftungen von der Vermögensbindung auszunehmen und im Falle des Erlöschens der Stiftung an den Stifter oder seine Erben zurückfallen zu lassen. Für solche Stiftungen und Zustiftungen kann aber vom Stifter nicht die Spendenvergünstigung nach § 10b EStG (§ 9 Abs. 1 Nr. 2 KStG) in Anspruch genommen werden.

30. Die Vorschrift des § 55 Abs. 3 zweiter Halbsatz, die sich nur auf Stiftungen und Körperschaften des öffentlichen Rechts bezieht, berücksichtigt die Regelung im EStG, wonach die Entnahme eines Wirtschaftsgutes mit dem Buchwert angesetzt werden kann, wenn das Wirtschaftsgut den in § 6 Abs. 1 Nr. 4 Satz 5 EStG genannten Körperschaften unentgeltlich überlassen wird. Dies hat zur Folge, dass der Zuwendende bei der Aufhebung der Stiftung nicht den gemeinen Wert der Zuwendung, sondern nur den dem ursprünglichen Buchwert entsprechenden Betrag zurückerhält. Stille Reserven und Wertsteigerungen bleiben hiernach für steuerbegünstigte Zwecke gebunden. Bei Rückgabe des Wirtschaftsgutes selbst hat der Empfänger die Differenz in Geld auszugleichen.

§ 56 Ausschließlichkeit

Ausschließlichkeit liegt vor, wenn eine Körperschaft nur ihre steuerbegünstigten satzungsmäßigen Zwecke verfolgt.

AE zu § 56 AO Ausschließlichkeit

Die Vorschrift stellt klar, dass eine Körperschaft mehrere steuerbegünstigte Zwecke nebeneinander verfolgen darf, ohne dass dadurch die Ausschließlichkeit verletzt wird. Die verwirklichten steuerbegünstigten Zwecke müssen jedoch sämtlich satzungsmäßige Zwecke sein. Will demnach eine Körperschaft steuerbegünstigte Zwecke, die nicht in die Satzung aufgenommen sind, fördern, so ist eine Satzungsänderung erforderlich, die den Erfordernissen des § 60 entsprechen muss.

§ 57 Unmittelbarkeit

(1) Eine Körperschaft verfolgt unmittelbar ihre steuerbegünstigten satzungsmäßigen Zwecke, wenn sie selbst diese Zwecke verwirklicht. Das kann auch durch Hilfspersonen geschehen, wenn nach den Umständen des Falls, insbesondere nach den rechtlichen und tatsächlichen Beziehungen, die zwischen der Körperschaft und der Hilfsperson bestehen, das Wirken der Hilfsperson wie eigenes Wirken der Körperschaft anzusehen ist.

(2) Eine Körperschaft, in der steuerbegünstigte Körperschaften zusammengefasst sind, wird einer Körperschaft, die unmittelbar steuerbegünstigte Zwecke verfolgt, gleichgestellt.

AE zu § 57 AO Unmittelbarkeit

1. Die Vorschrift stellt in Absatz 1 klar, dass die Körperschaft die steuerbegünstigten satzungsmäßigen Zwecke selbst verwirklichen muss, damit Unmittelbarkeit gegeben ist (wegen der Ausnahmen Hinweis auf § 58).

2. Das Gebot der Unmittelbarkeit ist gemäß § 57 Abs. 1 Satz 2 auch dann erfüllt, wenn sich die steuerbegünstigte Körperschaft einer Hilfsperson bedient. Hierfür ist es erforderlich, dass nach den Umständen des Falles, insbesondere nach den rechtlichen und tatsächlichen Beziehungen, die zwischen der Körperschaft und der Hilfsperson bestehen, das Wirken der Hilfsperson wie eigenes Wirken der Körperschaft anzusehen ist, d.h. die Hilfsperson nach den Weisungen der Körperschaft einen konkreten Auftrag ausführt. Hilfsperson kann eine natürliche Person, Personenvereinigung oder juristische Person sein. Die Körperschaft hat durch Vorlage entsprechender Vereinbarungen nachzuweisen, dass sie den Inhalt und den Umfang der Tätigkeit der Hilfsperson bestimmen kann. Als Vertragsformen kommen z.B. Arbeits-, Dienst- oder Werkverträge in Betracht. Im Innenverhältnis muss die Hilfsperson an die Weisung der Körperschaft gebunden sein. Die Tätigkeit der Hilfsperson muss den Satzungsbestimmungen der Körperschaft entsprechen. Diese hat nachzuweisen, dass sie die Hilfsperson überwacht. Die weisungsgemäße Verwendung der Mittel ist von ihr sicherzustellen. Die Steuerbegünstigung einer Körperschaft, die nur über eine Hilfsperson das Merkmal der Unmittelbarkeit erfüllt (§ 57 Abs. 1 Satz 2), ist unabhängig davon zu gewähren, wie die Hilfsperson gemeinnützigkeitsrechtlich behandelt wird. Ein Handeln als Hilfsperson nach § 57 Abs. 1 Satz 2 begründet keine eigene steuerbegünstigte Tätigkeit (BFH-Urteil vom 07.03.2007 – I R 90/04 – BStBl II, S. 628).

Eine Hilfspersonentätigkeit in diesem Sinne liegt nicht vor, wenn der auftraggebenden Person dadurch nicht nach § 57 Abs. 1 Satz 2 die Gemeinnützigkeit vermittelt wird, z.B. Tätigkeiten im Auftrag von juristischen Personen des öffentlichen Rechts (Hoheitsbereich), voll steuerpflichtigen Körperschaften oder natürlichen Personen.

3. Ein Zusammenschluss i.S.d. § 57 Abs. 2 AO ist gegeben, wenn die Einrichtung ausschließlich allgemeine, aus der Tätigkeit und Aufgabenstellung der Mitgliederkörperschaften erwachsene Interessen wahrnimmt. Nach Absatz 2 wird eine Körperschaft, in der steuerbegünstigte Körperschaften zusammengefasst sind, einer Körperschaft gleichgestellt, die unmittelbar steuerbegünstigte Zwecke verfolgt. Voraussetzung ist, dass jede der zusammengefassten Körperschaften sämtliche Voraussetzungen für die Steuerbegünstigung erfüllt. Verfolgt eine solche Körperschaft selbst unmittelbar steuerbegünstigte Zwecke, ist die bloße Mitgliedschaft einer nicht steuerbegünstigten Organisation für die Steuerbegünstigung unschädlich. Die Körperschaft darf die nicht steuerbegünstigte Organisation aber nicht mit Rat und Tat fördern (z.B. Zuweisung von Mitteln, Rechtsberatung).

§ 58 Steuerlich unschädliche Betätigungen

Die Steuervergünstigung wird nicht dadurch ausgeschlossen, dass

1. eine Körperschaft Mittel für die Verwirklichung der steuerbegünstigten Zwecke einer anderen Körperschaft oder für die Verwirklichung steuerbegünstigter Zwecke durch eine Körperschaft des öffentlichen Rechts beschafft; die Beschaffung von Mitteln für eine unbeschränkt steuerpflichtige Körperschaft des privaten Rechts setzt voraus, dass diese selbst steuerbegünstigt ist,

2. eine Körperschaft ihre Mittel teilweise einer anderen, ebenfalls steuerbegünstigten Körperschaft oder einer Körperschaft des öffentlichen Rechts zur Verwendung zu steuerbegünstigten Zwecken zuwendet,

3. eine Körperschaft ihre Arbeitskräfte anderen Personen, Unternehmen, Einrichtungen oder einer Körperschaft des öffentlichen Rechts für steuerbegünstigte Zwecke zur Verfügung stellt,

4. eine Körperschaft ihr gehörende Räume einer anderen, ebenfalls steuerbegünstigten Körperschaft oder einer Körperschaft des öffentlichen Rechts zur Nutzung zu steuerbegünstigten Zwecken überlässt,

5. eine Stiftung einen Teil, jedoch höchstens ein Drittel ihres Einkommens dazu verwendet, um in angemessener Weise den Stifter und seine nächsten Angehörigen zu unterhalten, ihre Gräber zu pflegen und ihr Andenken zu ehren,

6. eine Körperschaft ihre Mittel ganz oder teilweise einer Rücklage zuführt, soweit dies erforderlich ist, um ihre steuerbegünstigten satzungsmäßigen Zwecke nachhaltig erfüllen zu können,

7. a) eine Körperschaft höchstens ein Drittel des Überschusses der Einnahmen über die Unkosten aus Vermögensverwaltung und darüber hinaus höchstens 10 Prozent ihrer sonstigen nach § 55 Abs. 1 Nr. 5 zeitnah zu verwendenden Mittel einer freien Rücklage zuführt,

   b) eine Körperschaft Mittel zum Erwerb von Gesellschaftsrechten zur Erhaltung der prozentualen Beteiligung an Kapitalgesellschaften ansammelt oder im Jahr des Zuflusses verwendet; diese Beträge sind auf die nach Buchstabe a in demselben Jahr oder künftig zulässigen Rücklagen anzurechnen,

8. eine Körperschaft gesellige Zusammenkünfte veranstaltet, die im Vergleich zu ihrer steuerbegünstigten Tätigkeit von untergeordneter Bedeutung sind,

9. ein Sportverein neben dem unbezahlten auch den bezahlten Sport fördert,

10. eine von einer Gebietskörperschaft errichtete Stiftung zur Erfüllung ihrer steuerbegünstigten Zwecke Zuschüsse an Wirtschaftsunternehmen vergibt,

11. eine Körperschaft folgende Mittel ihrem Vermögen zuführt:

    a) Zuwendungen von Todes wegen, wenn der Erblasser keine Verwendung für den laufenden Aufwand der Körperschaft vorgeschrieben hat,

    b) Zuwendungen, bei denen der Zuwendende ausdrücklich erklärt, dass sie zur Ausstattung der Körperschaft mit Vermögen oder zur Erhöhung des Vermögens bestimmt sind,

    c) Zuwendungen auf Grund eines Spendenaufrufs der Körperschaft, wenn aus dem Spendenaufruf ersichtlich ist, dass Beträge zur Aufstockung des Vermögens erbeten werden,

    d) Sachzuwendungen, die ihrer Natur nach zum Vermögen gehören,

12. eine Stiftung im Jahr ihrer Errichtung und in den zwei folgenden Kalenderjahren Überschüsse aus der Vermögensverwaltung und die Gewinne aus wirtschaftlichen Geschäftsbetrieben (§ 14) ganz oder teilweise ihrem Vermögen zuführt.

AE zu § 58 AO Steuerlich unschädliche Betätigungen

Zu § 58 Nr. 1

1. Diese Ausnahmeregelung ermöglicht es, Körperschaften als steuerbegünstigt anzuerkennen, die andere Körperschaften fördern und dafür Spenden sammeln oder auf andere Art Mittel beschaffen (Mittelbeschaffungskörperschaften). Die Beschaffung von Mitteln muss als Satzungszweck festgelegt sein. Ein steuerbegünstigter Zweck, für den Mittel beschafft werden sollen, muss in der Satzung angegeben sein. Es ist nicht erforderlich, die Körperschaften, für die Mittel beschafft werden sollen, in der Satzung aufzuführen. Die Körperschaften, für die Mittel beschafft werden, muss nur dann selbst steuerbegünstigt sein, wenn sie eine unbeschränkt steuerpflichtige Körperschaft des privaten Rechts ist. Werden Mittel für nicht unbeschränkt steuerpflichtige Körperschaften beschafft, muss die Verwendung der Mittel für die steuerbegünstigten Zwecke ausreichend nachgewiesen werden.

IV

Zu § 58 Nr. 2

2. Die teilweise (nicht überwiegende) Weitergabe eigener Mittel (auch Sachmittel) ist unschädlich. Ausschüttungen und sonstige Zuwendungen einer steuerbegünstigten Körperschaft sind unschädlich, wenn die Gesellschafter oder Mitglieder als Begünstigte ausschließlich steuerbegünstigte Körperschaften sind.

Zu § 58 Nr. 3

3. Eine steuerlich unschädliche Betätigung liegt auch dann vor, wenn nicht nur Arbeitskräfte, sondern zugleich Arbeitsmittel (z.B. Krankenwagen) zur Verfügung gestellt werden.

Zu § 58 Nr. 4

4. Zu den „Räumen" i.S.d. Nummer 4 gehören beispielsweise auch Sportstätten, Sportanlagen und Freibäder.

Zu § 58 Nr. 5

5. Eine Stiftung darf einen Teil ihres Einkommens – höchstens ein Drittel – dazu verwenden, die Gräber des Stifters und seiner nächsten Angehörigen zu pflegen und deren Andenken zu ehren. In diesem Rahmen ist auch gestattet, dem Stifter und seinen nächsten Angehörigen Unterhalt zu gewähren.

Unter Einkommen ist die Summe der Einkünfte aus den einzelnen Einkunftsarten des § 2 Abs. 1 EStG zu verstehen, unabhängig davon, ob die Einkünfte steuerpflichtig sind oder nicht. Positive und negative Einkünfte sind zu saldieren. Die Verlustverrechnungsbeschränkungen nach § 2 Abs. 3 EStG sind dabei unbeachtlich. Bei der Ermittlung der Einkünfte sind von den Einnahmen die damit zusammenhängenden Aufwendungen einschließlich der Abschreibungsbeträge abzuziehen.

Zur steuerrechtlichen Beurteilung von Ausgaben für die Erfüllung von Verbindlichkeiten, die durch die Übertragung von belastetem Vermögen begründet worden sind, wird auf die Nummern 12 bis 14 zu § 55 hingewiesen.

6. Der Begriff des nächsten Angehörigen ist enger als der Begriff des Angehörigen nach § 15. Er umfasst:
- Ehegatten,
- Eltern,
- Großeltern, Kinder, Enkel (auch falls durch Adoption verbunden),
- Geschwister,
- Pflegeeltern, Pflegekinder.

7. Unterhalt, Grabpflege und Ehrung des Andenkens müssen sich in angemessenem Rahmen halten. Damit ist neben der relativen Grenze von einem Drittel des Einkommens eine gewisse absolute Grenze festgelegt. Maßstab für die Angemessenheit des Unterhalts ist der Lebensstandard des Zuwendungsempfängers.

8. § 58 Nr. 5 enthält lediglich eine Ausnahmeregelung zu § 55 Abs. 1 Nr. 1 für Stiftungen (vgl. zu § 55 Nr. 14), begründet jedoch keinen eigenständigen steuerbegünstigten Zweck. Eine Stiftung, zu deren Satzungszwecken die Unterstützung von hilfsbedürftigen Verwandten des Stifters gehört, kann daher nicht unter Hinweis auf § 58 Nr. 5 als steuerbegünstigt behandelt werden.

Zu § 58 Nr. 6

9. Bei der Bildung der Rücklage nach § 58 Nr. 6 kommt es nicht auf die Herkunft der Mittel an. Der Rücklage dürfen also auch zeitnah zu verwendende Mittel wie z.B. Spenden zugeführt werden.

10. Voraussetzung für die Bildung einer Rücklage nach § 58 Nr. 6 ist in jedem Fall, dass ohne sie die steuerbegünstigten satzungsmäßigen Zwecke nachhaltig nicht erfüllt werden können. Das Bestreben, ganz allgemein die Leistungsfähigkeit der Körperschaft zu erhalten, reicht für eine steuerlich unschädliche Rücklagenbildung nach dieser Vorschrift nicht aus (hierfür können nur freie Rücklagen nach § 58 Nr. 7 gebildet werden, vgl. Nrn. 13 bis 17). Vielmehr müssen die Mittel für bestimmte – die steuerbegünstigten Satzungszwecke verwirklichende – Vorhaben angesammelt werden, für deren Durchführung bereits konkrete Zeitvorstellungen bestehen. Besteht noch keine konkrete Zeitvorstellung, ist eine Rücklagenbildung zulässig, wenn die Durchführung des Vorhabens glaubhaft und bei den finanziellen Verhältnissen der steuerbegünstigten Körperschaft in einem angemessenen Zeitraum möglich ist. Die Bildung von Rücklagen für periodisch wiederkehrende Ausgaben (z.B. Löhne, Gehälter, Mieten) in Höhe des Mittelbedarfs für eine angemessene Zeitperiode ist zulässig (sogenannte Betriebsmittelrücklage). Ebenfalls unschädlich ist die vorsorgliche Bildung einer Rücklage zur Bezahlung von Steuern außerhalb eines steuerpflichtigen wirtschaftlichen Geschäftsbetriebs, solange Unklarheit darüber besteht, ob die Körperschaft insoweit in Anspruch genommen wird.

Die Bildung einer Rücklage kann nicht damit begründet werden, dass die Überlegungen zur Verwendung der Mittel noch nicht abgeschlossen sind.

11. Die vorstehenden Grundsätze zu § 58 Nr. 6 gelten auch für Mittelbeschaffungskörperschaften i.S.d. § 58 Nr. 1 (BFH-Urteil vom 13.09.1989 – I R 19/85 – BStBl 1990 II, S. 28). Voraussetzung ist jedoch, dass die Rücklagenbildung dem Zweck der Beschaffung von Mitteln für die steuerbegünstigten Zwecke einer anderen Körperschaft entspricht. Diese Voraussetzung ist zum Beispiel erfüllt, wenn die Mittelbeschaffungskörperschaft wegen Verzögerung der von ihr zu finanzierenden steuerbegünstigten Maßnahmen gezwungen ist, die beschafften Mittel zunächst zu thesaurieren.

12. Unterhält eine steuerbegünstigte Körperschaft einen steuerpflichtigen wirtschaftlichen Geschäftsbetrieb, so können dessen Erträge der Rücklage erst nach Versteuerung zugeführt werden.

Zu § 58 Nr. 7

13. Der freien Rücklage (§ 58 Nr. 7 Buchstabe a) darf jährlich höchstens ein Drittel des Überschusses der Einnahmen über die Unkosten aus der Vermögensverwaltung zugeführt werden. Unter Unkosten sind Aufwendungen zu verstehen, die dem Grunde nach Werbungskosten sind.

14. Darüber hinaus kann die Körperschaft höchstens 10 % ihrer sonstigen nach § 55 Abs. 1 Nr. 5 zeitnah zu verwendenden Mittel einer freien Rücklage zuführen. Mittel i.S. dieser Vorschrift sind die Überschüsse bzw. Gewinne aus steuerpflichtigen wirtschaftlichen Geschäftsbetrieben und Zweckbetrieben sowie die Bruttoeinnahmen aus dem ideellen Bereich. Bei Anwendung der Regelungen des § 64 Abs. 5 und 6 können in die Bemessungsgrundlage zur Ermittlung der Rücklage statt der geschätzten bzw. pauschal ermittelten Gewinne die tatsächlichen Gewinne einbezogen werden.

Verluste aus Zweckbetrieben sind mit entsprechenden Überschüssen zu verrechnen; darüber hinaus gehende Verluste mindern die Bemessungsgrundlage nicht. Das gilt entsprechend für Verluste aus dem einheitlichen wirtschaftlichen Geschäftsbetrieb. Ein Überschuss aus der Vermögensverwaltung ist – unabhängig davon, inwieweit er in eine Rücklage eingestellt wurde – nicht in die Bemessungsgrundlage für die Zuführung aus den sonstigen zeitnah zu verwendenden Mitteln einzubeziehen. Ein Verlust aus der Vermögensverwaltung mindert die Bemessungsgrundlage nicht.

15. Wird die Höchstgrenze nach den Nrn. 13 und 14 nicht voll ausgeschöpft, so ist eine Nachholung in späteren Jahren nicht zulässig. Die steuerbegünstigte Körperschaft braucht die freie Rücklage während der Dauer ihres Bestehens nicht aufzulösen. Die in die Rücklage eingestellten Mittel können auch dem Vermögen zugeführt werden.

16. Die Ansammlung und Verwendung von Mitteln zum Erwerb von Gesellschaftsrechten zur Erhaltung der prozentualen Beteiligung an Kapitalgesellschaft schließen die Steuervergünstigungen nicht aus (§ 58 Nr. 7 Buchstabe b). Die Herkunft der Mittel ist dabei ohne Bedeutung. § 58 Nr. 7 Buchstabe b ist nicht auf den erstmaligen Erwerb von Anteilen an Kapitalgesellschaften anzuwenden. Hierfür können u.a. freie Rücklagen nach § 58 Nr. 7 Buchstabe a eingesetzt werden.

17. Die Höchstgrenze für die Zuführung zu der freien Rücklage mindert sich um den Betrag, den die Körperschaft zum Erwerb von Gesellschaftsrechten zur Erhaltung der prozentualen Beteiligung an Kapitalgesellschaften ausgibt oder bereitstellt. Übersteigt der für die Erhaltung der Beteiligungsquote verwendete oder bereitgestellte Betrag die Höchstgrenze, ist auch in den Folgejahren eine Zuführung zu der freien Rücklage erst wieder möglich, wenn die für eine freie Rücklage verwendbaren Mittel insgesamt die für die Erhaltung der Beteiligungsquote verwendeten oder bereitgestellten Mittel übersteigen. Die Zuführung von Mitteln zu Rücklagen nach § 58 Nr. 6 berührt die Höchstgrenze für die Bildung freier Rücklagen dagegen nicht.

IV

Beispiel:

	Freie Rücklage (§ 58 Nr. 7 Buchstabe a)	Verwendung von Mitteln zur Erhaltung der Beteiligungsquote (§ 58 Nr. 7 Buchst. b)
	Euro	Euro	Euro
Jahr 01 Zuführung zur freien Rücklage		25.000	
Jahr 02 Höchstbetrag für die Zuführung zur freien Rücklage: 1/3 von 15.000 Euro =	5.000		
10 % von 50.000 Euro =	5.000		
Ergibt	10.000		
Verwendung von Mitteln zur Erhaltung der Beteiligungsquote	25.000		25.000
Übersteigender Betrag	./. 15.000		
Zuführung zur freien Rücklage		0	
Jahr 03 Höchstbetrag für die Zuführung zur freien Rücklage: 1/3 von 30.000 Euro =	10.000		
10 % von 100.000 Euro =	10.000		
Ergibt	20.000		
Übersteigender Betrag aus dem Jahr 02	./. 15.000		
Verbleibender Betrag	5.000		
Zuführung zur freien Rücklage		5.000	

Zu § 58 Nrn. 6 und 7

18. Ob die Voraussetzungen für die Bildung einer Rücklage gegeben sind, hat die steuerbegünstigte Körperschaft dem zuständigen Finanzamt im Einzelnen darzulegen. Weiterhin muss sie die Rücklagen nach § 58 Nrn. 6 und 7 in ihrer Rechnungslegung – ggf. in einer Nebenrechnung – gesondert ausweisen, damit eine Kontrolle jederzeit und ohne besonderen Aufwand möglich ist (BFH-Urteil vom 20.12.1978 – I R 21/76 – BStBl 1979 II S. 496).

Zu § 58 Nr. 8

19. Gesellige Zusammenkünfte, die im Vergleich zur steuerbegünstigten Tätigkeit nicht von untergeordneter Bedeutung sind, schließen die Steuervergünstigung aus.

Zu § 58 Nr. 10

20. Diese Ausnahmeregelung ermöglicht es den ausschließlich von einer oder mehreren Gebietskörperschaften errichteten rechtsfähigen und nichtrechtsfähigen Stiftungen, die Erfüllung ihrer steuerbegünstigten Zwecke mittelbar durch Zuschüsse an Wirtschaftsunternehmen zu verwirklichen. Diese mittelbare Zweckverwirklichung muss in der Satzung festgelegt sein. Die Verwendung der Zuschüsse für steuerbegünstigte Satzungszwecke muss nachgewiesen werden.

Zu § 58 Nr. 11

21. Bei den in der Vorschrift genannten Zuwendungen ist es ausnahmsweise zulässig, grundsätzlich zeitnah zu verwendende Mittel dem zulässigen Vermögen zuzuführen. Die Aufzählung ist abschließend. Unter Sachzuwendungen, die ihrer Natur nach zum Vermögen gehören, sind Wirtschaftsgüter zu verstehen, die ihrer Art nach von der Körperschaft im ideellen Bereich, im Rahmen der Vermögensverwaltung oder im wirtschaftlichen Geschäftsbetrieb genutzt werden können.

Werden Mittel nach dieser Vorschrift dem Vermögen zugeführt, sind sie aus der Bemessungsgrundlage für Zuführungen von sonstigen zeitnah zu verwendenden Mitteln nach § 58 Nr. 7 Buchstabe a herauszurechnen.

Zu § 58 Nr. 12

22. Stiftungen dürfen im Jahr ihrer Errichtung und in den zwei folgenden Kalenderjahren Überschüsse und Gewinne aus der Vermögensverwaltung, aus Zweckbetrieb und aus steuerpflichtigen wirtschaftlichen Geschäftsbetrieben ganz oder teilweise ihrem Vermögen zuführen. Für sonstige Mittel, z.B. Zuwendungen und Zuschüsse, gilt diese Regelung dagegen nicht.

Liegen in einem Kalenderjahr positive und negative Ergebnisse aus der Vermögensverwaltung, aus den Zweckbetrieben und dem einheitlichen steuerpflichtigen wirtschaftlichen Geschäftsbetrieb vor, ist eine Zuführung zum Vermögen auf den positiven Betrag begrenzt, der nach der Verrechnung der Ergebnisse verbleibt.

Zu § 58 Nrn. 2 bis 12

23. Die in § 58 Nrn. 2 bis 9, 11 und 12 genannten Ausnahmetatbestände können auch ohne entsprechende Satzungsbestimmung verwirklicht werden. Entgeltliche Tätigkeiten nach § 58 Nrn. 3, 4 oder 8 begründen einen steuerpflichtigen wirtschaftlichen Geschäftsbetrieb oder Vermögensverwaltung (z.B. Raumüberlassung). Bei den Regelungen des § 58 Nrn. 5, 10 und 12 kommt es jeweils nicht auf die Bezeichnung der Körperschaft als Stiftung, sondern auf die tatsächliche Rechtsform an. Dabei ist es unmaßgeblich, ob es sich um eine rechtsfähige oder nichtrechtsfähige Stiftung handelt.

§ 59 Voraussetzung der Steuervergünstigung

Die Steuervergünstigung wird gewährt, wenn sich aus der Satzung, dem Stiftungsgeschäft oder der sonstigen Verfassung (Satzung im Sinne dieser Vorschriften) ergibt, welchen Zweck die Körperschaft verfolgt, dass dieser Zweck den Anforderungen der §§ 52 bis 55

IV

entspricht und dass er ausschließlich und unmittelbar verfolgt wird; die tatsächliche Geschäftsführung muss diesen Satzungsbestimmungen entsprechen.

AE zu § 59 AO Voraussetzung der Steuervergünstigung

1. Die Vorschrift bestimmt u. a., dass die Steuervergünstigung nur gewährt wird, wenn ein steuerbegünstigter Zweck (§§ 52 bis 54), die Selbstlosigkeit (§ 55) und die ausschließliche und unmittelbare Zweckverfolgung (§§ 56, 57) durch die Körperschaft aus der Satzung direkt hervorgehen. Eine weitere satzungsmäßige Voraussetzung in diesem Sinn ist die in § 61 geforderte Vermögensbindung. Das Unterhalten wirtschaftlicher Geschäftsbetriebe (§ 14 Sätze 1 und 2 und § 64), die keine Zweckbetriebe (§§ 65 bis 68) sind, und die Vermögensverwaltung (§ 14 Satz 3) dürfen nicht Satzungszweck sein. Die Erlaubnis zur Unterhaltung eines Nichtzweckbetriebes und die Vermögensverwaltung in der Satzung können zulässig sein (BFH-Urteil vom 18.12.2002 – I R 15/02 – BStBl 2003 II, S. 384). Bei Körperschaften, die ausschließlich Mittel für andere Körperschaften oder Körperschaften des öffentlichen Rechts beschaffen (§ 58 Nr. 1), kann in der Satzung auf das Gebot der Unmittelbarkeit verzichtet werden.

2. (...)

3. Ein besonderes Anerkennungsverfahren ist im steuerlichen Gemeinnützigkeitsrecht nicht vorgesehen. Ob eine Körperschaft steuerbegünstigt ist, entscheidet das Finanzamt im Veranlagungsverfahren durch Steuerbescheid (ggf. Freistellungsbescheid). Dabei hat es von Amts wegen die tatsächlichen und rechtlichen Verhältnisse zu ermitteln, die für die Steuerpflicht und für die Bemessung der Steuer wesentlich sind. Eine Körperschaft, bei der nach dem Ergebnis dieser Prüfung die gesetzlichen Voraussetzungen für die steuerliche Behandlung als steuerbegünstigte Körperschaft vorliegen, muss deshalb auch als solche behandelt werden, und zwar ohne Rücksicht darauf, ob ein entsprechender Antrag gestellt worden ist oder nicht. Ein Verzicht auf die Behandlung als steuerbegünstigte Körperschaft ist somit für das Steuerrecht unbeachtlich.

4. Auf Antrag einer neu gegründeten Körperschaft, bei der die Voraussetzungen der Steuervergünstigung noch nicht im Veranlagungsverfahren festgestellt worden sind, bescheinigt das zuständige Finanzamt vorläufig, z.B. für den Empfang steuerbegünstigter Spenden oder für eine Gebührenbefreiung, dass bei ihm die Körperschaft steuerlich erfasst ist und die eingereichte Satzung alle nach § 59 Satz 1, §§ 60 und 61 geforderten Voraussetzungen erfüllt, welche u.a. für die Steuerbefreiung nach § 5 Abs. 1 Nr. 9 KStG vorliegen müssen. Eine vorläufige Bescheinigung über die Gemeinnützigkeit darf erst ausgestellt werden, wenn eine Satzung vorliegt, die den gemeinnützigkeitsrechtlichen Vorschriften entspricht.

5. Die vorläufige Bescheinigung über die Gemeinnützigkeit stellt keinen Verwaltungsakt, sondern lediglich eine Auskunft über den gekennzeichneten Teilbereich der für die Steuervergünstigung erforderlichen Voraussetzungen dar. Sie sagt z.B. nichts über die Übereinstimmung von Satzung und tatsächlicher Geschäftsführung aus. Sie ist befristet zu erteilen und ist frei widerruflich (BFH-Beschluss vom 07.05.1986 – I B 58/85 – BStBl II, S. 677). Die Geltungsdauer sollte 18 Monate nicht überschreiten.

6. Die Erteilung einer vorläufigen Bescheinigung über die Gemeinnützigkeit kann auch in Betracht kommen, wenn eine Körperschaft schon längere Zeit existiert und die Gemeinnützigkeit im Veranlagungsverfahren versagt wurde (BFH-Beschluss vom 23.09.1998 – I B 82/98 – BStBl 2000 II, S. 320).

6.1. Eine vorläufige Bescheinigung über die Gemeinnützigkeit ist in diesen Fällen auf Antrag zu erteilen, wenn die Körperschaft die Voraussetzungen für die Gemeinnützigkeit im gesamten Veranlagungszeitraum, der dem Zeitraum der Nichtgewährung folgt, voraussichtlich erfüllen wird. Ihre Geltungsdauer sollte 18 Monate nicht überschreiten.

6.2. Darüber hinaus kann die Erteilung einer vorläufigen Bescheinigung über die Gemeinnützigkeit auch dann geboten sein, wenn die Körperschaft nach Auffassung des Finanzamts nicht gemeinnützig ist. In diesen Fällen darf die Bescheinigung nur erteilt werden, wenn die folgenden Voraussetzungen erfüllt sind:

IV

6.2.1. Die Körperschaft muss gegen eine Entscheidung des Finanzamts, mit der die Erteilung einer vorläufigen Bescheinigung über die Gemeinnützigkeit abgelehnt wurde, beim zuständigen Finanzgericht Rechtsschutz begehrt haben.

6.2.2. Es müssen ernstliche Zweifel bestehen, ob die Ablehnung der Gemeinnützigkeit im Klageverfahren bestätigt wird. Dies erfordert, dass die Körperschaft schlüssig darlegt und glaubhaft macht, dass sie die Voraussetzungen für die Gemeinnützigkeit nach ihrer Satzung und bei der tatsächlichen Geschäftsführung erfüllt.

6.2.3. Die wirtschaftliche Existenz der Körperschaft muss in Folge der Nichterteilung der vorläufigen Bescheinigung gefährdet sein. Für die Beurteilung sind die Verhältnisse im jeweiligen Einzelfall maßgeblich. Eine Existenzgefährdung kann nicht allein deshalb unterstellt werden, weil sich die Körperschaft bisher zu einem wesentlichen Teil aus Spenden oder steuerlich abziehbaren Mitgliedsbeiträgen finanziert hat und wegen der Nichtgewährung der Steuervergünstigungen ein erheblicher Rückgang dieser Einnahmen zu erwarten ist. Sie liegt z.B. auch dann nicht vor, wenn die Körperschaft über ausreichendes verwertbares Vermögen verfügt oder sich ausreichende Kredite verschaffen kann. Die Körperschaft muss als Antragsgrund die Existenzgefährdung schlüssig darlegen und glaubhaft machen.

6.3. Die vorläufige Bescheinigung über die Gemeinnützigkeit nach Nr. 6.2. ist ggf. formlos zu erteilen. Sie muss die Körperschaft in die Lage versetzen, unter Hinweis auf die steuerliche Abzugsfähigkeit um Zuwendungen zu werben. Ihre Geltungsdauer ist bis zum rechtskräftigen Abschluss des gerichtlichen Verfahrens zu befristen. Ob Auflagen, wie sie der BFH in dem entschiedenen Fall beschlossen hat (u.a. vierteljährliche Einreichung von Aufstellungen über die Einnahmen und Ausgaben), sinnvoll und erforderlich sind, hängt von den Umständen des Einzelfalls ab.

7. Die vorläufige Bescheinigung wird durch den Steuerbescheid (ggf. Freistellungsbescheid) ersetzt. Die Steuerbefreiung soll spätestens alle drei Jahre überprüft werden.

8. Die Satzung einer Körperschaft ist vor der Erteilung einer erstmaligen vorläufigen Bescheinigung über die Steuerbegünstigung oder eines Freistellungsbescheides zur Körperschaft- und Gewerbesteuer sorgfältig zu prüfen. Wird eine vorläufige Bescheinigung über die Gemeinnützigkeit erteilt oder die Steuerbegünstigung anerkannt, bei einer späteren Überprüfung der Körperschaft aber festgestellt, dass die Satzung doch nicht den Anforderungen des Gemeinnützigkeitsrechts genügt, dürfen aus Vertrauensschutzgründen hieraus keine nachteiligen Folgerungen für die Vergangenheit gezogen werden. Die Körperschaft ist trotz der fehlerhaften Satzung für abgelaufene Veranlagungszeiträume und für das Kalenderjahr, in dem die Satzung beanstandet wird, als steuerbegünstigt zu behandeln. Dies gilt nicht, wenn bei der tatsächlichen Geschäftsführung gegen Vorschriften des Gemeinnützigkeitsrechts verstoßen wurde.

Die Vertreter der Körperschaft sind aufzufordern, die zu beanstandenden Teile der Satzung so zu ändern, dass die Körperschaft die satzungsgemäßen Voraussetzungen für die Steuervergünstigung erfüllt. Hierfür ist eine angemessene Frist zu setzen. Vereinen soll dabei in der Regel eine Beschlussfassung in der nächsten ordentlichen Mitgliederversammlung ermöglicht werden. Wird die Satzung innerhalb der gesetzten Frist entsprechend den Vorgaben des Finanzamts geändert, ist die Steuervergünstigung für das der Beanstandung der Satzung folgende Kalenderjahr auch dann anzuerkennen, wenn zu Beginn des Kalenderjahres noch keine ausreichende Satzung vorgelegen hat.

Die vorstehenden Grundsätze gelten nicht, wenn die Körperschaft die Satzung geändert hat und eine geänderte Satzungsvorschrift zu beanstanden ist. In diesen Fällen fehlt es an einer Grundlage für die Gewährung von Vertrauensschutz.

§ 60 Anforderungen an die Satzung

(1) Die Satzungszwecke und die Art ihrer Verwirklichung müssen so genau bestimmt sein, dass auf Grund der Satzung geprüft werden kann, ob die satzungsmäßigen Voraussetzungen für Steuervergünstigungen gegeben sind. Die Satzung muss die in der Anlage 1 bezeichneten Festlegungen enthalten.

(2) Die Satzung muss den vorgeschriebenen Erfordernissen bei der Körperschaftsteuer und bei der Gewerbesteuer während des ganzen Veranlagungs- oder Bemessungszeitraums, bei den anderen Steuern im Zeitpunkt der Entstehung der Steuer entsprechen.

AE zu § 60 AO Anforderungen an die Satzung

1. Die Satzung muss so präzise gefasst sein, dass aus ihr unmittelbar entnommen werden kann, ob die Voraussetzungen der Steuerbegünstigung vorliegen (formelle Satzungsmäßigkeit). Die bloße Bezugnahme auf Satzungen oder andere Regelungen Dritter genügt nicht (BFH-Urteil vom 19.04.1989 – I R 3/88 – BStBl II, S. 595). Es reicht aus, wenn sich die satzungsmäßigen Voraussetzungen aufgrund einer Auslegung aller Satzungsbestimmungen ergeben (BFH-Urteil vom 13.12.1978 – I R 39/78 – BStBl 1979 II, S. 482 und vom 13.08.1997 – I R 19/96 – BStBl II, S. 794).

2. (...)

3. (...)

IV

4. (...)

5. Die tatsächliche Geschäftsführung (vgl. § 63) muss mit der Satzung übereinstimmen.

6. Die satzungsmäßigen Voraussetzungen für die Anerkennung der Steuerbegünstigung müssen

- bei der Körperschaftsteuer vom Beginn bis zum Ende des Veranlagungszeitraums,
- bei der Gewerbesteuer vom Beginn bis zum Ende des Erhebungszeitraums,
- bei der Grundsteuer zum Beginn des Kalenderjahres, für das über die Steuerpflicht zu entscheiden ist (§ 9 Abs. 2 GrStG),
- bei der Umsatzsteuer zu den sich aus § 13 Abs. 1 UStG ergebenden Zeitpunkten,
- bei der Erbschaftsteuer zu den sich aus § 9 ErbStG ergebenden Zeitpunkten,

erfüllt sein.

§ 61 Satzungsmäßige Vermögensbindung

(1) Eine steuerlich ausreichende Vermögensbindung (§ 55 Abs. 1 Nr. 4) liegt vor, wenn der Zweck, für den das Vermögen bei Auflösung oder Aufhebung der Körperschaft oder bei Wegfall ihres bisherigen Zwecks verwendet werden soll, in der Satzung so genau bestimmt ist, dass auf Grund der Satzung geprüft werden kann, ob der Verwendungszweck steuerbegünstigt ist.

(2) (weggefallen)

(3) Wird die Bestimmung über die Vermögensbindung nachträglich so geändert, dass sie den Anforderungen des § 55 Abs. 1 Nr. 4 nicht mehr entspricht, so gilt sie von Anfang an als steuerlich nicht ausreichend. § 175 Absatz 1 Satz 1 Nr. 2 ist mit der Maßgabe anzuwenden, dass Steuerbescheide erlassen, aufgehoben oder geändert werden können, soweit sie Steuern betreffen, die innerhalb der letzten zehn Kalenderjahre vor der Änderung der Bestimmung über die Vermögensbindung entstanden sind.

AE zu § 61 AO Satzungsmäßige Vermögensbindung

1. Die Vorschrift stellt klar, dass die zu den Voraussetzungen der Selbstlosigkeit zählende Bindung des Vermögens für steuerbegünstigte Zwecke vor allem im Falle der Auflösung der Körperschaft aus der Satzung genau hervorgehen muss (Mustersatzung, § 5). Eine satzungsmäßige Vermögensbindung auf eine nicht unbeschränkt steuerpflichtige ausländische Körperschaft genügt nicht den Anforderungen (vgl. Nr. 24 zu § 55).

2. Nach dem aufgehobenen § 61 Abs. 2 durfte bei Vorliegen zwingender Gründe in der Satzung bestimmt werden, dass über die Verwendung des Vermögens zu steuerbegünstigten Zwecken nach Auflösung oder Aufhebung der Körperschaft oder bei Wegfall steuerbegünstigter Zwecke erst nach Einwilligung des Finanzamtes bestimmt wird. Eine Satzung braucht nicht allein deswegen geändert zu werden, weil sie eine vor der Aufhebung des § 61 Abs. 2 zulässige Bestimmung über die Vermögensbindung enthält.

3. (...)

4. Wird die satzungsmäßige Vermögensbindung aufgehoben, gilt sie von Anfang an als steuerlich nicht ausreichend. Die Regelung greift auch ein, wenn die Bestimmung über die Vermögensbindung erst zu einem Zeitpunkt geändert wird, in dem die Körperschaft nicht mehr als steuerbegünstigt anerkannt ist. Die entsprechenden steuerlichen Folgerungen sind durch Steuerfestsetzung rückwirkend zu ziehen.

5. Bei Verstößen gegen den Grundsatz der Vermögensbindung bildet die Festsetzungsverjährung (§§ 169 ff.) keine Grenze. Vielmehr können nach § 175 Abs. 1 Satz 1 Nr. 2 auch Steuerbescheide noch geändert werden, die Steuern betreffen, die innerhalb von zehn Jahren vor der erstmaligen Verletzung der Vermögensbindungsregelung entstanden sind. Es kann demnach auch dann noch zugegriffen werden, wenn zwischen dem steuerfreien Bezug der Erträge und dem Wegfall der Steuerbegünstigung ein Zeitraum von mehr als fünf Jahren liegt, selbst wenn in der Zwischenzeit keine Erträge mehr zugeflossen sind.

> **Beispiel:**
>
> Eine gemeinnützige Körperschaft hat in den Jahren 01 bis 11 steuerfreie Einnahmen aus einem Zweckbetrieb bezogen und diese teils für gemeinnützige Zwecke ausgegeben und zum Teil in eine Rücklage eingestellt. Eine in 11 vollzogene Satzungsänderung sieht jetzt vor, dass bei Auflösung des Vereins das Vermögen an die Mitglieder ausgekehrt wird. In diesem Fall muss das Finanzamt für die Veranlagungszeiträume 01 ff. Steuerbescheide erlassen, welche die Nachversteuerung aller genannten Einnahmen vorsehen, wobei es unerheblich ist, ob die Einnahmen noch im Vereinsvermögen vorhanden sind.

6. Verstöße gegen § 55 Abs. 1 bis 3 begründen die Möglichkeit einer Nachversteuerung im Rahmen der Festsetzungsfrist.

7. Die Nachversteuerung gem. § 61 Abs. 3 greift nicht nur bei gemeinnützigkeitsschädlichen Änderungen satzungsrechtlicher Bestimmungen über die Vermögensbindung ein, sondern erfasst auch die Fälle, in denen die tatsächliche Geschäftsführung gegen die von § 61 geforderte Vermögensbindung verstößt (§ 63 Abs. 2).

> **Beispiel:**
>
> Eine gemeinnützige Körperschaft verwendet bei ihrer Auflösung oder bei Aufgabe ihres begünstigten Satzungszweckes ihr Vermögen entgegen der Vermögensbindungsbestimmung in der Satzung nicht für begünstigte Zwecke.

8. Verstöße der tatsächlichen Geschäftsführung gegen § 55 Abs. 1 Nrn. 1 bis 3 können so schwerwiegend sein, dass sie einer Verwendung des gesamten Vermögens für satzungsfremde Zwecke gleichkommen. Auch in diesen Fällen ist eine Nachversteuerung nach § 61 Abs. 3 möglich.

9. Bei der nachträglichen Besteuerung ist so zu verfahren, als ob die Körperschaft von Anfang an uneingeschränkt steuerpflichtig gewesen wäre. § 13 Abs. 3 KStG ist nicht anwendbar.

§ 63 Anforderungen an die tatsächliche Geschäftsführung

(1) Die tatsächliche Geschäftsführung der Körperschaft muss auf die ausschließliche und unmittelbare Erfüllung der steuerbegünstigten Zwecke gerichtet sein und den Bestimmungen entsprechen, die die Satzung über die Voraussetzungen für Steuervergünstigungen enthält.

(2) Für die tatsächliche Geschäftsführung gilt sinngemäß § 60 Abs. 2, für eine Verletzung der Vorschrift über die Vermögensbindung § 61 Abs. 3.

(3) Die Körperschaft hat den Nachweis, dass ihre tatsächliche Geschäftsführung den Erfordernissen des Absatzes 1 entspricht, durch ordnungsmäßige Aufzeichnungen über ihre Einnahmen und Ausgaben zu führen.

(4) Hat die Körperschaft Mittel angesammelt, ohne dass die Voraussetzungen des § 58 Nr. 6 und 7 vorliegen, kann das Finanzamt ihr eine Frist für die Verwendung der Mittel setzen. Die tatsächliche Geschäftsführung gilt als ordnungsgemäß im Sinne des Absatzes 1, wenn die Körperschaft die Mittel innerhalb der Frist für steuerbegünstigte Zwecke verwendet.

IV

AE zu § 63 AO Anforderungen an die tatsächliche Geschäftsführung

1. Den Nachweis, dass die tatsächliche Geschäftsführung den notwendigen Erfordernissen entspricht, hat die Körperschaft durch ordnungsmäßige Aufzeichnungen (insbesondere Aufstellung der Einnahmen und Ausgaben, Tätigkeitsbericht, Vermögensübersicht mit Nachweisen über die Bildung und Entwicklung der Rücklagen) zu führen. Die Vorschriften der AO über die Führung von Büchern und Aufzeichnungen (§§ 140 ff.) sind zu beachten. Die Vorschriften des Handelsrechts einschließlich der entsprechenden Buchführungsvorschriften gelten nur, sofern sich dies aus der Rechtsform der Körperschaft oder aus ihrer wirtschaftlichen Tätigkeit ergibt. Bei der Verwirklichung steuerbegünstigter Zwecke im Ausland besteht eine erhöhte Nachweispflicht (§ 90 Abs. 2).

2. Die tatsächliche Geschäftsführung umfasst auch die Ausstellung steuerlicher Zuwendungsbestätigungen. Bei Missbräuchen auf diesem Gebiet, z.B. durch die Ausstellung von Gefälligkeitsbestätigungen, ist die Steuerbegünstigung zu versagen.

3. Die tatsächliche Geschäftsführung muss sich im Rahmen der verfassungsmäßigen Ordnung halten, da die Rechtsordnung als selbstverständlich das gesetzestreue Verhalten aller Rechtsunterworfenen voraussetzt (vgl. zu § 52 Nr. 16). Als Verstoß gegen die Rechtsordnung, der die Steuerbegünstigung ausschließt, kommt auch eine Steuerverkürzung in Betracht (BFH-Urteil vom 27.09.2001 – V R 17/99 – BStBl 2002 II, S. 169).

§ 64 Steuerpflichtige wirtschaftliche Geschäftsbetriebe

(1) Schließt das Gesetz die Steuervergünstigung insoweit aus, als ein wirtschaftlicher Geschäftsbetrieb (§ 14) unterhalten wird, so verliert die Körperschaft die Steuervergünstigung für die dem Geschäftsbetrieb zuzuordnenden Besteuerungsgrundlagen (Einkünfte, Umsätze, Vermögen), soweit der wirtschaftliche Geschäftsbetrieb kein Zweckbetrieb (§§ 65 bis 68) ist.

(2) Unterhält die Körperschaft mehrere wirtschaftliche Geschäftsbetriebe, die keine Zweckbetriebe (§§ 65 bis 68) sind, werden diese als ein wirtschaftlicher Geschäftsbetrieb behandelt.

(3) Übersteigen die Einnahmen einschließlich Umsatzsteuer aus wirtschaftlichen Geschäftsbetrieben, die keine Zweckbetriebe sind, insgesamt nicht 35 000 Euro im Jahr, so unterliegen die diesen Geschäftsbetrieben zuzuordnenden Besteuerungsgrundlagen nicht der Körperschaftsteuer und der Gewerbesteuer.

(4) Die Aufteilung einer Körperschaft in mehrere selbständige Körperschaften zum Zweck der mehrfachen Inanspruchnahme der Steuervergünstigung nach Absatz 3 gilt als Missbrauch von rechtlichen Gestaltungsmöglichkeiten im Sinne des § 42.

(5) Überschüsse aus der Verwertung unentgeltlich erworbenen Altmaterials außerhalb einer ständig dafür vorgehaltenen Verkaufsstelle, die der Körperschaftsteuer und der Gewerbesteuer unterliegen, können in Höhe des branchenüblichen Reingewinns geschätzt werden.

(6) Bei den folgenden steuerpflichtigen wirtschaftlichen Geschäftsbetrieben kann der Besteuerung ein Gewinn von 15 Prozent der Einnahmen zugrunde gelegt werden:

1. Werbung für Unternehmen, die im Zusammenhang mit der steuerbegünstigten Tätigkeit einschließlich Zweckbetrieben stattfindet,
2. Totalisatorbetriebe,
3. Zweite Fraktionierungsstufe der Blutspendedienste.

AE zu § 64 AO Steuerpflichtige wirtschaftliche Geschäftsbetriebe

Zu § 64 Abs. 1

1. Als Gesetz, das die Steuervergünstigung teilweise, nämlich für den wirtschaftlichen Geschäftsbetrieb (§ 14 Sätze 1 und 2), ausschließt, ist das jeweilige Steuergesetz zu verstehen, also § 5 Abs. 1 Nr. 9 KStG, § 3 Nr. 6 GewStG, § 12 Abs. 2 Nr. 8 Satz 2 UStG, § 3 Abs. 1 Nr. 3b GrStG i.V.m. § 12 Abs. 4 GrStR.

2. Wegen des Begriffs „Wirtschaftlicher Geschäftsbetrieb" wird auf § 14 hingewiesen. Zum Begriff der „Nachhaltigkeit" bei wirtschaftlichen Geschäftsbetrieben siehe BFH-Urteil vom 21.08.1985 – I R 60/80 – BStBl 1986 II, S. 88. Danach ist eine Tätigkeit grundsätzlich nachhaltig, wenn sie auf Wiederholung angelegt ist. Es genügt, wenn bei der Tätigkeit der allgemeine Wille besteht, gleichartige oder ähnliche Handlungen bei sich bietender Gelegenheit zu wiederholen. Wiederholte Tätigkeiten liegen auch vor, wenn der Grund zum Tätigwerden auf einem einmaligen Entschluss beruht, die Erledigung aber mehrere (Einzel-)Tätigkeiten erfordert. Die Einnahmen aus der Verpachtung eines vorher selbst betriebenen wirtschaftlichen Geschäftsbetriebs unterliegen so lange der Körperschaft- und Gewerbesteuer, bis die Körperschaft die Betriebsaufgabe erklärt (BFH-Urteil vom 04.04.2007 – I R 55/06 – BStBl II, S. 725).

3. Ob eine an einer Personengesellschaft oder Gemeinschaft beteiligte steuerbegünstigte Körperschaft gewerbliche Einkünfte bezieht und damit einen wirtschaftlichen Geschäftsbetrieb (§ 14 Sätze 1 und 2) unterhält, wird im einheitlichen und gesonderten Gewinnfeststellungsbescheid der Personengesellschaft bindend festgestellt (BFH-Urteil vom 27.07.1988 – I R 113/84 – BStBl 1989 II, S. 134). Ob der wirtschaftliche Geschäftsbetrieb steuerpflichtig ist oder ein Zweckbetrieb (§§ 65 bis 68) vorliegt, ist dagegen bei der Körperschaftsteuerveranlagung der steuerbegünstigten Körperschaft zu entscheiden. Die Beteiligung einer steuerbegünstigten Körperschaft an einer Kapitalgesellschaft ist grundsätzlich Vermögensverwaltung (§ 14 Satz 3). Sie stellt jedoch einen wirtschaftlichen

Geschäftsbetrieb dar, wenn mit ihr tatsächlich ein entscheidender Einfluss auf die laufende Geschäftsführung der Kapitalgesellschaft ausgeübt wird oder ein Fall der Betriebsaufspaltung vorliegt (vgl. BFH-Urteil v. 30.06.1971 – I R 57/70 – BStBl II, S. 753; H 15.7 Abs. 4–6 EStH). Besteht die Beteiligung an einer Kapitalgesellschaft, die selbst ausschließlich der Vermögensverwaltung dient, so liegt auch bei Einflussnahme auf die Geschäftsführung kein wirtschaftlicher Geschäftsbetrieb vor (vgl. § 16 Abs. 5 KStR). Dies gilt auch bei Beteiligung an einer steuerbegünstigten Kapitalgesellschaft. Die Grundsätze der Betriebsaufspaltung sind nicht anzuwenden, wenn sowohl das Betriebs- als auch das Besitzunternehmen steuerbegünstigt sind.

4.   Bei der Ermittlung des Gewinns aus dem wirtschaftlichen Geschäftsbetrieb sind die Betriebsausgaben zu berücksichtigen, die durch den Betrieb veranlasst sind. Dazu gehören Ausgaben, die dem Betrieb unmittelbar zuzuordnen sind, weil sie ohne den Betrieb nicht oder zumindest nicht in dieser Höhe angefallen wären.

5.   Bei so genannten gemischt veranlassten Kosten, die sowohl durch die steuerfreie als auch durch die steuerpflichtige Tätigkeit veranlasst sind, scheidet eine Berücksichtigung als Betriebsausgaben des steuerpflichtigen wirtschaftlichen Geschäftsbetriebs grundsätzlich aus, wenn sie ihren primären Anlass im steuerfreien Bereich haben. Werden z.B. Werbemaßnahmen bei sportlichen oder kulturellen Veranstaltungen durchgeführt, sind die Veranstaltungskosten, soweit sie auch ohne die Werbung entstanden wären, keine Betriebsausgaben des steuerpflichtigen wirtschaftlichen Geschäftsbetriebs „Werbung" (BFH-Urteil v. 27.03.1991 – I R 31/89 – BStBl 1992 II, S. 103; zur pauschalen Gewinnermittlung bei Werbung im Zusammenhang mit der steuerbegünstigten Tätigkeit einschließlich Zweckbetrieben vgl. Nrn. 28 ff.).

6.   Unabhängig von ihrer primären Veranlassung ist eine anteilige Berücksichtigung von gemischt veranlassten Aufwendungen (einschließlich Absetzung für Abnutzung) als Betriebsausgaben des steuerpflichtigen wirtschaftlichen Geschäftsbetriebs dann zulässig, wenn ein objektiver Maßstab für die Aufteilung der Aufwendungen (z.B. nach zeitlichen Gesichtspunkten) auf den ideellen Bereich einschließlich der Zweckbetriebe und den steuerpflichtigen wirtschaftlichen Geschäftsbetrieb besteht. Danach ist z.B. bei der Gewinnermittlung für den steuerpflichtigen wirtschaftlichen Geschäftsbetrieb „Greenfee" von steuerbegünstigte Golfvereinen – abweichend von den Grundsätzen des BFH-Urteils vom 27.03.1991 – I R 31/89 – BStBl 1992 II, S. 103 – wegen der Abgrenzbarkeit nach objektiven Maßstäben (z.B. im Verhältnis der Nutzung der Golfanlage durch vereinsfremde Spieler zu den Golf spielenden Vereinsmitgliedern im Kalenderjahr) trotz primärer Veranlassung durch den ideellen Bereich des Golfvereins ein anteiliger Betriebsausgabenabzug der Aufwendungen (z.B. für Golfplatz- und Personalkosten) zulässig. Bei gemeinnützigen Musikvereinen sind Aufwendungen, die zu einem Teil mit Auftritten ihrer Musikgruppen bei eigenen steuerpflichtigen Festveranstaltungen zusammenhängen, anteilig als Betriebsausgaben des steuerpflichtigen wirtschaftlichen Geschäftsbetriebs abzuziehen. Derartige Aufwendungen sind z.B. Kosten für Notenmaterial, Uniformen und Verstärkeranlagen, die sowohl bei Auftritten, die unentgeltlich erfolgen oder Zweckbetriebe sind, als auch bei Auftritten im Rahmen eines eigenen steuerpflichtigen Betriebs eingesetzt werden. Als Maßstab für die Aufteilung kommt die Zahl der Stunden, die einschließlich der Proben auf die jeweiligen Bereiche entfallen, in Betracht.

Auch die Personal- und Sachkosten für die allgemeine Verwaltung können grundsätzlich im wirtschaftlichen Geschäftsbetrieb abgezogen werden, soweit sie bei einer Aufteilung nach objektiven Maßstäben teilweise darauf entfallen. Bei Kosten für die Errichtung und Unterhaltung von Vereinsheimen gibt es i.d.R. keinen objektiven Aufteilungsmaßstab.

7.   Unter Sponsoring wird üblicherweise die Gewährung von Geld oder geldwerten Vorteilen durch Unternehmen zur Förderung von Personen, Gruppen und/oder Organisationen in sportlichen, kulturellen, kirchlichen, wissenschaftlichen, sozialen, ökologischen oder ähnlich bedeutsamen gesellschaftspolitischen Bereichen verstanden, mit der regelmäßig auch eigene unternehmensbezogene Ziele der Werbung oder Öffentlichkeitsarbeit verfolgt werden. Leistungen eines Sponsors beruhen häufig auf einer vertraglichen Vereinbarung zwischen dem Sponsor und dem Empfänger der Leistungen (Sponsoring-Vertrag), in dem Art und Umfang der Leistungen des Sponsors und des Empfängers geregelt sind.

8.   Die im Zusammenhang mit dem Sponsoring erhaltenen Leistungen können bei einer steuerbegünstigten Körperschaft steuerfreie Einnahmen im ideellen Bereich, steuerfreie

Einnahmen aus der Vermögensverwaltung oder Einnahmen eines steuerpflichtigen wirtschaftlichen Geschäftsbetriebs sein. Die steuerliche Behandlung der Leistungen beim Empfänger hängt grundsätzlich nicht davon ab, wie die entsprechenden Aufwendungen beim leistenden Unternehmen behandelt werden. Für die Abgrenzung gelten die allgemeinen Grundsätze.

9. Danach liegt kein wirtschaftlicher Geschäftsbetrieb vor, wenn die steuerbegünstigte Körperschaft dem Sponsor nur die Nutzung ihres Namens zu Werbezwecken in der Weise gestattet, dass der Sponsor selbst zu Werbezwecken oder zur Imagepflege auf seine Leistungen an die Körperschaft hinweist.

Ein wirtschaftlicher Geschäftsbetrieb liegt auch dann nicht vor, wenn der Empfänger der Leistungen z.B. auf Plakaten, Veranstaltungshinweisen, in Ausstellungskatalogen oder in anderer Weise auf die Unterstützung durch einen Sponsor lediglich hinweist. Dieser Hinweis kann unter Verwendung des Namens, Emblems oder Logos des Sponsors, jedoch ohne besondere Hervorhebung, erfolgen. Entsprechende Sponsoringeinnahmen sind nicht als Einnahmen aus der Vermögensverwaltung anzusehen. Eine Zuführung zur freien Rücklage nach § 58 Nr. 7 Buchstabe a ist daher lediglich i.H.v. 10 % der Einnahmen, nicht aber i.H.v. einem Drittel des daraus erzielten Überschusses möglich.

10. Ein wirtschaftlicher Geschäftsbetrieb liegt dagegen vor, wenn die Körperschaft an den Werbemaßnahmen mitwirkt. Der wirtschaftliche Geschäftsbetrieb kann kein Zweckbetrieb (§§ 65 bis 68) sein. Soweit Sponsoringeinnahmen unmittelbar in einem aus anderen Gründen steuerpflichtigen wirtschaftlichen Geschäftsbetrieb anfallen, sind sie diesem zuzurechnen.

Zu § 64 Abs. 2

11. Die Regelung, dass bei steuerbegünstigten Körperschaften mehrere steuerpflichtige wirtschaftliche Geschäftsbetriebe als ein Betrieb zu behandeln sind, gilt auch für die Ermittlung des steuerpflichtigen Einkommens der Körperschaft und für die Beurteilung der Buchführungspflicht nach § 141 Abs. 1. Für die Frage, ob die Grenzen für die Buchführungspflicht überschritten sind, kommt es also auf die Werte (Einnahmen, Überschuss) des Gesamtbetriebs an.

12. § 55 Abs. 1 Nr. 1 Satz 2 und Nr. 3 gilt auch für den steuerpflichtigen wirtschaftlichen Geschäftsbetrieb. Das bedeutet u.a., dass Verluste und Gewinnminderungen in den einzelnen steuerpflichtigen wirtschaftlichen Geschäftsbetrieben nicht durch Zuwendungen an Mitglieder oder durch unverhältnismäßig hohe Vergütungen entstanden sein dürfen.

13. Bei einer Körperschaft, die mehrere steuerpflichtige wirtschaftliche Geschäftsbetriebe unterhält, ist für die Frage, ob gemeinnützigkeitsschädliche Verluste vorliegen, nicht auf das Ergebnis des einzelnen steuerpflichtigen wirtschaftlichen Geschäftsbetriebs, sondern auf das zusammengefasste Ergebnis aller steuerpflichtigen wirtschaftlichen Geschäftsbetriebe abzustellen. Danach ist die Gemeinnützigkeit einer Körperschaft gefährdet, wenn die steuerpflichtigen wirtschaftlichen Geschäftsbetriebe insgesamt Verluste erwirtschaften (vgl. zu § 55 Nrn. 4 ff.). In den Fällen des § 64 Abs. 5 und 6 ist nicht der geschätzte bzw. pauschal ermittelte Gewinn, sondern das Ergebnis zu berücksichtigen, das sich bei einer Ermittlung nach den allgemeinen Regelungen ergeben würde (vgl. Nrn. 4 bis 6).

Zu § 64 Abs. 3

14. Die Höhe der Einnahmen aus den steuerpflichtigen wirtschaftlichen Geschäftsbetrieben bestimmt sich nach den Grundsätzen der steuerlichen Gewinnermittlung. Bei steuerbegünstigten Körperschaften, die den Gewinn nach § 4 Abs. 1 oder § 5 EStG ermitteln, kommt es deshalb nicht auf den Zufluss i.S.d. § 11 EStG an, so dass auch Forderungszugänge als Einnahmen zu erfassen sind. Bei anderen steuerbegünstigten Körperschaften sind die im Kalenderjahr zugeflossenen Einnahmen (§ 11 EStG) maßgeblich. Ob die Einnahmen die Besteuerungsgrenze übersteigen, ist für jedes Jahr gesondert zu prüfen. Nicht leistungsbezogene Einnahmen sind nicht den für die Besteuerungsgrenze maßgeblichen Einnahmen zuzurechnen (vgl. Nr. 16).

15. Zu den Einnahmen i.S.d. § 64 Abs. 3 gehören leistungsbezogene Einnahmen einschließlich Umsatzsteuer aus dem laufenden Geschäft, wie Einnahmen aus dem Verkauf von Speisen und Getränken. Dazu zählen auch erhaltene Anzahlungen.

16. Zu den leistungsbezogenen Einnahmen i.S.d. Nr. 15 gehören z.B. nicht

a) der Erlös aus der Veräußerung von Wirtschaftsgütern des Anlagevermögens des steuerpflichtigen wirtschaftlichen Geschäftsbetriebs;
b) Betriebskostenzuschüsse sowie Zuschüsse für die Anschaffung oder Herstellung von Wirtschaftsgütern des steuerpflichtigen wirtschaftlichen Geschäftsbetriebs;
c) Investitionszulagen;
d) der Zufluss von Darlehen;
e) Entnahmen i.S.d. § 4 Abs. 1 EStG;
f) die Auflösung von Rücklagen;
g) erstattete Betriebsausgaben, z.B. Gewerbe- oder Umsatzsteuer;
h) Versicherungsleistungen mit Ausnahme des Ersatzes von leistungsbezogenen Einnahmen.

17. Ist eine steuerbegünstigte Körperschaft an einer Personengesellschaft oder Gemeinschaft beteiligt, sind für die Beurteilung, ob die Besteuerungsgrenze überschritten wird, die anteiligen (Brutto-)Einnahmen aus der Beteiligung – nicht aber der Gewinnanteil – maßgeblich. Bei Beteiligung einer steuerbegünstigten Körperschaft an einer Kapitalgesellschaft sind die Bezüge i.S.d. § 8b Abs. 1 KStG und die Erlöse aus der Veräußerung von Anteilen i.S.d. § 8b Abs. 2 KStG als Einnahmen i.S.d. § 64 Abs. 3 zu erfassen, wenn die Beteiligung einen steuerpflichtigen wirtschaftlichen Geschäftsbetrieb darstellt (vgl. Nr. 3) oder in einem steuerpflichtigen wirtschaftlichen Geschäftsbetrieb gehalten wird.

IV

18. In den Fällen des § 64 Abs. 5 und 6 sind für die Prüfung, ob die Besteuerungsgrenze i.S.d. § 64 Abs. 3 überschritten wird, die tatsächlichen Einnahmen anzusetzen.

19. Einnahmen aus sportlichen Veranstaltungen, die nach § 67a Abs. 1 Satz 1 oder – bei einer Option – Abs. 3 kein Zweckbetrieb sind, gehören zu den Einnahmen i.S.d. § 64 Abs. 3.

Beispiel:

Ein Sportverein, der auf die Anwendung des § 67a Abs. 1 Satz 1 (Zweckbetriebsgrenze) verzichtet hat, erzielt im Jahr 01 folgende Einnahmen aus wirtschaftlichen Geschäftsbetrieben:

Sportliche Veranstaltungen, an denen kein bezahlter Sportler teilgenommen hat:

40.000 Euro

Sportliche Veranstaltungen, an denen bezahlte Sportler des Vereins teilgenommen haben:

20.000 Euro

Verkauf von Speisen und Getränken:

5.000 Euro

Die Einnahmen aus wirtschaftlichen Geschäftsbetrieben, die keine Zweckbetriebe sind, betragen 25.000 Euro (20.000 Euro + 5.000 Euro). Die Besteuerungsgrenze von 35.000 Euro wird nicht überschritten.

20. Eine wirtschaftliche Betätigung verliert durch das Unterschreiten der Besteuerungsgrenze nicht den Charakter des steuerpflichtigen wirtschaftlichen Geschäftsbetriebs. Das bedeutet, dass kein Beginn einer teilweisen Steuerbefreiung i.S.d. § 13 Abs. 5 KStG vorliegt und dementsprechend keine Schlussbesteuerung durchzuführen ist, wenn Körperschaft- und Gewerbesteuer wegen § 64 Abs. 3 nicht mehr erhoben werden.

21. Bei Körperschaften mit einem vom Kalenderjahr abweichenden Wirtschaftsjahr sind für die Frage, ob die Besteuerungsgrenze überschritten wird, die in dem Wirtschaftsjahr erzielten Einnahmen maßgeblich.

22. Der allgemeine Grundsatz des Gemeinnützigkeitsrechts, dass für die steuerbegünstigten Zwecke gebundene Mittel nicht für den Ausgleich von Verlusten aus steuerpflichtigen wirtschaftlichen Geschäftsbetrieben verwendet werden dürfen, wird durch

§ 64 Abs. 3 nicht aufgehoben. Unter diesem Gesichtspunkt braucht jedoch bei Unterschreiten der Besteuerungsgrenze der Frage der Mittelverwendung nicht nachgegangen zu werden, wenn bei überschlägiger Prüfung der Aufzeichnungen erkennbar ist, dass in dem steuerpflichtigen wirtschaftlichen Geschäftsbetrieb (§ 64 Abs. 2) keine Verluste entstanden sind.

23. Verluste und Gewinne aus Jahren, in denen die maßgeblichen Einnahmen die Besteuerungsgrenze nicht übersteigen, bleiben bei dem Verlustabzug (§ 10d EStG) außer Ansatz. Ein rück- und vortragbarer Verlust kann danach nur in Jahren entstehen, in denen die Einnahmen die Besteuerungsgrenze übersteigen. Dieser Verlust wird nicht für Jahre verbraucht, in denen die Einnahmen die Besteuerungsgrenze von 35.000 Euro nicht übersteigen.

Zu § 64 Abs. 4

24. § 64 Abs. 4 gilt nicht für regionale Untergliederungen (Landes-, Bezirks-, Ortsverbände) steuerbegünstigter Körperschaften.

Zu § 64 Abs. 5

25. § 64 Abs. 5 gilt nur für Altmaterialsammlungen (Sammlung und Verwertung von Lumpen, Altpapier, Schrott). Die Regelung gilt nicht für den Einzelverkauf gebrauchter Sachen (Gebrauchtwarenhandel). Basare und ähnliche Einrichtungen sind deshalb nicht begünstigt.

26. § 64 Abs. 5 ist nur anzuwenden, wenn die Körperschaft dies beantragt (Wahlrecht).

27. Der branchenübliche Reingewinn ist bei der Verwertung von Altpapier mit 5 % und bei der Verwertung von u.a. Altmaterial mit 20 % der Einnahmen anzusetzen.

Zu § 64 Abs. 6

28. Bei den genannten steuerpflichtigen wirtschaftlichen Geschäftsbetrieben ist der Besteuerung auf Antrag der Körperschaft ein Gewinn von 15 % der Einnahmen zugrunde zu legen. Der Antrag gilt jeweils für alle gleichartigen Tätigkeiten in dem betreffenden Veranlagungszeitraum. Er entfaltet keine Bindungswirkung für folgende Veranlagungszeiträume.

29. Nach § 64 Abs. 6 Nr. 1 kann der Gewinn aus Werbemaßnahmen pauschal ermittelt werden, wenn sie im Zusammenhang mit der steuerbegünstigten Tätigkeit einschließlich Zweckbetrieben stattfinden. Beispiele für derartige Werbemaßnahmen sind die Trikot- oder Bandenwerbung bei Sportveranstaltungen, die ein Zweckbetrieb sind, oder die aktive Werbung in Programmheften oder auf Plakaten bei kulturellen Veranstaltungen. Dies gilt auch für Sponsoring i.S.v. Nr. 10.

30. Soweit Werbeeinnahmen nicht im Zusammenhang mit der ideellen steuerbegünstigten Tätigkeit oder einem Zweckbetrieb erzielt werden, z.B. Werbemaßnahmen bei einem Vereinsfest oder bei sportlichen Veranstaltungen, die wegen Überschreitens der Zweckbetriebsgrenze des § 67a Abs. 1 oder wegen des Einsatzes bezahlter Sportler ein steuerpflichtiger wirtschaftlicher Geschäftsbetrieb sind, ist § 64 Abs. 6 nicht anzuwenden.

31. (...)

Zu § 64 Abs. 5 und 6

32. Wird in den Fällen des § 64 Abs. 5 oder 6 kein Antrag auf Schätzung des Überschusses oder auf pauschale Gewinnermittlung gestellt, ist der Gewinn nach den allgemeinen Regeln durch Gegenüberstellung der Betriebseinnahmen und der Betriebsausgaben zu ermitteln (vgl. Nrn. 4 bis 6).

33. Wird der Überschuss nach § 64 Abs. 5 geschätzt oder nach § 64 Abs. 6 pauschal ermittelt, sind dadurch auch die damit zusammenhängenden tatsächlichen Aufwendungen der Körperschaft abgegolten; sie können nicht zusätzlich abgezogen werden.

34. Wird der Überschuss nach § 64 Abs. 5 geschätzt oder nach § 64 Abs. 6 pauschal ermittelt, muss die Körperschaft die mit diesen Einnahmen im Zusammenhang stehenden Einnahmen und Ausgaben gesondert aufzeichnen. Die genaue Höhe der Einnahmen wird zur Ermittlung des Gewinns nach § 64 Abs. 5 bzw. 6 benötigt. Die mit diesen steuerpflichtigen wirtschaftlichen Geschäftsbetrieben zusammenhängenden Ausgaben dürfen

IV

das Ergebnis der anderen steuerpflichtigen wirtschaftlichen Geschäftsbetriebe nicht mindern.

35. Die in den Bruttoeinnahmen ggf. enthaltene Umsatzsteuer gehört nicht zu den maßgeblichen Einnahmen i.S.d. § 64 Abs. 5 und 6.

§ 65 Zweckbetrieb

Ein Zweckbetrieb ist gegeben, wenn

1. der wirtschaftliche Geschäftsbetrieb in seiner Gesamtrichtung dazu dient, die steuerbegünstigten satzungsmäßigen Zwecke der Körperschaft zu verwirklichen,

2. die Zwecke nur durch einen solchen Geschäftsbetrieb erreicht werden können und

3. der wirtschaftliche Geschäftsbetrieb zu nicht begünstigten Betrieben derselben oder ähnlicher Art nicht in größerem Umfang in Wettbewerb tritt, als es bei Erfüllung der steuerbegünstigten Zwecke unvermeidbar ist.

IV

AE zu § 65 AO Zweckbetrieb

1. Der Zweckbetrieb ist ein wirtschaftlicher Geschäftsbetrieb i.S.v. § 14. Jedoch wird ein wirtschaftlicher Geschäftsbetrieb unter bestimmten Voraussetzungen steuerlich dem begünstigten Bereich der Körperschaft zugerechnet.

2. Ein Zweckbetrieb muss tatsächlich und unmittelbar satzungsmäßige Zwecke der Körperschaft verwirklichen, die ihn betreibt. Es genügt nicht, wenn er begünstigte Zwecke verfolgt, die nicht satzungsmäßige Zwecke der ihn tragenden Körperschaft sind. Ebenso wenig genügt es, wenn er der Verwirklichung begünstigter Zwecke nur mittelbar dient, z.B. durch Abführung seiner Erträge (BFH-Urteil v. 21.08.1985 – I R 60/80 – BStBl 1986 II, S. 88). Ein Zweckbetrieb muss deshalb in seiner Gesamtrichtung mit den ihn begründenden Tätigkeiten und nicht nur mit den durch ihn erzielten Einnahmen den steuerbegünstigten Zwecken dienen (BFH-Urteil v. 26.04.1995 – I R 35/93 – BStBl II, S. 767).

3. Weitere Voraussetzung eines Zweckbetriebs ist, dass die Zwecke der Körperschaft nur durch ihn erreicht werden können. Die Körperschaft muss den Zweckbetrieb zur Verwirklichung ihrer satzungsmäßigen Zwecke unbedingt und unmittelbar benötigen.

4. Der Wettbewerb eines Zweckbetriebes zu nicht begünstigten Betrieben derselben oder ähnlicher Art muss auf das zur Erfüllung der steuerbegünstigten Zwecke unvermeidbare Maß begrenzt sein. Eine tatsächliche, konkrete Konkurrenz- und Wettbewerbslage zu steuerpflichtigen Betrieben derselben oder ähnlichen Art ist nicht erforderlich (BFH-Urteil v. 27.10.1993 – I R 60/91 – BStBl 1994 II, S. 573). Ein Zweckbetrieb ist daher – entgegen dem BFH-Urteil v. 30.03.2000 – V R 30/99 – BStBl II, S. 705 – bereits dann nicht gegeben, wenn ein Wettbewerb mit steuerpflichtigen Unternehmen lediglich möglich wäre, ohne dass es auf die tatsächliche Wettbewerbssituation vor Ort ankommt. Unschädlich ist dagegen der uneingeschränkte Wettbewerb zwischen Zweckbetrieben, die demselben steuerbegünstigten Zweck dienen und ihn in der gleichen oder in ähnlicher Form verwirklichen.

§ 66 Wohlfahrtspflege

(1) Eine Einrichtung der Wohlfahrtspflege ist ein Zweckbetrieb, wenn sie in besonderem Maß den in § 53 genannten Personen dient.

(2) Wohlfahrtspflege ist die planmäßige, zum Wohle der Allgemeinheit und nicht des Erwerbs wegen ausgeübte Sorge für notleidende oder gefährdete Mitmenschen. Die Sorge kann sich auf das gesundheitliche,

sittliche, erzieherische oder wirtschaftliche Wohl erstrecken und Vorbeugung oder Abhilfe bezwecken.

(3) Eine Einrichtung der Wohlfahrtspflege dient in besonderem Maße den in § 53 genannten Personen, wenn diesen mindestens zwei Drittel ihrer Leistungen zugute kommen. Für Krankenhäuser gilt § 67.

AE zu § 66 AO Wohlfahrtspflege

1. Die Bestimmung enthält eine Sonderregelung für wirtschaftliche Geschäftsbetriebe, die sich mit der Wohlfahrtspflege befassen.

2. Die Wohlfahrtspflege darf nicht des Erwerbs wegen ausgeführt werden. Damit ist keine Einschränkung gegenüber den Voraussetzungen der Selbstlosigkeit gegeben, wie sie in § 55 bestimmt sind.

3. Die Tätigkeit muss auf die Sorge für notleidende oder gefährdete Menschen gerichtet sein. Notleidend bzw. gefährdet sind Menschen, die eine oder beide der in § 53 Nrn. 1 und 2 genannten Voraussetzungen erfüllen. Es ist nicht erforderlich, dass die gesamte Tätigkeit auf die Förderung notleidender bzw. gefährdeter Menschen gerichtet ist. Es genügt, wenn zwei Drittel der Leistungen einer Einrichtung notleidenden bzw. gefährdeten Menschen zugute kommen. Auf das Zahlenverhältnis von gefährdeten bzw. notleidenden und übrigen geförderten Menschen kommt es nicht an.

4. Eine Einrichtung der Wohlfahrtspflege liegt regelmäßig vor bei häuslichen Pflegeleistungen durch eine steuerbegünstigte Körperschaft im Rahmen des Siebten oder Elften Buches Sozialgesetzbuch, des SGB XII oder des Bundesversorgungsgesetzes.

5. Die Belieferung von Studentinnen und Studenten mit Speisen und Getränken in Mensa- und Cafeteria-Betrieben von Studentenwerken ist als Zweckbetrieb zu beurteilen. Der Verkauf von alkoholischen Getränken, Tabakwaren und sonstigen Handelswaren darf jedoch nicht mehr als 5 % des Gesamtumsatzes ausmachen. Entsprechendes gilt für die Grundversorgung von Schülerinnen und Schülern mit Speisen und Getränken an Schulen.

6. Der Krankentransport von Personen, für die während der Fahrt eine fachliche Betreuung bzw. der Einsatz besonderer Einrichtungen eines Krankentransport- oder Rettungswagens erforderlich ist oder möglicherweise notwendig wird, ist als Zweckbetrieb zu beurteilen. Dagegen erfüllt die bloße Beförderung von Personen, für die der Arzt eine Krankenfahrt (Beförderung in Pkw, Taxen oder Mietwagen) verordnet hat, nicht die Kriterien nach § 66 Abs. 2.

7. Gesellige Veranstaltungen sind als steuerpflichtige wirtschaftliche Geschäftsbetriebe zu behandeln. Veranstaltungen, bei denen zwar auch die Geselligkeit gepflegt wird, die aber in erster Linie zur Betreuung behinderter Personen durchgeführt werden, können unter den Voraussetzungen der §§ 65, 66 Zweckbetrieb sein.

8. Unter § 68 ist eine Reihe von Einrichtungen der Wohlfahrtspflege beispielhaft aufgezählt.

§ 67 Krankenhäuser

(1) Ein Krankenhaus, das in den Anwendungsbereich des Krankenhausentgeltgesetzes oder der Bundespflegesatzverordnung fällt, ist ein Zweckbetrieb, wenn mindestens 40 Prozent der jährlichen Belegungstage oder Berechnungstage auf Patienten entfallen, bei denen nur Entgelte für allgemeine Krankenhausleistungen (§ 7 des Krankenhausentgeltgesetzes, § 10 der Bundespflegesatzverordnung) berechnet werden.

(2) Ein Krankenhaus, das nicht in den Anwendungsbereich des Krankenhausentgeltgesetzes oder der Bundespflegesatzverordnung fällt, ist ein

Zweckbetrieb, wenn mindestens 40 Prozent der jährlichen Belegungstage oder Berechnungstage auf Patienten entfallen, bei denen für die Krankenhausleistungen kein höheres Entgelt als nach Absatz 1 berechnet wird.

§ 68 Einzelne Zweckbetriebe

Zweckbetriebe sind auch:

1. a) Alten-, Altenwohn- und Pflegeheime, Erholungsheime, Mahlzeitendienste, wenn sie in besonderem Maße den in § 53 genannten Personen dienen (§ 66 Abs. 3),

   b) Kindergärten, Kinder-, Jugend- und Studentenheime, Schullandheime und Jugendherbergen,

2. a) landwirtschaftliche Betriebe und Gärtnereien, die der Selbstversorgung von Körperschaften dienen und dadurch die sachgemäße Ernährung und ausreichende Versorgung von Anstaltsangehörigen sichern,

   b) andere Einrichtungen, die für die Selbstversorgung von Körperschaften erforderlich sind, wie Tischlereien, Schlossereien,

   wenn die Lieferungen und sonstigen Leistungen dieser Einrichtungen an Außenstehende dem Wert nach 20 Prozent der gesamten Lieferungen und sonstigen Leistungen des Betriebs – einschließlich der an die Körperschaften selbst bewirkten – nicht übersteigen,

3. a) Werkstätten für behinderte Menschen, die nach den Vorschriften des Dritten Buches Sozialgesetzbuch förderungsfähig sind und Personen Arbeitsplätze bieten, die wegen ihrer Behinderung nicht auf dem allgemeinen Arbeitsmarkt tätig sein können,

   b) Einrichtungen für Beschäftigungs- und Arbeitstherapie, in denen behinderte Menschen aufgrund ärztlicher Indikationen außerhalb eines Beschäftigungsverhältnisses zum Träger der Therapieeinrichtung mit dem Ziel behandelt werden, körperliche oder psychische Grundfunktionen zum Zwecke der Wiedereingliederung in das Alltagsleben wiederherzustellen oder die besonderen Fähigkeiten und Fertigkeiten auszubilden, zu fördern und zu trainieren, die für eine Teilnahme am Arbeitsleben erforderlich sind, und

   c) Integrationsprojekte im Sinne des § 132 Abs. 1 des Neunten Buches Sozialgesetzbuch, wenn mindestens 40 Prozent der Beschäftigten besonders betroffene schwerbehinderte Menschen im Sinne des § 132 Abs. 1 des Neunten Buches Sozialgesetzbuch sind,

4. Einrichtungen, die zur Durchführung der Blindenfürsorge und zur Durchführung der Fürsorge für Körperbehinderte unterhalten werden,

5. Einrichtungen der Fürsorgeerziehung und der freiwilligen Erziehungshilfe,

IV

6. von den zuständigen Behörden genehmigte Lotterien und Ausspielungen, wenn der Reinertrag unmittelbar und ausschließlich zur Förderung mildtätiger, kirchlicher oder gemeinnütziger Zwecke verwendet wird,

7. kulturelle Einrichtungen, wie Museen, Theater, und kulturelle Veranstaltungen, wie Konzerte, Kunstausstellungen; dazu gehört nicht der Verkauf von Speisen und Getränken,

8. Volkshochschulen und andere Einrichtungen, soweit sie selbst Vorträge, Kurse und andere Veranstaltungen wissenschaftlicher oder belehrender Art durchführen; dies gilt auch, soweit die Einrichtungen den Teilnehmern dieser Veranstaltungen selbst Beherbergung und Beköstigung gewähren,

9. Wissenschafts- und Forschungseinrichtungen, deren Träger sich überwiegend aus Zuwendungen der öffentlichen Hand oder Dritter oder aus der Vermögensverwaltung finanziert. Der Wissenschaft und Forschung dient auch die Auftragsforschung. Nicht zum Zweckbetrieb gehören Tätigkeiten, die sich auf die Anwendung gesicherter wissenschaftlicher Erkenntnisse beschränken, die Übernahme von Projektträgerschaften sowie wirtschaftliche Tätigkeiten ohne Forschungsbezug.

AE zu § 68 AO Einzelne Zweckbetriebe

Allgemeines

1. § 68 enthält einen gesetzlichen Katalog einzelner Zweckbetriebe und geht als spezielle Norm der Regelung des § 65 vor (BFH-Urteil v. 04.06.2003 – I R 25/02 – BStBl 2004 II, S. 660). Die beispielhafte Aufzählung von Betrieben, die ihrer Art nach Zweckbetrieb sein können, gibt wichtige Anhaltspunkte für die Auslegung der Begriffe Zweckbetrieb (§ 65) im Allgemeinen und Einrichtungen der Wohlfahrtspflege (§ 66) im Besonderen.

Zu § 68 Nr. 1

2. Wegen der Begriffe „Alten-, Altenwohn- und Pflegeheime" Hinweis auf § 1 des Heimgesetzes. Eine für die Allgemeinheit zugängliche Cafeteria ist ein steuerpflichtiger wirtschaftlicher Geschäftsbetrieb. Soweit eine steuerbegünstigte Körperschaft Leistungen im Rahmen der häuslichen Pflege erbringt, liegt i.d.R. ein Zweckbetrieb nach § 66 vor (vgl. zu § 66 Nr. 4).

3. Bei Kindergärten, Kinder-, Jugend- und Studentenheimen sowie bei Schullandheimen und Jugendherbergen müssen die geförderten Personen die Voraussetzungen nach § 53 nicht erfüllen. Jugendherbergen verlieren ihre Zweckbetriebseigenschaft nicht, wenn außerhalb ihres satzungsmäßigen Zwecks der Umfang der Beherbergung alleinreisender Erwachsener 10 % der Gesamtbeherbergungen nicht übersteigt (BFH-Urteil v. 18.01.1995 – V R 139 – 142/92 – BStBl II, S. 446).

Zu § 68 Nr. 2

4. Begünstigt sind insbesondere so genannte Selbstversorgungseinrichtungen, die Teil der steuerbegünstigten Körperschaft sind. Bei Lieferungen und Leistungen an Außenstehende tritt die Körperschaft mit Dritten in Leistungsbeziehung. Solange der Umfang dieser Geschäfte an Dritte, hierzu gehören auch Leistungsempfänger, die selbst eine steuerbegünstigte Körperschaft i.S.d. § 68 Nr. 2 sind (BFH-Urteil v. 18.10.1990 – V R 35/85 – BStBl 1991 II S. 157), nicht mehr als 20 % der gesamten Lieferungen und Leistungen der begünstigten Körperschaft ausmachen, bleibt die Zweckbetriebseigenschaft erhalten.

Zu § 68 Nr. 3

5. Der Begriff „Werkstatt für behinderte Menschen" bestimmt sich nach § 136 Sozialgesetzbuch – Neuntes Buch – (SGB IX). Hierbei handelt es sich um eine Einrichtung zur Eingliederung behinderter Menschen in das Arbeitsleben. Läden oder Verkaufsstellen von Werkstätten für behinderte Menschen sind grundsätzlich als Zweckbetriebe zu behandeln, wenn dort Produkte verkauft werden, die von Werkstätten für behinderte Menschen hergestellt worden sind. Eine Herstellung ist nur dann anzunehmen, wenn die Wertschöpfung durch die Werkstatt mehr als 10 % des Nettowerts (Bemessungsgrundlage) der zugekauften Waren beträgt. Werden von dem Laden oder der Verkaufsstelle der Werkstatt auch zugekaufte Waren, die nicht von ihr oder von anderen Werkstätten für behinderte Menschen hergestellt worden sind, weiterverkauft, liegt insoweit ein gesonderter wirtschaftlicher Geschäftsbetrieb vor.

6. Zu den Zweckbetrieben gehören auch die von den Trägern der Werkstätten für behinderte Menschen betriebenen Kantinen, weil die besondere Situation der behinderten Menschen auch während der Mahlzeiten eine Betreuung erfordert.

7. Einrichtungen für Beschäftigungs- und Arbeitstherapie, die der Eingliederung von behinderten Menschen dienen, sind besondere Einrichtungen, in denen eine Behandlung von behinderten Menschen aufgrund ärztlicher Indikationen erfolgt. Während eine Beschäftigungstherapie ganz allgemein das Ziel hat, körperliche oder psychische Grundfunktionen zum Zwecke der Wiedereingliederung in das Alltagsleben wiederherzustellen, zielt die Arbeitstherapie darauf ab, die besonderen Fähigkeiten und Fertigkeiten auszubilden, zu fördern und zu trainieren, die für eine Teilnahme am Arbeitsleben erforderlich sind. Beschäftigungs- und Arbeitstherapie sind vom medizinischen Behandlungszweck geprägt und erfolgen regelmäßig außerhalb eines Beschäftigungsverhältnisses zum Träger der Therapieeinrichtung. Ob eine entsprechende Einrichtung vorliegt, ergibt sich aufgrund der Vereinbarungen über Art und Umfang der Heilbehandlung und Rehabilitation zwischen dem Träger der Einrichtung und den Leistungsträgern.

Zu § 68 Nr. 4

8. Begünstigte Einrichtungen sind insbesondere Werkstätten, die zur Fürsorge von blinden und körperbehinderten Menschen unterhalten werden.

Zu § 68 Nr. 6

9. Lotterien und Ausspielungen sind ein Zweckbetrieb, wenn sie von den zuständigen Behörden genehmigt sind oder nach den jeweiligen landesrechtlichen Bestimmungen wegen des geringen Umfangs der Tombola oder Lotterieveranstaltung per Verwaltungserlass pauschal als genehmigt gelten. Die sachlichen Voraussetzungen und die Zuständigkeit für die Genehmigung bestimmen sich nach den lotterierechtlichen Verordnungen der Länder. Der Gesetzeswortlaut lässt es offen, in welchem Umfang solche Lotterien veranstaltet werden dürfen. Da eine besondere Einschränkung fehlt, ist auch eine umfangreiche Tätigkeit so lange unschädlich, als die allgemein durch das Gesetz gezogenen Grenzen nicht überschritten werden und die Körperschaft durch den Umfang der Lotterieveranstaltungen nicht ihr Gepräge als begünstigte Einrichtung verliert.

10. Zur Ermittlung des Reinertrags dürfen den Einnahmen aus der Lotterieveranstaltung oder Ausspielung nur die unmittelbar damit zusammenhängenden Ausgaben gegenübergestellt werden. Führt eine steuerbegünstigte Körperschaft eine Lotterieveranstaltung durch, die nach dem Rennwett- und Lotteriegesetz nicht genehmigungsfähig ist, z.B. eine Tombola anlässlich einer geselligen Veranstaltung, handelt es sich insoweit nicht um einen Zweckbetrieb nach § 68 Nr. 6.

Zu § 68 Nr. 7

11. Wegen der Breite des Spektrums, die die Förderung von Kunst und Kultur umfasst, ist die im Gesetz enthaltene Aufzählung der kulturellen Einrichtungen nicht abschließend.

12. (...)

13. Der Verkauf von Speisen und Getränken und die Werbung bei kulturellen Veranstaltungen gehören nicht zu dem Zweckbetrieb. Diese Tätigkeiten sind gesonderte wirtschaftliche Geschäftsbetriebe. Wird für den Besuch einer kulturellen Veranstaltung mit

IV

Bewirtung ein einheitliches Entgelt entrichtet, so ist dieses – ggf. im Wege der Schätzung – in einen Entgeltsanteil für den Besuch der Veranstaltung (Zweckbetrieb) und für die Bewirtungsleistungen (wirtschaftlicher Geschäftsbetrieb) aufzuteilen.

Zu § 68 Nr. 9

14. Auf das BMF-Schreiben vom 22.09.1999 (BStBl I, S. 944) wird verwiesen.

§ 69 Haftung der Vertreter

Die in den §§ 34 und 35 bezeichneten Personen haften, soweit Ansprüche aus dem Steuerschuldverhältnis (§ 37) infolge vorsätzlicher oder grob fahrlässiger Verletzung der ihnen auferlegten Pflichten nicht oder nicht rechtzeitig festgesetzt oder erfüllt werden oder soweit infolgedessen Steuervergütungen oder Steuererstattungen ohne rechtlichen Grund gezahlt werden. Die Haftung umfasst auch die infolge der Pflichtverletzung zu zahlenden Säumniszuschläge.

§ 140 Buchführungs- und Aufzeichnungspflichten nach anderen Gesetzen

Wer nach anderen Gesetzen als den Steuergesetzen Bücher und Aufzeichnungen zu führen hat, die für die Besteuerung von Bedeutung sind, hat die Verpflichtungen, die ihm nach den anderen Gesetzen obliegen, auch für die Besteuerung zu erfüllen.

§ 145 Allgemeine Anforderungen an Buchführung und Aufzeichnungen

(1) Die Buchführung muss so beschaffen sein, dass sie einem sachverständigen Dritten innerhalb angemessener Zeit einen Überblick über die Geschäftsvorfälle und über die Lage des Unternehmens vermitteln kann. Die Geschäftsvorfälle müssen sich in ihrer Entstehung und Abwicklung verfolgen lassen.

(2) Aufzeichnungen sind so vorzunehmen, dass der Zweck, den sie für die Besteuerung erfüllen sollen, erreicht wird.

§ 146 Ordnungsvorschriften für die Buchführung und für Aufzeichnungen

(1) Die Buchungen und die sonst erforderlichen Aufzeichnungen sind vollständig, richtig, zeitgerecht und geordnet vorzunehmen. Kasseneinnahmen und Kassenausgaben sollen täglich festgehalten werden.

(2) Bücher und die sonst erforderlichen Aufzeichnungen sind im Geltungsbereich dieses Gesetzes zu führen und aufzubewahren. Dies gilt nicht, soweit für Betriebstätten außerhalb des Geltungsbereichs dieses Gesetzes nach dortigem Recht eine Verpflichtung besteht, Bücher und Aufzeichnungen zu führen, und diese Verpflichtung erfüllt wird. In diesem Fall sowie bei Organgesellschaften außerhalb des

Geltungsbereichs dieses Gesetzes müssen die Ergebnisse der dortigen Buchführung in die Buchführung des hiesigen Unternehmens übernommen werden, soweit sie für die Besteuerung von Bedeutung sind. Dabei sind die erforderlichen Anpassungen an die steuerrechtlichen Vorschriften im Geltungsbereich dieses Gesetzes vorzunehmen und kenntlich zu machen.

(2a) Abweichend von Absatz 2 Satz 1 kann die zuständige Finanzbehörde auf schriftlichen Antrag des Steuerpflichtigen bewilligen, dass elektronische Bücher und sonstige erforderliche elektronische Aufzeichnungen in einem Mitgliedstaat der Europäischen Union geführt und aufbewahrt werden. Dasselbe gilt für einen anderen Staat, auf den das Abkommen über den Europäischen Wirtschaftsraum vom 3. Januar 1994 (ABl. EG Nr. L 1 S. 3) in der jeweils geltenden Fassung Anwendung findet, mit dem eine Rechtsvereinbarung über Amtshilfe besteht, deren Anwendungsbereich mit dem

IV

1. der Richtlinie 77/799/EWG des Rates vom 19. Dezember 1977 über die gegenseitige Amtshilfe zwischen den zuständigen Behörden der Mitgliedstaaten im Bereich der direkten Steuern (ABl. EG Nr. L 336 S. 15) sowie

2. der Verordnung (EG) Nr. 1798/2003 des Rates vom 7. Oktober 2003 über die Zusammenarbeit der Verwaltungsbehörden auf dem Gebiet der Mehrwertsteuer und zur Aufhebung der Verordnung (EWG) Nr. 218/92 (ABl. EU Nr. L 264 S. 1)

in der jeweils geltenden Fassung vergleichbar ist. Voraussetzungen sind, dass

1. der Steuerpflichtige die Zustimmung zur Durchführung eines Zugriffs auf elektronische Bücher und sonstige erforderliche elektronische Aufzeichnungen der zuständigen Stelle des Staates, in den die elektronischen Bücher und Aufzeichnungen verlagert werden sollen, vorlegt,

2. der Steuerpflichtige der zuständigen Finanzbehörde den Standort des Datenverarbeitungssystems und bei Beauftragung eines Dritten dessen Namen und Anschrift mitteilt,

3. der Steuerpflichtige seinen sich aus den §§ 90, 93, 97, 140 bis 147 und 200 Abs. 1 und 2 ergebenden Pflichten ordnungsgemäß nachgekommen ist und

4. der Datenzugriff nach § 147 Abs. 6 in vollem Umfang möglich ist.

Eine Änderung der unter Satz 3 Nr. 1 und 2 benannten Umstände ist der zuständigen Finanzbehörde unverzüglich mitzuteilen. Liegen die Voraussetzungen der Sätze 1 und 2 oder Satz 3 Nr. 1 oder Nr. 2 nicht vor, kann die zuständige Finanzbehörde die Führung und Aufbewahrung elektronischer Bücher und sonstiger erforderlicher elektronischer Aufzeichnungen außerhalb des Geltungsbereichs dieses Gesetzes nur bewilligen, wenn die Besteuerung hierdurch nicht beeinträchtigt wird. Fällt der Bewilligungsgrund weg, hat die zuständige Finanzbehörde die Bewilligung zu widerrufen und die unverzügliche Rückverlagerung der elektronischen Bücher und sonstigen erforderlichen elektronischen Aufzeichnungen in den Geltungsbereich dieses Gesetzes zu verlangen; den Vollzug hat der Steuerpflichtige nachzuweisen.

(2b) Kommt der Steuerpflichtige der Aufforderung zur Rückverlagerung seiner elektronischen Buchführung oder seinen Pflichten nach Absatz 2a Satz 4, zur Einräumung des Datenzugriffs nach § 147 Abs. 6, zur Erteilung von Auskünften oder zur Vorlage angeforderter Unterlagen im Sinne des § 200 Abs. 1 im Rahmen einer Außenprüfung innerhalb einer ihm bestimmten angemessenen Frist nach Bekanntgabe durch die zuständige Finanzbehörde nicht nach oder hat er seine elektronische Buchführung ohne Bewilligung der zuständigen Finanzbehörde ins Ausland verlagert, kann ein Verzögerungsgeld von 2500 Euro bis 250 000 Euro festgesetzt werden.

(3) Die Buchungen und die sonst erforderlichen Aufzeichnungen sind in einer lebenden Sprache vorzunehmen. Wird eine andere als die deutsche Sprache verwendet, so kann die Finanzbehörde Übersetzungen verlangen. Werden Abkürzungen, Ziffern, Buchstaben oder Symbole verwendet, muss im Einzelfall deren Bedeutung eindeutig festliegen.

(4) Eine Buchung oder eine Aufzeichnung darf nicht in einer Weise verändert werden, dass der ursprüngliche Inhalt nicht mehr feststellbar ist. Auch solche Veränderungen dürfen nicht vorgenommen werden, deren Beschaffenheit es ungewiss lässt, ob sie ursprünglich oder erst später gemacht worden sind.

(5) Die Bücher und die sonst erforderlichen Aufzeichnungen können auch in der geordneten Ablage von Belegen bestehen oder auf Datenträgern geführt werden, soweit diese Formen der Buchführung einschließlich des dabei angewandten Verfahrens den Grundsätzen ordnungsmäßiger Buchführung entsprechen; bei Aufzeichnungen, die allein nach den Steuergesetzen vorzunehmen sind, bestimmt sich die Zulässigkeit des angewendeten Verfahrens nach dem Zweck, den die Aufzeichnungen für die Besteuerung erfüllen sollen. Bei der Führung der Bücher und der sonst erforderlichen Aufzeichnungen auf Datenträgern muss insbesondere sichergestellt sein, dass während der Dauer der Aufbewahrungsfrist die Daten jederzeit verfügbar sind und unverzüglich lesbar gemacht werden können. Dies gilt auch für die Befugnisse der Finanzbehörde nach § 147 Abs. 6. Absätze 1 bis 4 gelten sinngemäß.

(6) Die Ordnungsvorschriften gelten auch dann, wenn der Unternehmer Bücher und Aufzeichnungen, die für die Besteuerung von Bedeutung sind, führt, ohne hierzu verpflichtet zu sein.

§ 147 Ordnungsvorschriften für die Aufbewahrung von Unterlagen

(1) Die folgenden Unterlagen sind geordnet aufzubewahren:

1. Bücher und Aufzeichnungen, Inventare, Jahresabschlüsse, Lageberichte, die Eröffnungsbilanz sowie die zu ihrem Verständnis erforderlichen Arbeitsanweisungen und sonstigen Organisationsunterlagen,

2. die empfangenen Handels- oder Geschäftsbriefe,

3. Wiedergaben der abgesandten Handels- und Geschäftsbriefe,

4. Buchungsbelege,

4a. Unterlagen, die einer mit Mitteln der Datenverarbeitung, abgegebenen Zollanmeldung nach Artikel 77 Abs. 1 in Verbindung mit Artikel 62 Abs. 2 Zollkodex beizufügen sind, sofern die Zollbehörden nach Artikel 77 Abs. 2 Satz 1 Zollkodex auf ihre Vorlage verzichtet oder sie nach erfolgter Vorlage zurückgegeben haben,

5. sonstige Unterlagen, soweit sie für die Besteuerung von Bedeutung sind.

(2) Mit Ausnahme der Jahresabschlüsse, der Eröffnungsbilanz und der Unterlagen nach Absatz 1 Nr. 4a können die in Absatz 1 aufgeführten Unterlagen auch als Wiedergabe auf einem Bildträger oder auf anderen Datenträgern aufbewahrt werden, wenn dies den Grundsätzen ordnungsmäßiger Buchführung entspricht und sichergestellt ist, dass die Wiedergabe oder die Daten

1. mit den empfangenen Handels- oder Geschäftsbriefen und den Buchungsbelegen bildlich und mit den anderen Unterlagen inhaltlich übereinstimmen, wenn sie lesbar gemacht werden,

2. während der Dauer der Aufbewahrungsfrist jederzeit verfügbar sind, unverzüglich lesbar gemacht und maschinell ausgewertet werden können.

(3) Die in Absatz 1 Nr. 1, 4 und 4a aufgeführten Unterlagen sind zehn Jahre, die sonstigen in Absatz 1 aufgeführten Unterlagen sechs Jahre aufzubewahren, sofern nicht in anderen Steuergesetzen kürzere Aufbewahrungsfristen zugelassen sind. Kürzere Aufbewahrungsfristen nach außersteuerlichen Gesetzen lassen die in Satz 1 bestimmte Frist unberührt. Die Aufbewahrungsfrist läuft jedoch nicht ab, soweit und solange die Unterlagen für Steuern von Bedeutung sind, für welche die Festsetzungsfrist noch nicht abgelaufen ist; § 169 Abs. 2 Satz 2 gilt nicht.

(4) Die Aufbewahrungsfrist beginnt mit dem Schluss des Kalenderjahrs, in dem die letzte Eintragung in das Buch gemacht, das Inventar, die Eröffnungsbilanz, der Jahresabschluss oder der Lagebericht aufgestellt, der Handels- oder Geschäftsbrief empfangen oder abgesandt worden oder der Buchungsbeleg entstanden ist, ferner die Aufzeichnung

IV

vorgenommen worden ist oder die sonstigen Unterlagen entstanden sind.

(5) Wer aufzubewahrende Unterlagen in der Form einer Wiedergabe auf einem Bildträger oder auf anderen Datenträgern vorlegt, ist verpflichtet, auf seine Kosten diejenigen Hilfsmittel zur Verfügung zu stellen, die erforderlich sind, um die Unterlagen lesbar zu machen; auf Verlangen der Finanzbehörde hat er auf seine Kosten die Unterlagen unverzüglich ganz oder teilweise auszudrucken oder ohne Hilfsmittel lesbare Reproduktionen beizubringen.

(6) Sind die Unterlagen nach Absatz 1 mit Hilfe eines Datenverarbeitungssystems erstellt worden, hat die Finanzbehörde im Rahmen einer Außenprüfung das Recht, Einsicht in die gespeicherten Daten zu nehmen und das Datenverarbeitungssystem zur Prüfung dieser Unterlagen zu nutzen. Sie kann im Rahmen einer Außenprüfung auch verlangen, dass die Daten nach ihren Vorgaben maschinell ausgewertet oder ihr die gespeicherten Unterlagen und Aufzeichnungen auf einem maschinell verwertbaren Datenträger zur Verfügung gestellt werden. Die Kosten trägt der Steuerpflichtige.

IV

Einkommensteuergesetz
(EStG)

in der Fassung der Bekanntmachung
vom 19. Oktober 2002 (BGBl. I S. 4210; 2003 BGBl. I S. 179) [1]

– Auszug –

§ 3

Steuerfrei sind

(...)

26. Einnahmen aus nebenberuflichen Tätigkeiten als Übungsleiter, Ausbilder, Erzieher, Betreuer oder vergleichbaren nebenberuflichen Tätigkeiten, aus nebenberuflichen künstlerischen Tätigkeiten oder der nebenberuflichen Pflege alter, kranker oder behinderter Menschen im Dienst oder im Auftrag einer juristischen Person des öffentlichen Rechts, die in einem Mitgliedstaat der Europäischen Union oder in einem Staat belegen ist, auf den das Abkommen über den Europäischen Wirtschaftsraum Anwendung findet, oder einer unter § 5 Absatz 1 Nummer 9 des Körperschaftsteuergesetzes fallenden Einrichtung zur Förderung gemeinnütziger, mildtätiger und kirchlicher Zwecke (§§ 52 bis 54 der Abgabenordnung) bis zur Höhe von insgesamt 2100 Euro im Jahr. [2]Überschreiten die Einnahmen für die in Satz 1 bezeichneten Tätigkeiten den steuerfreien Betrag, dürfen die mit den nebenberuflichen Tätigkeiten in unmittelbarem wirtschaftlichen Zusammenhang stehenden Ausgaben abweichend von § 3c nur insoweit als Betriebsausgaben oder Werbungskosten abgezogen werden, als sie den Betrag der steuerfreien Einnahmen übersteigen;

26a. Einnahmen aus nebenberuflichen Tätigkeiten im Dienst oder Auftrag einer juristischen Person des öffentlichen Rechts, die in einem Mitgliedstaat der Europäischen Union oder in einem Staat belegen ist, auf den das Abkommen über den Europäischen Wirtschaftsraum Anwendung findet, oder einer unter § 5 Absatz 1 Nummer 9 des Körperschaftsteuergesetzes fallenden Einrichtung zur Förderung gemeinnütziger, mildtätiger und kirchlicher Zwecke (§§ 52 bis 54 der Abgabenordnung) bis zur Höhe von insgesamt 500 Euro im Jahr. [2]Die Steuerbefreiung ist ausgeschlossen, wenn für die Einnahmen aus der Tätigkeit – ganz oder teilweise – eine Steuerbefreiung nach § 3 Nummer 12 oder 26 gewährt wird. [3]Überschreiten die Einnahmen für die in Satz 1 bezeichneten Tätigkeiten den steuerfreien Betrag, dürfen die mit

IV

---

[1] Zuletzt geändert durch das Gesetz zur Reform des Kontopfändungsschutzes vom 7. Juli 2009 (BGBl. I S. 1707).

den nebenberuflichen Tätigkeiten in unmittelbarem wirtschaftlichen Zusammenhang stehenden Ausgaben abweichend von § 3c nur insoweit als Betriebsausgaben oder Werbungskosten abgezogen werden, als sie den Betrag der steuerfreien Einnahmen übersteigen;

(. . .)

§ 6 Bewertung

(1) Für die Bewertung der einzelnen Wirtschaftsgüter, die nach § 4 Absatz 1 oder nach § 5 als Betriebsvermögen anzusetzen sind, gilt das Folgende:

IV

(. . .)

4. Entnahmen des Steuerpflichtigen für sich, für seinen Haushalt oder für andere betriebsfremde Zwecke sind mit dem Teilwert anzusetzen; in den Fällen des § 4 Absatz 1 Satz 3 ist die Entnahme mit dem gemeinen Wert anzusetzen. [2]Die private Nutzung eines Kraftfahrzeugs, das zu mehr als 50 Prozent betrieblich genutzt wird, ist für jeden Kalendermonat mit 1 Prozent des inländischen Listenpreises im Zeitpunkt der Erstzulassung zuzüglich der Kosten für Sonderausstattung einschließlich Umsatzsteuer anzusetzen. [3]Die private Nutzung kann abweichend von Satz 2 mit den auf die Privatfahrten entfallenden Aufwendungen angesetzt werden, wenn die für das Kraftfahrzeug insgesamt entstehenden Aufwendungen durch Belege und das Verhältnis der privaten zu den übrigen Fahrten durch ein ordnungsgemäßes Fahrtenbuch nachgewiesen werden. [4]Wird ein Wirtschaftsgut unmittelbar nach seiner Entnahme einer nach § 5 Absatz 1 Nummer 9 des Körperschaftsteuergesetzes von der Körperschaftsteuer befreiten Körperschaft, Personenvereinigung oder Vermögensmasse oder einer juristischen Person des öffentlichen Rechts zur Verwendung für steuerbegünstigte Zwecke im Sinne des § 10b Absatz 1 Satz 1 unentgeltlich überlassen, so kann die Entnahme mit dem Buchwert angesetzt werden. [5]Satz 4 gilt nicht für die Entnahme von Nutzungen und Leistungen.

(. . .)

§ 10b Steuerbegünstigte Zwecke

(1) [1]Zuwendungen (Spenden und Mitgliedsbeiträge) zur Förderung steuerbegünstigter Zwecke im Sinne der §§ 52 bis 54 der Abgabenordnung an eine inländische juristische Person des öffentlichen Rechts oder an eine inländische öffentliche Dienststelle oder an eine nach § 5 Absatz 1 Nummer 9 des Körperschaftsteuergesetzes steuerbefreite Körperschaft, Personenvereinigung oder Vermögensmasse können insgesamt bis zu

1. 20 Prozent des Gesamtbetrags der Einkünfte oder
2. 4 Promille der Summe der gesamten Umsätze und der im Kalenderjahr aufgewendeten Löhne und Gehälter

als Sonderausgaben abgezogen werden. [2]Abziehbar sind auch Mitgliedsbeiträge an Körperschaften, die Kunst und Kultur gemäß § 52 Absatz 2 Nummer 5 der Abgabenordnung fördern, soweit es sich nicht um Mitgliedsbeiträge nach Satz 3 Nummer 2 handelt, auch wenn den Mitgliedern Vergünstigungen gewährt werden. [3]Nicht abziehbar sind Mitgliedsbeiträge an Körperschaften, die

1. den Sport (§ 52 Absatz 2 Nummer 21 der Abgabenordnung),
2. kulturelle Betätigungen, die in erster Linie der Freizeitgestaltung dienen,
3. die Heimatpflege und Heimatkunde (§ 52 Absatz 2 Nummer 22 der Abgabenordnung) oder
4. Zwecke im Sinne des § 52 Absatz 2 Nummer 23 der Abgabenordnung

IV

fördern. [4]Abziehbare Zuwendungen, die die Höchstbeträge nach Satz 1 überschreiten oder die den um die Beträge nach § 10 Absatz 3 und 4, § 10c und § 10d verminderten Gesamtbetrag der Einkünfte übersteigen, sind im Rahmen der Höchstbeträge in den folgenden Veranlagungszeiträumen als Sonderausgaben abzuziehen. [5]§ 10d Absatz 4 gilt entsprechend.

(1a) [1]Spenden in den Vermögensstock einer Stiftung des öffentlichen Rechts oder einer nach § 5 Absatz 1 Nummer 9 des Körperschaftsteuergesetzes steuerbefreiten Stiftung des privaten Rechts können auf Antrag des Steuerpflichtigen im Veranlagungszeitraum der Zuwendung und in den folgenden neun Veranlagungszeiträumen bis zu einem Gesamtbetrag von 1 Million Euro zusätzlich zu den Höchstbeträgen nach Absatz 1 Satz 1 abgezogen werden. [2]Der besondere Abzugsbetrag nach Satz 1 bezieht sich auf den gesamten Zehnjahreszeitraum und kann der Höhe nach innerhalb dieses Zeitraums nur einmal in Anspruch genommen werden. [3]§ 10d Absatz 4 gilt entsprechend.

(2) [1]Zuwendungen an politische Parteien im Sinne des § 2 des Parteiengesetzes sind bis zur Höhe von insgesamt 1650 Euro und im Falle der Zusammenveranlagung von Ehegatten bis zur Höhe von insgesamt 3300 Euro im Kalenderjahr abzugsfähig. [2]Sie können nur insoweit als Sonderausgaben abgezogen werden, als für sie nicht eine Steuerermäßigung nach § 34g gewährt worden ist.

(3) [1]Als Zuwendung im Sinne dieser Vorschrift gilt auch die Zuwendung von Wirtschaftsgütern mit Ausnahme von Nutzungen und Leistungen. [2]Ist das Wirtschaftsgut unmittelbar vor seiner Zuwendung einem Betriebsvermögen entnommen worden, so darf bei der Ermittlung der Zuwendungshöhe der bei der Entnahme angesetzte Wert nicht überschritten werden. [3]Ansonsten bestimmt sich die Höhe der Zuwendung

nach dem gemeinen Wert des zugewendeten Wirtschaftsguts, wenn dessen Veräußerung im Zeitpunkt der Zuwendung keinen Besteuerungstatbestand erfüllen würde. [4]In allen übrigen Fällen dürfen bei der Ermittlung der Zuwendungshöhe die fortgeführten Anschaffungs- oder Herstellungskosten nur überschritten werden, soweit eine Gewinnrealisierung stattgefunden hat. [5]Aufwendungen zugunsten einer Körperschaft, die zum Empfang steuerlich abziehbarer Zuwendungen berechtigt ist, können nur abgezogen werden, wenn ein Anspruch auf die Erstattung der Aufwendungen durch Vertrag oder Satzung eingeräumt und auf die Erstattung verzichtet worden ist. [6]Der Anspruch darf nicht unter der Bedingung des Verzichts eingeräumt worden sein.

IV

(4) [1]Der Steuerpflichtige darf auf die Richtigkeit der Bestätigung über Spenden und Mitgliedsbeiträge vertrauen, es sei denn, dass er die Bestätigung durch unlautere Mittel oder falsche Angaben erwirkt hat oder dass ihm die Unrichtigkeit der Bestätigung bekannt oder infolge grober Fahrlässigkeit nicht bekannt war. [2]Wer vorsätzlich oder grob fahrlässig eine unrichtige Bestätigung ausstellt oder wer veranlasst, dass Zuwendungen nicht zu den in der Bestätigung angegebenen steuerbegünstigten Zwecken verwendet werden, haftet für die entgangene Steuer. [3]Diese ist mit 30 Prozent des zugewendeten Betrags anzusetzen. [4]In den Fällen des Satzes 2 zweite Alternative (Veranlasserhaftung) ist vorrangig der Zuwendungsempfänger (inländische juristische Person des öffentlichen Rechts oder inländische öffentliche Dienststelle oder nach § 5 Absatz 1 Nummer 9 des Körperschaftsteuergesetzes steuerbefreite Körperschaft, Personenvereinigung oder Vermögensmasse) in Anspruch zu nehmen; die in diesen Fällen für den Zuwendungsempfänger handelnden natürlichen Personen sind nur in Anspruch zu nehmen, wenn die entgangene Steuer nicht nach § 47 der Abgabenordnung erloschen ist und Vollstreckungsmaßnahmen gegen den Zuwendungsempfänger nicht erfolgreich sind. [5]Die Festsetzungsfrist für Haftungsansprüche nach Satz 2 läuft nicht ab, solange die Festsetzungsfrist für von dem Empfänger der Zuwendung geschuldete Körperschaftsteuer für den Veranlagungszeitraum nicht abgelaufen ist, in dem die unrichtige Bestätigung ausgestellt worden ist oder veranlasst wurde, dass die Zuwendung nicht zu den in der Bestätigung angegebenen steuerbegünstigten Zwecken verwendet worden ist; § 191 Absatz 5 der Abgabenordnung ist nicht anzuwenden.

Einkommensteuer-Durchführungsverordnung 2000 (EStDV 2000)

in der Fassung der Bekanntmachung
vom 10. Mai 2000 (BGBl. I S. 717) [1]

– Auszug –

Zu § 10b des Gesetzes

§§ 48 und 49 (weggefallen)

§ 50 Zuwendungsnachweis

(1) Zuwendungen im Sinne der §§ 10b und 34g des Gesetzes dürfen nur abgezogen werden, wenn sie durch eine Zuwendungsbestätigung nachgewiesen werden, die der Empfänger nach amtlich vorgeschriebenem Vordruck ausgestellt hat.

(1a) Der Zuwendende kann den Zuwendungsempfänger bevollmächtigen, die Zuwendungsbestätigung der Finanzbehörde nach amtlich vorgeschriebenem Datensatz durch Datenfernübertragung nach Maßgabe der Steuerdaten-Übermittlungsverordnung zu übermitteln. Der Zuwendende hat dem Zuwendungsempfänger zu diesem Zweck seine Identifikationsnummer (§ 139b der Abgabenordnung) mitzuteilen. Die Vollmacht kann nur mit Wirkung für die Zukunft widerrufen werden. Der Datensatz ist bis zum 28. Februar des Jahres, das auf das Jahr folgt, in dem die Zuwendung geleistet worden ist, an die Finanzbehörde zu übermitteln. Der Zuwendungsempfänger hat dem Zuwendenden die nach Satz 1 übermittelten Daten elektronisch oder auf dessen Wunsch als Ausdruck zur Verfügung zu stellen; in beiden Fällen ist darauf hinzuweisen, dass die Daten der Finanzbehörde übermittelt worden sind.

(2) Als Nachweis genügt der Bareinzahlungsbeleg oder die Buchungsbestätigung eines Kreditinstituts, wenn

1. die Zuwendung zur Hilfe in Katastrophenfällen innerhalb eines Zeitraums, den die obersten Finanzbehörden der Länder im Benehmen mit dem Bundesministerium der Finanzen bestimmen, auf ein für den Katastrophenfall eingerichtetes Sonderkonto einer inländischen juristischen Person des öffentlichen Rechts, einer inländischen öffentlichen Dienststelle oder eines inländischen amtlich anerkann-

---

[1] Zuletzt geändert durch das Begleitgesetz zur zweiten Föderalismusreform vom 10. August 2009 (BGBl. I S. 2702).

ten Verbandes der freien Wohlfahrtspflege einschließlich seiner Mitgliedsorganisationen eingezahlt worden ist oder

2. die Zuwendung 200 Euro nicht übersteigt und

   a) der Empfänger eine inländische juristische Person des öffentlichen Rechts oder eine inländische öffentliche Dienststelle ist oder

   b) der Empfänger eine Körperschaft, Personenvereinigung oder Vermögensmasse im Sinne des § 5 Abs. 1 Nr. 9 des Körperschaftsteuergesetzes ist, wenn der steuerbegünstigte Zweck, für den die Zuwendung verwendet wird, und die Angaben über die Freistellung des Empfängers von der Körperschaftsteuer auf einem von ihm hergestellten Beleg aufgedruckt sind und darauf angegeben ist, ob es sich bei der Zuwendung um eine Spende oder einen Mitgliedsbeitrag handelt oder

   c) der Empfänger eine politische Partei im Sinne des § 2 des Parteiengesetzes ist und bei Spenden der Verwendungszweck auf dem vom Empfänger hergestellten Beleg aufgedruckt ist.

Aus der Buchungsbestätigung müssen Name und Kontonummer des Auftraggebers und Empfängers, der Betrag sowie der Buchungstag ersichtlich sein. In den Fällen der Nummer 2 Buchstabe b hat der Zuwendende zusätzlich den vom Zuwendungsempfänger hergestellten Beleg vorzulegen.

(3) Als Nachweis für die Zahlung von Mitgliedsbeiträgen an politische Parteien im Sinne des § 2 des Parteiengesetzes genügt die Vorlage von Bareinzahlungsbelegen, Buchungsbestätigungen oder Beitragsquittungen.

(4) Eine in § 5 Abs. 1 Nr. 9 des Körperschaftsteuergesetzes bezeichnete Körperschaft, Personenvereinigung oder Vermögensmasse hat die Vereinnahmung der Zuwendung und ihre zweckentsprechende Verwendung ordnungsgemäß aufzuzeichnen und ein Doppel der Zuwendungsbestätigung aufzubewahren. Bei Sachzuwendungen und beim Verzicht auf die Erstattung von Aufwand müssen sich aus den Aufzeichnungen auch die Grundlagen für den vom Empfänger bestätigten Wert der Zuwendung ergeben.

Gewerbesteuergesetz
(GewStG)
**in der Fassung der Bekanntmachung
vom 15. Oktober 2002 (BGBl. I S. 4167)** [1]

– Auszug –

§ 3 Befreiungen

Von der Gewerbesteuer sind befreit

(. . .)

6. [1]Körperschaften, Personenvereinigungen und Vermögensmassen, die nach der Satzung, dem Stiftungsgeschäft oder der sonstigen Verfassung und nach der tatsächlichen Geschäftsführung ausschließlich und unmittelbar gemeinnützigen, mildtätigen oder kirchlichen Zwecken dienen (§§ 51 bis 68 der Abgabenordnung). [2]Wird ein wirtschaftlicher Geschäftsbetrieb – ausgenommen Land- und Forstwirtschaft – unterhalten, ist die Steuerfreiheit insoweit ausgeschlossen;

IV

(. . .)

---

[1] Zuletzt geändert durch das Dritte Gesetz zum Abbau bürokratischer Hemmnisse insbesondere in der mittelständischen Wirtschaft (Drittes Mittelstandsentlastungsgesetz) vom 17. März 2009 (BGBl. I S. 550).

Körperschaftsteuergesetz (KStG)

in der Fassung der Bekanntmachung vom 15. Oktober 2002 (BGBl. I S. 4144) [1]

– Auszug –

§ 5 Befreiungen

(1) Von der Körperschaftsteuer sind befreit

(. . .)

9. Körperschaften, Personenvereinigungen und Vermögensmassen, die nach der Satzung, dem Stiftungsgeschäft oder der sonstigen Verfassung und nach der tatsächlichen Geschäftsführung ausschließlich und unmittelbar gemeinnützigen, mildtätigen oder kirchlichen Zwecken dienen (§§ 51 bis 68 der Abgabenordnung). [2]Wird ein wirtschaftlicher Geschäftsbetrieb unterhalten, ist die Steuerbefreiung insoweit ausgeschlossen. [3]Satz 2 gilt nicht für selbst bewirtschaftete Forstbetriebe;

(. . .)

§ 9 Abziehbare Aufwendungen

(1) [1]Abziehbare Aufwendungen sind auch:

(. . .)

2. vorbehaltlich des § 8 Abs. 3 Zuwendungen (Spenden und Mitgliedsbeiträge) zur Förderung steuerbegünstigter Zwecke im Sinne der §§ 52 bis 54 der Abgabenordnung an eine inländische juristische Person des öffentlichen Rechts oder an eine inländische öffentliche Dienststelle oder an eine nach § 5 Abs. 1 Nr. 9 steuerbefreite Körperschaft, Personenvereinigung oder Vermögensmasse insgesamt bis zu

1. 20 Prozent des Einkommens oder

2. 4 Promille der Summe der gesamten Umsätze und der im Kalenderjahr aufgewendeten Löhne und Gehälter.

[2]Nicht abziehbar sind Mitgliedsbeiträge an Körperschaften, die

1. den Sport (§ 52 Abs. 2 Nr. 21 der Abgabenordnung),

2. kulturelle Betätigungen, die in erster Linie der Freizeitgestaltung dienen,

3. die Heimatpflege und Heimatkunde (§ 52 Abs. 2 Nr. 22 der Abgabenordnung) oder

4. Zwecke im Sinne des § 52 Abs. 2 Nr. 23 der Abgabenordnung

fördern.

---

[1] Zuletzt geändert durch das Gesetz zur Bekämpfung der Steuerhinterziehung (Steuerhinterziehungsbekämpfungsgesetz) vom 29. Juli 2009 (BGBl. I S. 2302).

[3]Abziehbare Zuwendungen, die die Höchstbeträge nach Satz 1 überschreiten, sind im Rahmen der Höchstbeträge in den folgenden Veranlagungszeiträumen abzuziehen. [4]§ 10d Abs. 4 des Einkommensteuergesetzes gilt entsprechend.

(2)[1]Als Einkommen im Sinne dieser Vorschrift gilt das Einkommen vor Abzug der in Absatz 1 Nr. 2 bezeichneten Zuwendungen und vor dem Verlustabzug nach § 10d des Einkommensteuergesetzes. [2]Als Zuwendung im Sinne dieser Vorschrift gilt auch die Zuwendung von Wirtschaftsgütern mit Ausnahme von Nutzungen und Leistungen. [3]Der Wert der Zuwendung ist nach § 6 Absatz 1 Nummer 4 Satz 1 und 4 des Einkommensteuergesetzes zu ermitteln. [4]Aufwendungen zugunsten einer Körperschaft, die zum Empfang steuerlich abziehbarer Zuwendungen berechtigt ist, sind nur abziehbar, wenn ein Anspruch auf die Erstattung der Aufwendungen durch Vertrag oder Satzung eingeräumt und auf die Erstattung verzichtet worden ist.[5]Der Anspruch darf nicht unter der Bedingung des Verzichts eingeräumt worden sein.

(3)[1]Der Steuerpflichtige darf auf die Richtigkeit der Bestätigung über Spenden und Mitgliedsbeiträge vertrauen, es sei denn, dass er die Bestätigung durch unlautere Mittel oder falsche Angaben erwirkt hat oder dass ihm die Unrichtigkeit der Bestätigung bekannt oder infolge grober Fahrlässigkeit nicht bekannt war. [2]Wer vorsätzlich oder grob fahrlässig eine unrichtige Bestätigung ausstellt oder wer veranlasst, dass Zuwendungen nicht zu den in der Bestätigung angegebenen steuerbegünstigten Zwecken verwendet werden (Veranlasserhaftung), haftet für die entgangene Steuer. [3]In den Fällen der Veranlasserhaftung ist vorrangig der Zuwendungsempfänger (inländische juristische Person des öffentlichen Rechts oder inländische öffentliche Dienststelle oder nach § 5 Abs. 1 Nr. 9 des Körperschaftsteuergesetzes steuerbefreite Körperschaft, Personenvereinigung oder Vermögensmasse) in Anspruch zu nehmen; die in diesen Fällen für den Zuwendungsempfänger handelnden natürlichen Personen sind nur in Anspruch zu nehmen, wenn die entgangene Steuer nicht nach § 47 der Abgabenordnung erloschen ist und Vollstreckungsmaßnahmen gegen den Zuwendungsempfänger nicht erfolgreich sind; § 10b Abs. 4 Satz 5 des Einkommensteuergesetzes gilt entsprechend. [4]Diese ist mit 30 Prozent des zugewendeten Betrags anzusetzen.

§ 24 Freibetrag für bestimmte Körperschaften

[1]Vom Einkommen der steuerpflichtigen Körperschaften, Personenvereinigungen oder Vermögensmassen ist ein Freibetrag von 5000 Euro, höchstens jedoch in Höhe des Einkommens, abzuziehen. [2]Satz 1 gilt nicht

1. für Körperschaften und Personenvereinigungen, deren Leistungen bei den Empfängern zu den Einnahmen im Sinne des § 20 Abs. 1 Nr. 1 oder 2 des Einkommensteuergesetzes gehören,
2. für Vereine im Sinne des § 25.

Umsatzsteuergesetz
(UStG)

in der Fassung der Bekanntmachung
vom 21. Februar 2005 (BGBl. I S. 386) [1]

– Auszug –

§ 4 Steuerbefreiungen bei Lieferungen und sonstigen Leistungen

Von den unter § 1 Abs. 1 Nr. 1 fallenden Umsätzen sind steuerfrei:

(. . .)

IV

14. a) Heilbehandlungen im Bereich der Humanmedizin, die im Rahmen der Ausübung der Tätigkeit als Arzt, Zahnarzt, Heilpraktiker, Physiotherapeut, Hebamme oder einer ähnlichen heilberuflichen Tätigkeit durchgeführt werden. Satz 1 gilt nicht für die Lieferung oder Wiederherstellung von Zahnprothesen (aus Unterpositionen 9021 21 und 9021 29 00 des Zolltarifs) und kieferorthopädischen Apparaten (aus Unterposition 9021 10 des Zolltarifs), soweit sie der Unternehmer in seinem Unternehmen hergestellt oder wiederhergestellt hat;

b) Krankenhausbehandlungen und ärztliche Heilbehandlungen einschließlich der Diagnostik, Befunderhebung, Vorsorge, Rehabilitation, Geburtshilfe und Hospizleistungen sowie damit eng verbundene Umsätze, die von Einrichtungen des öffentlichen Rechts erbracht werden. Die in Satz 1 bezeichneten Leistungen sind auch steuerfrei, wenn sie von

aa) zugelassenen Krankenhäusern nach § 108 des Fünften Buches Sozialgesetzbuch,

bb) Zentren für ärztliche Heilbehandlung und Diagnostik oder Befunderhebung, die an der vertragsärztlichen Versorgung nach § 95 des Fünften Buches Sozialgesetzbuch teilnehmen oder für die Regelungen nach § 115 des Fünften Buches Sozialgesetzbuch gelten,

cc) Einrichtungen, die von den Trägern der gesetzlichen Unfallversicherung nach § 34 des Siebten Buches Sozialgesetzbuch an der Versorgung beteiligt worden sind,

dd) Einrichtungen, mit denen Versorgungsverträge nach den §§ 111 und 111a des Fünften Buches Sozialgesetzbuch bestehen,

ee) Rehabilitationseinrichtungen, mit denen Verträge nach § 21 des Neunten Buches Sozialgesetzbuch bestehen,

---

[1] Zuletzt geändert durch das Gesetz zur verbesserten steuerlichen Berücksichtigung von Vorsorgeaufwendungen (Bürgerentlastungsgesetz Krankenversicherung) vom 16. Juli 2009 (BGBl. I S. 1959). Änderungen zum 1. Januar 2010 sind bereits berücksichtigt.

ff) Einrichtungen zur Geburtshilfe, für die Verträge nach § 134a des Fünften Buches Sozialgesetzbuch gelten, oder

gg) Hospizen, mit denen Verträge nach § 39a Abs. 1 des Fünften Buches Sozialgesetzbuch bestehen,

erbracht werden und es sich ihrer Art nach um Leistungen handelt, auf die sich die Zulassung, der Vertrag oder die Regelung nach dem Sozialgesetzbuch jeweils bezieht, oder

hh) von Einrichtungen nach § 138 Abs. 1 Satz 1 des Strafvollzugsgesetzes erbracht werden;

c) Leistungen nach den Buchstaben a und b, die von Einrichtungen nach § 140b Abs. 1 des Fünften Buches Sozialgesetzbuch erbracht werden, mit denen Verträge zur integrierten Versorgung nach § 140a des Fünften Buches Sozialgesetzbuch bestehen;

IV

d) sonstige Leistungen von Gemeinschaften, deren Mitglieder Angehörige der in Buchstabe a bezeichneten Berufe oder Einrichtungen im Sinne des Buchstaben b sind, gegenüber ihren Mitgliedern, soweit diese Leistungen für unmittelbare Zwecke der Ausübung der Tätigkeiten nach Buchstabe a oder Buchstabe b verwendet werden und die Gemeinschaft von ihren Mitgliedern lediglich die genaue Erstattung des jeweiligen Anteils an den gemeinsamen Kosten fordert;

15. die Umsätze der gesetzlichen Träger der Sozialversicherung, der gesetzlichen Träger der Grundsicherung für Arbeitsuchende nach dem Zweiten Buch Sozialgesetzbuch sowie der Arbeitsgemeinschaften nach § 44b Abs. 1 des Zweiten Buches Sozialgesetzbuch, der örtlichen und überörtlichen Träger der Sozialhilfe sowie der Verwaltungsbehörden und sonstigen Stellen der Kriegsopferversorgung einschließlich der Träger der Kriegsopferfürsorge

a) untereinander,

b) an die Versicherten, die Bezieher von Leistungen nach dem Zweiten Buch Sozialgesetzbuch, die Empfänger von Sozialhilfe oder die Versorgungsberechtigten. Das gilt nicht für die Abgabe von Brillen und Brillenteilen einschließlich der Reparaturarbeiten durch Selbstabgabestellen der gesetzlichen Träger der Sozialversicherung;

15a. die auf Gesetz beruhenden Leistungen der Medizinischen Dienste der Krankenversicherung (§ 278 SGB V) und des Medizinischen Dienstes der Spitzenverbände der Krankenkassen (§ 282 SGB V) untereinander und für die gesetzlichen Träger der Sozialversicherung und deren Verbände;

16. die mit dem Betrieb von Einrichtungen zur Betreuung oder Pflege körperlich, geistig oder seelisch hilfsbedürftiger Personen eng verbundenen Leistungen, die von

a) juristischen Personen des öffentlichen Rechts,

b) Einrichtungen, mit denen ein Vertrag nach § 132 des Fünften Buches Sozialgesetzbuch besteht,

c) Einrichtungen, mit denen ein Vertrag nach § 132a des Fünften Buches Sozialgesetzbuch, § 72 oder § 77 des Elften Buches Sozialgesetzbuch besteht oder die Leistungen zur häuslichen Pflege oder zur Heimpflege erbringen und die hierzu nach § 26 Abs. 5 in Verbindung mit § 44 des Siebten Buches Sozialgesetzbuch bestimmt sind,

d) Einrichtungen, die Leistungen der häuslichen Krankenpflege oder Haushaltshilfe erbringen und die hierzu nach § 26 Abs. 5 in Verbindung mit den §§ 32 und 42 des Siebten Buches Sozialgesetzbuch bestimmt sind,

e) Einrichtungen, mit denen eine Vereinbarung nach § 111 des Neunten Buches Sozialgesetzbuch besteht,

f) Einrichtungen, die nach § 142 des Neunten Buches Sozialgesetzbuch anerkannt sind,

g) Einrichtungen, soweit sie Leistungen erbringen, die landesrechtlich als niedrigschwellige Betreuungsangebote nach § 45b des Elften Buches Sozialgesetzbuch anerkannt sind,

h) Einrichtungen, mit denen eine Vereinbarung nach § 75 des Zwölften Buches Sozialgesetzbuch besteht,

i) Einrichtungen, mit denen ein Vertrag nach § 16 des Zweiten Gesetzes über die Krankenversicherung der Landwirte, nach § 53 Abs. 2 Nr. 1 in Verbindung mit § 10 des Gesetzes über die Alterssicherung der Landwirte oder nach § 143e Abs. 4 Nr. 2 in Verbindung mit § 54 Abs. 2 des Siebten Buches Sozialgesetzbuch über die Gewährung von häuslicher Krankenpflege oder Haushaltshilfe, besteht,

j) Einrichtungen, die aufgrund einer Landesrahmenempfehlung nach § 2 der Frühförderungsverordnung als fachlich geeignete interdisziplinäre Frühförderstellen anerkannt sind, oder

k) Einrichtungen, bei denen im vorangegangenen Kalenderjahr die Betreuungs- oder Pflegekosten in mindestens 40 Prozent der Fälle von den gesetzlichen Trägern der Sozialversicherung oder der Sozialhilfe oder der für die Durchführung der Kriegsopferversorgung zuständigen Versorgungsverwaltung einschließlich der Träger der Kriegsopferfürsorge ganz oder zum überwiegenden Teil vergütet worden sind,

erbracht werden. Leistungen im Sinne des Satzes 1, die von Einrichtungen nach den Buchstaben b bis k erbracht werden, sind befreit, soweit es sich ihrer Art nach um Leistungen handelt, auf die sich die Anerkennung, der Vertrag oder die Vereinbarung nach Sozialrecht oder die Vergütung jeweils bezieht;

17. a) die Lieferungen von menschlichen Organen, menschlichem Blut und Frauenmilch,

b) die Beförderungen von kranken und verletzten Personen mit Fahrzeugen, die hierfür besonders eingerichtet sind;

18. die Leistungen der amtlich anerkannten Verbände der freien Wohlfahrtspflege und der der freien Wohlfahrtspflege dienenden Körperschaften, Personenvereinigungen und Vermögensmassen, die einem Wohlfahrtsverband als Mitglied angeschlossen sind, wenn

a) diese Unternehmer ausschließlich und unmittelbar gemeinnützigen, mildtätigen oder kirchlichen Zwecken dienen,

b) die Leistungen unmittelbar dem nach der Satzung, Stiftung oder sonstigen Verfassung begünstigten Personenkreis zugute kommen und

c) die Entgelte für die in Betracht kommenden Leistungen hinter den durchschnittlich für gleichartige Leistungen von Erwerbsunternehmen verlangten Entgelten zurückbleiben.

IV

Steuerfrei sind auch die Beherbergung, Beköstigung und die üblichen Naturalleistungen, die diese Unternehmer den Personen, die bei den Leistungen nach Satz 1 tätig sind, als Vergütung für die geleisteten Dienste gewähren;

18a. die Leistungen zwischen den selbständigen Gliederungen einer politischen Partei, soweit diese Leistungen im Rahmen der satzungsgemäßen Aufgaben gegen Kostenerstattung ausgeführt werden;

19. a) die Umsätze der Blinden, die nicht mehr als zwei Arbeitnehmer beschäftigen. Nicht als Arbeitnehmer gelten der Ehegatte, die minderjährigen Abkömmlinge, die Eltern des Blinden und die Lehrlinge. Die Blindheit ist nach den für die Besteuerung des Einkommens maßgebenden Vorschriften nachzuweisen. Die Steuerfreiheit gilt nicht für die Lieferungen von Energieerzeugnissen im Sinne des § 1 Abs. 2 und 3 des Energiesteuergesetzes und Branntweinen, wenn der Blinde für diese Erzeugnisse Energiesteuer oder Branntweinabgaben zu entrichten hat, und für Lieferungen im Sinne der Nummer 4a Satz 1 Buchstabe a Satz 2,

b) die folgenden Umsätze der nicht unter Buchstabe a fallenden Inhaber von anerkannten Blindenwerkstätten und der anerkannten Zusammenschlüsse von Blindenwerkstätten im Sinne des § 143 des Neunten Buches Sozialgesetzbuch:

aa) die Lieferungen von Blindenwaren und Zusatzwaren,

bb) die sonstigen Leistungen, soweit bei ihrer Ausführung ausschließlich Blinde mitgewirkt haben;

(. . .)

21. a) die unmittelbar dem Schul- und Bildungszweck dienenden Leistungen privater Schulen und anderer allgemein bildender oder berufsbildender Einrichtungen,

   aa) wenn sie als Ersatzschulen gemäß Artikel 7 Abs. 4 des Grundgesetzes staatlich genehmigt oder nach Landesrecht erlaubt sind oder

   bb) wenn die zuständige Landesbehörde bescheinigt, dass sie auf einen Beruf oder eine vor einer juristischen Person des öffentlichen Rechts abzulegende Prüfung ordnungsgemäß vorbereiten,

   b) die unmittelbar dem Schul- und Bildungszweck dienenden Unterrichtsleistungen selbständiger Lehrer

   aa) an Hochschulen im Sinne der §§ 1 und 70 des Hochschulrahmengesetzes und öffentlichen allgemein bildenden oder berufsbildenden Schulen oder

   bb) an privaten Schulen und anderen allgemein bildenden oder berufsbildenden Einrichtungen, soweit diese die Voraussetzungen des Buchstabens a erfüllen;

22. a) die Vorträge, Kurse und anderen Veranstaltungen wissenschaftlicher oder belehrender Art, die von juristischen Personen des öffentlichen Rechts, von Verwaltungs- und Wirtschaftsakademien, von Volkshochschulen oder von Einrichtungen, die gemeinnützigen Zwecken oder dem Zweck eines Berufsverbandes dienen, durchgeführt werden, wenn die Einnahmen überwiegend zur Deckung der Kosten verwendet werden,

   b) andere kulturelle und sportliche Veranstaltungen, die von den in Buchstabe a genannten Unternehmern durchgeführt werden, soweit das Entgelt in Teilnehmergebühren besteht;

23. die Gewährung von Beherbergung, Beköstigung und der üblichen Naturalleistungen durch Einrichtungen, wenn sie überwiegend Jugendliche für Erziehungs-, Ausbildungs- oder Fortbildungszwecke oder für Zwecke der Säuglingspflege bei sich aufnehmen, soweit die Leistungen an die Jugendlichen oder an die bei ihrer Erziehung, Ausbildung, Fortbildung oder Pflege tätigen Personen ausgeführt werden. Jugendliche im Sinne dieser Vorschrift sind alle Personen vor Vollendung des 27. Lebensjahres. Steuerfrei sind auch die Beherbergung, Beköstigung und die üblichen Naturalleistungen, die diese Unternehmer den Personen, die bei den Leistungen nach Satz 1 tätig sind, als Vergütung für die geleisteten Dienste gewähren. Die Sätze 1 bis 3 gelten nicht, soweit eine Leistung der Jugendhilfe des Achten Buches Sozialgesetzbuch erbracht wird;

24. die Leistungen des Deutschen Jugendherbergswerkes, Hauptverband für Jugendwandern und Jugendherbergen e. V., einschließlich der diesem Verband angeschlossenen Untergliederungen, Einrichtungen und Jugendherbergen, soweit die Leistungen den Satzungszwecken unmittelbar dienen oder Personen, die bei diesen Leistungen tätig sind, Beherbergung, Beköstigung und die üblichen Naturalleistungen als Vergütung für die geleisteten Dienste gewährt werden. Das Gleiche gilt für die Leistungen anderer Vereinigungen, die gleiche Aufgaben unter denselben Voraussetzungen erfüllen;

25. Leistungen der Jugendhilfe nach § 2 Abs. 2 des Achten Buches Sozialgesetzbuch und die Inobhutnahme nach § 42 des Achten Buches Sozialgesetzbuch, wenn diese Leistungen von Trägern der öffentlichen Jugendhilfe oder anderen Einrichtungen mit sozialem Charakter erbracht werden. Andere Einrichtungen mit sozialem Charakter im Sinne dieser Vorschrift sind

IV

a) von der zuständigen Jugendbehörde anerkannte Träger der freien Jugendhilfe, die Kirchen und Religionsgemeinschaften des öffentlichen Rechts sowie die amtlich anerkannten Verbände der freien Wohlfahrtspflege,

b) Einrichtungen, soweit sie

aa) für ihre Leistungen eine im Achten Buch Sozialgesetzbuch geforderte Erlaubnis besitzen oder nach § 44 oder § 45 Abs. 1 Nr. 1 und 2 des Achten Buches Sozialgesetzbuch einer Erlaubnis nicht bedürfen,

bb) Leistungen erbringen, die im vorangegangenen Kalenderjahr ganz oder zum überwiegenden Teil durch Träger der öffentlichen Jugendhilfe oder Einrichtungen nach Buchstabe a vergütet wurden oder

cc) Leistungen der Kindertagespflege erbringen, für die sie nach § 24 Abs. 5 des Achten Buches Sozialgesetzbuch vermittelt werden können.

Steuerfrei sind auch

a) die Durchführung von kulturellen und sportlichen Veranstaltungen, wenn die Darbietungen von den von der Jugendhilfe begünstigten Personen selbst erbracht oder die Einnahmen überwiegend zur Deckung der Kosten verwendet werden und diese Leistungen in engem Zusammenhang mit den in Satz 1 bezeichneten Leistungen stehen,

b) die Beherbergung, Beköstigung und die üblichen Naturalleistungen, die diese Einrichtungen den Empfängern der Jugendhilfeleistungen und Mitarbeitern in der Jugendhilfe sowie den bei den Leistungen nach Satz 1 tätigen Personen als Vergütung für die geleisteten Dienste gewähren;

26. die ehrenamtliche Tätigkeit,

    a) wenn sie für juristische Personen des öffentlichen Rechts ausgeübt wird oder

    b) wenn das Entgelt für diese Tätigkeit nur in Auslagenersatz und einer angemessenen Entschädigung für Zeitversäumnis besteht;

(. . .)

§ 4a Steuervergütung

IV

(1) Körperschaften, die ausschließlich und unmittelbar gemeinnützige, mildtätige oder kirchliche Zwecke verfolgen (§§ 51 bis 68 der Abgabenordnung), und juristischen Personen des öffentlichen Rechts wird auf Antrag eine Steuervergütung zum Ausgleich der Steuer gewährt, die auf der an sie bewirkten Lieferung eines Gegenstands, seiner Einfuhr oder seinem innergemeinschaftlichen Erwerb lastet, wenn die folgenden Voraussetzungen erfüllt sind:

1. Die Lieferung, die Einfuhr oder der innergemeinschaftliche Erwerb des Gegenstands muss steuerpflichtig gewesen sein.

2. Die auf die Lieferung des Gegenstands entfallende Steuer muss in einer nach § 14 ausgestellten Rechnung gesondert ausgewiesen und mit dem Kaufpreis bezahlt worden sein.

3. Die für die Einfuhr oder den innergemeinschaftlichen Erwerb des Gegenstands geschuldete Steuer muss entrichtet worden sein.

4. Der Gegenstand muss in das Drittlandsgebiet gelangt sein.

5. Der Gegenstand muss im Drittlandsgebiet zu humanitären, karitativen oder erzieherischen Zwecken verwendet werden.

6. Der Erwerb oder die Einfuhr des Gegenstands und seine Ausfuhr dürfen von einer Körperschaft, die steuerbegünstigte Zwecke verfolgt, nicht im Rahmen eines wirtschaftlichen Geschäftsbetriebs und von einer juristischen Person des öffentlichen Rechts nicht im Rahmen eines Betriebs gewerblicher Art (§ 1 Abs. 1 Nr. 6, § 4 des Körperschaftsteuergesetzes) oder eines land- und forstwirtschaftlichen Betriebs vorgenommen worden sein.

7. Die vorstehenden Voraussetzungen müssen nachgewiesen sein.

Der Antrag ist nach amtlich vorgeschriebenem Vordruck zu stellen, in dem der Antragsteller die zu gewährende Vergütung selbst zu berechnen hat.

(2) Das Bundesministerium der Finanzen kann mit Zustimmung des Bundesrates durch Rechtsverordnung näher bestimmen,

1. wie die Voraussetzungen für den Vergütungsanspruch nach Absatz 1 Satz 1 nachzuweisen sind und

2. in welcher Frist die Vergütung zu beantragen ist.

§ 12 Steuersätze

(1) Die Steuer beträgt für jeden steuerpflichtigen Umsatz 19 Prozent der Bemessungsgrundlage (§§ 10, 11, 25 Abs. 3 und § 25a Abs. 3 und 4).

(2) Die Steuer ermäßigt sich auf 7 Prozent für die folgenden Umsätze:

(. . .)

8. a) die Leistungen der Körperschaften, die ausschließlich und unmittelbar gemeinnützige, mildtätige oder kirchliche Zwecke verfolgen (§§ 51 bis 68 der Abgabenordnung). Das gilt nicht für Leistungen, die im Rahmen eines wirtschaftlichen Geschäftsbetriebs ausgeführt werden. Für Leistungen, die im Rahmen eines Zweckbetriebs ausgeführt werden, gilt Satz 1 nur, wenn der Zweckbetrieb nicht in erster Linie der Erzielung zusätzlicher Einnahmen durch die Ausführung von Umsätzen dient, die in unmittelbarem Wettbewerb mit dem allgemeinen Steuersatz unterliegenden Leistungen anderer Unternehmer ausgeführt werden, oder wenn die Körperschaft mit diesen Leistungen ihrer in den §§ 66 bis 68 der Abgabenordnung bezeichneten Zweckbetriebe ihre steuerbegünstigten satzungsgemäßen Zwecke selbst verwirklicht,

   b) die Leistungen der nichtrechtsfähigen Personenvereinigungen und Gemeinschaften der in Buchstabe a Satz 1 bezeichneten Körperschaften, wenn diese Leistungen, falls die Körperschaften sie anteilig selbst ausführten, insgesamt nach Buchstabe a ermäßigt besteuert würden;

(. . .)

§ 19 Besteuerung der Kleinunternehmer

(1) Die für Umsätze im Sinne des § 1 Abs. 1 Nr. 1 geschuldete Umsatzsteuer wird von Unternehmern, die im Inland oder in den in § 1 Abs. 3 bezeichneten Gebieten ansässig sind, nicht erhoben, wenn der in Satz 2 bezeichnete Umsatz zuzüglich der darauf entfallenden Steuer im vorangegangenen Kalenderjahr 17 500 Euro nicht überstiegen hat und im laufenden Kalenderjahr 50 000 Euro voraussichtlich nicht übersteigen wird. Umsatz im Sinne des Satzes 1 ist der nach vereinnahmten Entgelten bemessene Gesamtumsatz, gekürzt um die darin enthaltenen Umsätze von Wirtschaftsgütern des Anlagevermögens. Satz 1 gilt nicht für die nach § 13a Abs. 1 Nr. 6, § 13b Abs. 2, § 14c Abs. 2 und § 25b Abs. 2 geschuldete Steuer. In den Fällen des Satzes 1 finden die Vorschriften über die Steuerbefreiung innergemeinschaftlicher Lieferungen (§ 4 Nr. 1 Buchstabe b, § 6a), über den Verzicht auf Steuerbefreiungen (§ 9), über den gesonderten Ausweis der Steuer in einer Rechnung (§ 14 Abs. 4), über die Angabe der Umsatzsteuer-Identifika-

IV

tionsnummern in einer Rechnung (§ 14a Abs. 1, 3 und 7) und über den Vorsteuerabzug (§ 15) keine Anwendung.

(2) Der Unternehmer kann dem Finanzamt bis zur Unanfechtbarkeit der Steuerfestsetzung (§ 18 Abs. 3 und 4) erklären, dass er auf die Anwendung des Absatzes 1 verzichtet. Nach Eintritt der Unanfechtbarkeit der Steuerfestsetzung bindet die Erklärung den Unternehmer mindestens für fünf Kalenderjahre. Sie kann nur mit Wirkung vom Beginn eines Kalenderjahres an widerrufen werden. Der Widerruf ist spätestens bis zur Unanfechtbarkeit der Steuerfestsetzung des Kalenderjahres, für das er gelten soll, zu erklären.

(3) Gesamtumsatz ist die Summe der vom Unternehmer ausgeführten steuerbaren Umsätze im Sinne des § 1 Abs. 1 Nr. 1 abzüglich folgender Umsätze:

1. der Umsätze, die nach § 4, Nr. 8 Buchstabe i, Nr. 9 Buchstabe b und Nr. 11 bis 28 steuerfrei sind;

2. der Umsätze, die nach § 4 Nr. 8 Buchstabe a bis h, Nr. 9 Buchstabe a und Nr. 10 steuerfrei sind, wenn sie Hilfsumsätze sind.

Soweit der Unternehmer die Steuer nach vereinnahmten Entgelten berechnet (§ 13 Abs. 1 Nr. 1 Buchstabe a Satz 4 oder § 20), ist auch der Gesamtumsatz nach diesen Entgelten zu berechnen. Hat der Unternehmer seine gewerbliche oder berufliche Tätigkeit nur in einem Teil des Kalenderjahres ausgeübt, so ist der tatsächliche Gesamtumsatz in einen Jahresgesamtumsatz umzurechnen. Angefangene Kalendermonate sind bei der Umrechnung als volle Kalendermonate zu behandeln, es sei denn, dass die Umrechnung nach Tagen zu einem niedrigeren Jahresgesamtumsatz führt.

(4) Absatz 1 gilt nicht für die innergemeinschaftlichen Lieferungen neuer Fahrzeuge. § 15 Abs. 4a ist entsprechend anzuwenden.

§ 23a Durchschnittssatz für Körperschaften, Personenvereinigungen und Vermögensmassen im Sinne des § 5 Abs. 1 Nr. 9 des Körperschaftsteuergesetzes

(1) Zur Berechnung der abziehbaren Vorsteuerbeträge (§ 15) wird für Körperschaften, Personenvereinigungen und Vermögensmassen im Sinne des § 5 Abs. 1 Nr. 9 des Körperschaftsteuergesetzes, die nicht verpflichtet sind, Bücher zu führen und auf Grund jährlicher Bestandsaufnahmen regelmäßig Abschlüsse zu machen, ein Durchschnittssatz von 7 Prozent des steuerpflichtigen Umsatzes, mit Ausnahme der Einfuhr und des innergemeinschaftlichen Erwerbs, festgesetzt. Ein weiterer Vorsteuerabzug ist ausgeschlossen.

(2) Der Unternehmer, dessen steuerpflichtiger Umsatz, mit Ausnahme der Einfuhr und des innergemeinschaftlichen Erwerbs, im vorangegan-

genen Kalenderjahr 35 000 Euro überstiegen hat, kann den Durch-schnittssatz nicht in Anspruch nehmen.

(3) Der Unternehmer, bei dem die Voraussetzungen für die Anwen-dung des Durchschnittssatzes gegeben sind, kann dem Finanzamt spätestens bis zum 10. Tag nach Ablauf des ersten Voranmeldungs-zeitraums eines Kalenderjahres erklären, dass er den Durchschnittssatz in Anspruch nehmen will. Die Erklärung bindet den Unternehmer mindestens für fünf Kalenderjahre. Sie kann nur mit Wirkung vom Beginn eines Kalenderjahres an widerrufen werden. Der Widerruf ist spätestens bis zum 10. Tag nach Ablauf des ersten Voranmeldungs-zeitraums dieses Kalenderjahres zu erklären. Eine erneute Anwendung des Durchschnittssatzes ist frühestens nach Ablauf von fünf Kalender-jahren zulässig.

IV

Umsatzsteuer-Durchführungsverordnung (UStDV)

in der Fassung der Bekanntmachung vom 21. Februar 2005 (BGBl. I S. 434) [1]

– Auszug –

Zu § 4 Nr. 18 des Gesetzes

§ 23 Amtlich anerkannte Verbände der freien Wohlfahrtspflege

IV

Die nachstehenden Vereinigungen gelten als amtlich anerkannte Verbände der freien Wohlfahrtspflege:

1. Diakonisches Werk der Evangelischen Kirche in Deutschland e. V.;
2. Deutscher Caritasverband e. V.;
3. Deutscher Paritätischer Wohlfahrtsverband – Gesamtverband e. V.;
4. Deutsches Rotes Kreuz e. V.;
5. Arbeiterwohlfahrt Bundesverband e. V.;
6. Zentralwohlfahrtsstelle der Juden in Deutschland e. V.;
7. Deutscher Blinden- und Sehbehindertenverband e. V.;
8. Bund der Kriegsblinden Deutschlands e. V.;
9. Verband deutscher Wohltätigkeitsstiftungen e. V.;
10. Bundesarbeitsgemeinschaft Selbsthilfe von Menschen mit Behinderung und chronischer Erkrankung und ihren Angehörigen e. V.;
11. Sozialverband VdK Deutschland e. V.

---

[1] Zuletzt geändert durch das Dritte Gesetz zum Abbau bürokratischer Hemmnisse insbesondere in der mittelständischen Wirtschaft (Drittes Mittelstandsentlastungsgesetz) vom 17. März 2009 (BGBl. I S. 550).

Gesetz über Urheberrecht und verwandte Schutzrechte (Urheberrechtsgesetz – UrhG)

Vom 9. September 1965 (BGBl. I S. 1273) [1]

– Auszug –

§ 1 Allgemeines

Die Urheber von Werken der Literatur, Wissenschaft und Kunst genießen für ihre Werke Schutz nach Maßgabe dieses Gesetzes.

§ 2 Geschützte Werke

IV

(1) Zu den geschützten Werken der Literatur, Wissenschaft und Kunst gehören insbesondere:

1. Sprachwerke, wie Schriftwerke, Reden und Computerprogramme;
2. Werke der Musik;
3. pantomimische Werke einschließlich der Werke der Tanzkunst;
4. Werke der bildenden Künste einschließlich der Werke der Baukunst und der angewandten Kunst und Entwürfe solcher Werke;
5. Lichtbildwerke einschließlich der Werke, die ähnlich wie Lichtbildwerke geschaffen werden;
6. Filmwerke einschließlich der Werke, die ähnlich wie Filmwerke geschaffen werden;
7. Darstellungen wissenschaftlicher oder technischer Art, wie Zeichnungen, Pläne, Karten, Skizzen, Tabellen und plastische Darstellungen.

(2) Werke im Sinne dieses Gesetzes sind nur persönliche geistige Schöpfungen.

§ 15 Allgemeines

(1) Der Urheber hat das ausschließliche Recht, sein Werk in körperlicher Form zu verwerten; das Recht umfaßt insbesondere

1. das Vervielfältigungsrecht (§ 16),
2. das Verbreitungsrecht (§ 17),
3. das Ausstellungsrecht (§ 18).

(2) Der Urheber hat ferner das ausschließliche Recht, sein Werk in unkörperlicher Form öffentlich wiederzugeben (Recht der öffentlichen Wiedergabe). Das Recht der öffentlichen Wiedergabe umfasst insbesondere

---

[1] Zuletzt geändert durch das Gesetz zur Reform des Verfahrens in Familiensachen und in den Angelegenheiten der freiwilligen Gerichtsbarkeit (FGG-Reformgesetz – FGG-RG) vom 17. Dezember 2008 (BGBl. I S. 2586).

Gesetzliche Grundlagen

1. das Vortrags-, Aufführungs- und Vorführungsrecht (§ 19),
2. das Recht der öffentlichen Zugänglichmachung (§ 19a),
3. das Senderecht (§ 20),
4. das Recht der Wiedergabe durch Bild- oder Tonträger (§ 21),
5. das Recht der Wiedergabe von Funksendungen und von öffentlicher Zugänglichmachung (§ 22).

(3) Die Wiedergabe ist öffentlich, wenn sie für eine Mehrzahl von Mitgliedern der Öffentlichkeit bestimmt ist. Zur Öffentlichkeit gehört jeder, der nicht mit demjenigen, der das Werk verwertet, oder mit den anderen Personen, denen das Werk in unkörperlicher Form wahrnehmbar oder zugänglich gemacht wird, durch persönliche Beziehungen verbunden ist.

§ 52 Öffentliche Wiedergabe

(1) Zulässig ist die öffentliche Wiedergabe eines veröffentlichten Werkes, wenn die Wiedergabe keinem Erwerbszweck des Veranstalters dient, die Teilnehmer ohne Entgelt zugelassen werden und im Falle des Vortrages oder der Aufführung des Werkes keiner der ausübenden Künstler (§ 73) eine besondere Vergütung erhält. Für die Wiedergabe ist eine angemessene Vergütung zu zahlen. Die Vergütungspflicht entfällt für Veranstaltungen der Jugendhilfe, der Sozialhilfe, der Alten- und Wohlfahrtspflege, der Gefangenenbetreuung sowie für Schulveranstaltungen, sofern sie nach ihrer sozialen oder erzieherischen Zweckbestimmung nur einem bestimmt abgegrenzten Kreis von Personen zugänglich sind. Dies gilt nicht, wenn die Veranstaltung dem Erwerbszweck eines Dritten dient; in diesem Fall hat der Dritte die Vergütung zu zahlen.

(2) Zulässig ist die öffentliche Wiedergabe eines erschienenen Werkes auch bei einem Gottesdienst oder einer kirchlichen Feier der Kirchen oder Religionsgemeinschaften. Jedoch hat der Veranstalter dem Urheber eine angemessene Vergütung zu zahlen.

(3) Öffentliche bühnenmäßige Darstellungen, öffentliche Zugänglichmachungen und Funksendungen eines Werkes sowie öffentliche Vorführungen eines Filmwerkes sind stets nur mit Einwilligung des Berechtigten zulässig.

Wichtige Adressen

Der Paritätische
Wohlfahrtsverband – Gesamtverband e. V.
Oranienburger Straße 13 – 14, 10178 Berlin
Tel.: 0 30 / 2 46 36–0; Fax: 0 30 / 2 46 36–110

und seine Landesverbände:

Baden-Württemberg e. V.
Haußmannstraße 6, 70188 Stuttgart
Tel.: 07 11 / 21 55–0; Fax: 07 11 / 21 55–215

Bayern e. V.
Charles-de-Gaulle-Straße 4, 81737 München
Tel.: 0 89 / 3 06 11 0; Fax: 0 89 / 3 06 11–111

Berlin e. V.
Brandenburgische Straße 80, 10713 Berlin
Tel.: 0 30 / 8 60 01 0; Fax: 0 30 / 8 60 01–110

Brandenburg e. V.
Tornowstraße 48, 14473 Potsdam
Tel.: 03 31 / 2 84 97 0; Fax: 03 31 / 2 84 97 30

Bremen e. V.
Eduard Grunow Straße 24, 28203 Bremen
Tel.: 04 21 / 7 91 99 0; Fax: 04 21 / 7 91 99 99

Hamburg e. V.
Wandsbeker Chaussee 8, 22089 Hamburg
Tel.: 0 40 / 41 52 0–100; Fax: 0 40 / 41 52 0–90

Hessen e. V.
Auf der Körnerwiese 5, 60322 Frankfurt/Main
Tel.: 0 69 / 59 72 62–0; Fax: 0 69 / 55 12 92

Mecklenburg-Vorpommern e. V.
Wismarsche Str. 298, (Klinikgelände Lewenberg), 19055 Schwerin
Tel.: 03 85 / 5 92 21 0; Fax: 03 85 / 5 92 21 22

Niedersachsen e. V.
Gandhistraße 5a, 30559 Hannover
Tel.: 05 11 / 5 24 86–0; Fax: 05 11 / 5 24 86–333

V

Nordrhein-Westfalen e. V.
Loher Straße 7, 42283 Wuppertal
Tel.: 02 02 / 28 22–0; Fax: 02 02 / 28 22–110

Rheinland-Pfalz/Saarland e. V.
Geschäftsstelle Mainz
Drechslerweg 25, 55127 Mainz
Tel.: 0 61 31 / 9 36 80–0; Fax: 0 61 31 / 9 36 80–50

Rheinland-Pfalz/Saarland e. V.
Feldmannstraße 92, 66119 Saarbrücken
Tel.: 06 81 / 92 66 0–0; Fax: 06 81 / 92 66 0–40

Sachsen e. V.
Am Brauhaus 8, 01099 Dresden
Tel.: 03 51 / 4 91 66–0; Fax: 03 51 / 4 91 66–11

Sachsen-Anhalt e. V.
Halberstädter Straße 168 – 172, 39112 Magdeburg
Postfach 34 69, 39043 Magdeburg
Tel.: 03 91 / 62 93–333; Fax: 03 91 / 62 93–555

Schleswig-Holstein e. V.
Beselerallee 57, 24105 Kiel
Postfach 19 07, 24018 Kiel
Tel.: 04 31 / 5 60 20; Fax: 04 31 / 56 02 78

Thüringen e. V.
Bergstraße 11, 99192 Neudietendorf
Tel.: 03 62 02 / 26 0; Fax: 03 62 02 / 26 2 34

Stichwortverzeichnis

VI

VI